DIOS AMA A LAS PERSONAS ROTAS

(Y A LAS QUE PRETENDEN NO ESTARLO)

SHEILA WALSH

GRUPO NELSON
Una división de Thomas Nelson Publishers
Desde 1798

NASHVILLE DALLAS MÉXICO DF. RÍO DE JANEIRO

En memoria de Ruth Bell Graham, que me enseñó a buscar la belleza que Dios esconde en el quebranto.

Publicado en Nashville, Tennessee, Estados Unidos de América. Grupo Nelson, Inc. es una subsidiaria que pertenece completamente a Thomas Nelson, Inc. Grupo Nelson es una marca registrada de Thomas Nelson, Inc. www.gruponelson.com

Título en inglés: *God Loves Broken People*

Publicado por Thomas Nelson, Inc.

La autora está representada por la agencia literaria Alive Communications, Inc., 7680 Goddard Street, Suite 200, Colorado Springs, Colorado 80920, www.alivecommunications.com.

Editora en Jefe: *Graciela Lelli*
Traducción: *Omayra Ortiz*
Adaptación del diseño al español: *Grupo Nivel Uno, Inc.*

ISBN: 978-1-60255-750-5

Impreso en Estados Unidos de América

12 13 14 15 16 BTY 9 8 7 6 5 4 3 2 1

Contenido

Introducción

Está bien no estar bien

Si solo pudiera escribir un libro en mi vida, le pediría a Dios que fuera este el que tienes en tus manos.

El mensaje de este libro es la pasión de mi vida. Creo con todo mi ser que Dios ama a la gente rota y que, cuando en algún punto del doloroso proceso de magullarnos y rompernos encontramos una manera de darle la bienvenida a Él en la oscuridad, llegamos a conocer su amor en una forma que nunca antes conocimos.

Y eso, mi amigo, no es cualquier cosa.

Cuando se vino abajo la casa de cristal en la que había vivido por tantos años, comencé una nueva vida fuera de la seguridad de aquellas paredes. No, no se sentía bien. Para nada. Al principio, ni siquiera se sentía seguro. Pero se sentía *auténtico*. Me vi a mí misma como una oveja quebrantada, cojeando detrás del Pastor, sin saber hacia dónde iba pero con la certeza de que adondequiera que fuera, yo iría con Él. Hasta hoy, sigo completamente convencida de algo inalterable: el Pastor me ama. Las palabras que canté de niña hoy se sienten más reales que nunca antes: *Cristo me ama, oh sí, Cristo me ama.*

He visto esta misma convicción en las vidas de muchas otras personas rotas que he conocido a través de los años. Si bien es cierto que ninguna de ellas se hubiera alistado para el quebranto (¿quién lo haría?), ahora no cambiarían nada. No cambiarían por *nada* la relación más profunda que han encontrado con Dios. No es que Dios ame a las personas rotas más de lo que ama a las que se perciben a sí mismas como íntegras; es simplemente que *sabemos* que somos amados. Nos atrevemos a creerlo. Y sabemos que no existe esperanza, ni vida ni ningún significado importante fuera de Él.

Le entregué mi vida a Cristo cuando tenía once años. Ahora tengo cincuenta y cinco, y luego de una jornada de cuarenta y cuatro años, he invertido en estas páginas mis creencias más preciadas y profundas.

Esto no quiere decir que vas a encontrar todo abotonado y perfectamente arreglado.

Me *gustaría* decirte que aunque antes todo estaba mal, ahora todo está bien, y que todas las páginas desparramadas en la historia de mi vida han sido guardadas en sus respectivos casilleros.

Pero no puedo decirte eso.

No todavía.

Tal vez no pueda hacerlo de este lado del cielo.

Sí, vivo días en los que el camino por delante se ve despejado y me siento sobrecogida por el amor y la misericordia de Dios. Pero también tengo días oscuros y noches todavía más oscuras...

Hay un sueño recurrente que me persigue. Si bien es cierto que las circunstancias y los personajes cambian, el mensaje permanece igual: *¡Estás sola! Siempre has estado sola. Siempre lo estarás.*

El sueño me ha acosado desde la niñez. Me veo a mí misma caminando por un pasillo hacia una cámara de muerte, a punto de ser ejecutada por un crimen que no he cometido. A través de las paredes de cristal del pasillo puedo ver a mi familia y a mis amistades hablando entre sí, riendo y contando historias. Les grito pidiendo ayuda... pero, por alguna razón, nadie puede oírme.

Me levanto bañada en sudor frío. Mi esposo está acostado a mi lado, mi hijo está profundamente dormido en el segundo nivel, y mis perros, uno cerca de mi cabeza y otro en mis pies, descansan placenteramente. Siento el acogedor peso de Belle sobre mis tobillos, una prueba tangible de que *no* estoy sola.

¿Por qué, entonces, este sueño todavía me persigue, aun después de todos estos años? Las viejas heridas, desafortunadamente, traen consigo profundos recuerdos. En los momentos justo cuando me despierto, mientras espero a que los latidos de mi corazón regresen a la normalidad, le doy gracias a Dios porque aunque no estoy «reparada», soy amada.

Realmente está bien no estar bien.

Muchos de nosotros aceptaríamos con mucho gusto ese reto... si tan solo pudiéramos creer que somos realmente amados. Así que esa es mi oración por ti al comenzar juntos esta jornada. Oro para que entiendas —hasta el tuétano— que Dios te ama con intensa y perpetua pasión, que no estás solo y que se ha comprometido consigo mismo, con todo su omnipotente poder, a llevarte a casa de manera segura.

UNO

NO ESTOY SALUDANDO, ¡SINO AHOGÁNDOME!

Cuando las aguas profundas se encuentran con un amor todavía más profundo

Desde la niñez, ella había luchado contra unos sentimientos de melancolía agobiantes.

De adulta, no fue mejor.

La poetisa británica, Stevie Smith, atribuía gran parte de su lucha a una niñez difícil y al asolamiento que la embargó luego de que su padre abandonara a la familia. Su poema más famoso es también el título de una colección que publicó en 1957. La llamó simplemente «Not Waving but Drowing» [No estoy saludando, sino ahogándome].

Su corto poema, de apenas doce versos, presenta a un hombre revolcándose en la marea, gesticulando frenéticamente; sin embargo, no es capaz de atraer la ayuda de las personas que caminan por la orilla. Los espectadores lo ven, pero asumen que simplemente está saludando. Así que continúan su camino, posiblemente hasta devolviéndole el saludo... dejando que se ahogue. El poema termina con estos tristes versos:

Estuve demasiado lejos toda mi vida
No estoy saludando, sino ahogándome.

Yo sí. A veces, me pasa todavía.

Pero no las estoy saludando. Me estoy ahogando. Aun para aquellos de nosotros que hemos caminado con Cristo por años, las heridas del pasado todavía pueden salirnos al encuentro como una tormenta inesperada.

Unos minutos después de las 10:00 p.m., recogí mi maleta y me encaminé al coche. Vivimos como a unos treinta minutos del aeropuerto, así que estaba segura de que Barry y Christian llegarían primero que yo a la casa. Sin embargo, al acercarme a la entrada, la casa estaba a oscuras.

Bueno, me dije a mí misma, *probablemente les está tomando más tiempo encontrar las pertenencias de Christian en los lugares donde solo un adolescente puede dejarlas*. Le resté importancia a la pequeña ola de miedo y ocupé mi mente desempacando.

Llamé a Barry a su celular, pero no contestó.

Cuando ya cerca de la medianoche todavía no había escuchado nada de ellos, comencé a sentir que el agua rebasaba mi cabeza y que los dedos del pánico me apretaban la garganta.

Sentí que me ahogaba por tercera vez, cuando unos pocos momentos después finalmente escuché a Barry estacionando el coche en el garaje. Tenía que haber sido —debió haber sido— un momento de emoción y alegría, una feliz reunión familiar con un buen apretón de grupo.

Paralizada por el miedo, en lugar de acercarme a mi esposo, me alejé, y me escondí en mi sótano privado. En vez de recibir un cálido saludo de una esposa profundamente agradecida porque había llegado bien a la casa, mi esposo soportó el silencio de las preguntas que no sabía cómo preguntar. Cuando encontré mi voz, lancé al aire preguntas al azar, con la intención de que fueran luces de bengala, pero que aguijonearon como flechas.

Cuando las olas finalmente bajan a su nivel, me encuentro a mí misma en un charco de vergüenza.

¿Acaso los años no me han enseñado nada?

Barry se había quedado conversando un rato más largo de lo esperado con unos amigos sobre una angustiosa tormenta por la que ellos estaban atravesando. Él también había pensado que yo apreciaría algo de tiempo a solas luego de mi atareado fin de semana. ¿No te parece irónico? Acababa de regresar de decirles a diez mil mujeres que Cristo ofrece paz en medio de la tormenta más feroz, y ahora mis propias palabras me golpeaban.

No estoy saludando. ¡Me estoy ahogando!

Olvida las lecciones antiguas

Con el paso de los años he aprendido que aunque el amor de Jesús permanece constante, no ocurre así con nuestra manera de *experimentar* ese amor. Ese es un problema para muchos de nosotros pues crecimos pensando que una vez aprendiéramos cualquier lección que Dios quisiera enseñarnos, podríamos navegar triunfantes por la vida montados en una nube dorada, independientemente de los difíciles retos o dificultades que tocaran (o derribaran) nuestras puertas. Tal vez le has suplicado a Dios, como lo he hecho yo: «Dios, ya aprendí esta lección. ¡De veras que sí! ¿Podemos continuar? *¿Por favor?*»

«Continuar», sin embargo, no es siempre una opción. La vida es lo que es, nuestros retos son lo que son, y los grandes cambios que tanto anhelamos puede que ocurran *dentro* de nosotros, en vez de *alrededor* de nosotros o en nuestras circunstancias. Me ha tomado bastante tiempo «entender» esa lección.

A decir verdad, todavía estoy aprendiendo a hacerlo.

Por otro lado, tampoco quiero que pienses que mi vida oscila frenéticamente del más alto de los altos al más bajo de los bajos. En realidad, algunas de las situaciones en las que a veces me encuentro pueden ser bastante graciosas, luego de que ha pasado algo de tiempo.

Hace unos años, recibí una invitación para formar parte de una cruzada en Londres, Inglaterra. El pastor Paul Yonggi Cho de Seúl, Corea del Sur, sería el orador principal, mientras que yo estaría a cargo de la música especial. Dado que siempre me gusta aprovechar cualquier oportunidad de regresar a mi tierra natal, me sentí muy emocionada con la idea de que el evento se llevaría a cabo en el nuevo y espléndido Estadio O2, con capacidad para veinte mil personas. Volé el día antes del evento, y mientras nos dirigíamos al hotel le pregunté al coordinador local si podía hacer una prueba de sonido. Él me dijo que me llevaría al estadio la tarde siguiente.

Cuando escuché que alguien tocaba a mi puerta a las 3:00 p.m., rápidamente tomé mis cosas, lista para salir hacia el estadio. Pero el que tocaba a mi puerta no era el coordinador del evento... era una pequeña comitiva de bienvenida. Me dijeron que acababan de visitar al doctor Cho en su habitación y que deseaban charlar conmigo por unos momentos. Les invité a entrar, y luego de un incómodo silencio, uno de los caballeros carraspeó y anunció que había habido un «pequeño cambio de planes».

Retrospectivamente, esto hubiera sido como si uno de los marineros en el barco azotado por la tormenta en el que iba Jonás le dijera al profeta: «Hay un pequeño pez al lado del barco al que le encantaría saludarte».

Me dijeron que en lugar de promocionar el evento ellos mismos, habían tenido la esperanza de que *Dios* lo hiciera. Pero, aparentemente, no lo había hecho. El caballero me explicó que debido al cambio de circunstancias, habría también un cambio de lugar. En vez de celebrar la cruzada en el Estadio O2, nos presentaríamos en la Escuela Secundaria Peckham. (Esto es como cambiar el estadio de los Cowboys en Dallas, Texas, por un almacén normal de tu ciudad.)

«No hay ningún problema conmigo», contesté.

Pero hablé demasiado rápido.

«Bueno», continuó el caballero, «esperamos que no le moleste ir al estadio y pararse al frente con un cartel que diga que el lugar del evento fue cambiado, en caso de que alguien se aparezca. ¡Simplemente agite el cartel lo más alto que pueda!»

¿Estaba escuchando bien?

Con mucha cortesía, decliné aquella oportunidad, pero sí accedí a cantar usando un megáfono en el gimnasio de la escuela.

Espantoso en el momento, pero ahora es bastante gracioso.

¿Qué está haciendo eso en la Palabra de Dios?

Aceptemos ahora mismo que cuando agitamos nuestra mano con entusiasmo no siempre significa «¡hola!»

A veces puede significar «¡socorro!»

Pienso que esto es especialmente cierto cuando la vida no resulta de la manera en que pensábamos que lo haría. Tal vez comenzamos nuestras vidas cristianas con grandes sueños, altas aspiraciones y una ferviente anticipación. Pero en algún punto del camino, nuestros sueños se desmoronaron, nuestras aspiraciones fueron aplastadas y nuestra anticipación se disipó en un abismo. Y esas expectativas aplastadas pueden hacernos sentir desesperados, sin esperanza y afligidos.

¿Has leído alguna vez el Salmo 88?

Posiblemente no encuentres las palabras de este salmo en un cuadro colgando de la pared ni en un bordado enmarcado en la sala. Este «salmo de lamento» podría darle una mala reputación aun a otros salmos de esta clase. Si bien es cierto que la mayoría de esos cánticos comienza con algún tipo de súplica desesperada —«¿Hasta cuándo, Jehová? ¿Me olvidarás para siempre?»—, normalmente terminan en adoración, o por lo menos con un poco de esperanza: «Cantaré a Jehová, porque me ha hecho bien» (Salmo 13.1, 6).

Pero ese no es el caso del Salmo 88.

Sí, definitivamente comienza con una súplica de ayuda: «Día y noche clamo delante de ti. Llegue mi oración a tu presencia; inclina tu oído a mi clamor». Pero buscarás en vano al final del cántico por un poco de alabanza, esperanza o siquiera un *diminuto* rastro de luz. El escritor describe la «ira» de Dios pasando por encima de él y los «terrores» del Señor destruyéndole, rodeándole, oprimiéndole completamente. Y luego viene el versículo 18:

> *Has alejado de mí al amigo y al compañero,*
> *Y a mis conocidos has puesto en tinieblas.*

Y eso es todo. Fin del salmo. Punto.

¿Cuándo fue la última vez que viste a alguien usar *ese* versículo para concluir un servicio de adoración? Yo nunca lo he visto y estoy casi segura que tú tampoco.

Entonces, ¿por qué Dios incluyó el Salmo 88 en su Palabra? ¿Por qué siquiera está *ahí*? ¿Es que acaso tenemos tan pocos apuros y dolores en esta vida que tenemos que leer sobre ello en las Escrituras?

Te dije en la introducción de este libro que no te ofrecería un sistema de creencias arreglado y ordenado que sane todas las heridas, que haga salir el sol o que inspire a los ángeles a vociferar un estruendoso coro de aleluya. La verdad es que pienso que el Salmo 88 tiene un lugar en nuestras Biblias porque es *verdad*. Refleja cómo nos sentimos algunas veces; sí, aun aquellos que sentimos un apasionado amor por Cristo.

¿*Sientes* como si la ira de Dios te hubiera pasado por encima, ya sea por una buena razón o sin ninguna razón aparente? También le ocurrió al salmista.

¿*Sientes* como si sus terrores te estuvieran destruyendo, rodeando y oprimiendo completamente? También le ocurrió al salmista.

¿*Sientes* como si todos tus seres queridos y compañeros han sido alejados de ti? También le ocurrió al salmista.

¿*Sientes* que la oscuridad es tu amiga más cercana? Ciertamente así le ocurrió al salmista.

En el capítulo 6 discutiremos algunas maneras de lidiar con sentimientos oscuros como estos, pero por ahora solo quiero que reconozcas que Dios sabe que esos sentimientos existen, *y que Él escogió honrarlos al incluir un registro de ellos en su Santa Palabra.*

¿Por qué? Porque esas son las palabras que pueden, algún día, salir de nuestros propios corazones, si es que ya no lo han hecho. Y no solo eso, «él sabe lo débiles que somos, sabe que somos polvo» (Salmo 103.14 NBD). No cometas el error común de tratar de negar tus sentimientos o pretender que no importan, o sentirte culpable y condenado por tenerlos. Si bien no te aconsejo que te revuelques en ellos, tampoco te sugiero que te escondas o que huyas de ellos.

Escucha una de mis citas favoritas del profundamente trágico relato del *Rey Lear*:

> *El peso de este triste presente debemos asumir,*
> *decir lo que sentimos, y no lo que deberíamos decir.*

Recuerda esto: Dios ve que estás agitando tus brazos, Él sabe muy bien que no estás saludando; sabe que te estás hundiendo por tercera vez. Y como el mejor de los Salvavidas, ha visto muchísimos brazos agitándose en la tempestuosa marea de la vida:

- Moisés: «Y si así lo haces tú conmigo, yo te ruego que me des muerte, ... y que yo no vea mi mal» (Números 11.15).
- Job: «¿Por qué me sacaste de la matriz? Hubiera yo expirado, y ningún ojo me habría visto» (Job 10.18).
- David: «¿Qué provecho hay en mi muerte cuando descienda a la sepultura?» (Salmo 30.9).
- Jonás: «Ahora pues, oh Jehová, te ruego que me quites la vida; porque mejor me es la muerte que la vida» (Jonás 4.3).
- Elías: «Basta ya, oh Jehová, quítame la vida, pues no soy yo mejor que mis padres» (1 Reyes 19.4).
- Los discípulos: «Maestro, ¿no te importa que nos estemos hundiendo?» (Marcos 4.38, TLA).
- Pablo: «Pues fuimos abrumados sobremanera más allá de nuestras fuerzas, de tal modo que aun perdimos la esperanza de conservar la vida» (2 Corintios 1.8).
- Jesús: «Dios mío, Dios mío, ¿por qué me has desamparado?» (Mateo 27.46).

Ahogándose, ciertamente.

Piezas rotas

Temprano en la mañana, me gusta salir al patio con una buena taza de café cargado y ver la salida del sol. La parte trasera de nuestra casa queda hacia un lago y el paisaje cambia según las estaciones. Sin embargo, a pesar de la hermosura y el colorido de ese paisaje, mi mirada siempre regresa a una piedra en particular... un mosaico al borde del césped. Con sus colores chillones y forma irregular, pensarías que está fuera de lugar. Pero la considero uno de mis más preciados tesoros.

Recuerdo la mañana en la que mi hijo, Christian —que para entonces tenía siete años—, me regaló la piedra. Lo recuerdo bien por dos razones. Primero, este hermoso regalo hecho a mano vino del corazón de mi pequeño hijo y, segundo, ¡porque por poco me colapsa los pulmones cuando me lo puso encima!

A medida que se aproximaba mi cumpleaños, Christian le dijo a su papá que quería hacer algo especial para mí. Después de evaluar varias ideas, finalmente se decidieron por un proyecto que Christian había visto en una revista: un *kit* para hacer una piedra en mosaico, del tipo que uno puede usar para pasar de un lugar a otro. La revista mostraba una foto de una pieza bellamente terminada, y me parece que eso fue lo que Christian pensó que estaba ordenando. Así que cuando llegó el *kit* y él abrió la caja, se sintió muy desilusionado.

«Papá, mira esto. Es solo una caja con un montón de piezas rotas. ¡No puedo regalarle *esto* a mamá!»

Barry le explicó a Christian que tenía que usar las piezas para hacer su propio patrón y así crear un regalo único en su clase. Una vez que le echó un vistazo al plan, a Christian *realmente* le gustó la idea. Durante los siguientes días, los chicos me prohibieron entrar al cuarto de huéspedes, donde habían desparramado todas las piezas sobre una toalla hasta completar la obra maestra. Barry le dijo a nuestro pequeño hijo que debía escoger las piezas que quería usar, pero Christian estaba decidido a incluir cada una de las piezas dentro de la caja. Una vez terminada la creación, se vertía cemento sobre ella, por lo que el producto final pesaba una tonelada.

En la mañana de mi cumpleaños, Christian entró a nuestra habitación tambaleándose, cargando su regalo en una caja. Me pidió que cerrara mis ojos y extendiera mis manos. Cerré mis ojos y me preparé para extender mis manos, pero el regalo era muy pesado para él, así que lo puso sobre mi pecho. ¡Por poco me aplasta! Aquella misma mañana, salimos al patio con la piedra y la colocamos en el borde del césped, al lado de la terraza, y todavía hoy es lo primero que ves cuando sales afuera.

Me encanta esa piedra.

Me agrada la manera en que Christian acomodó todas las piezas, haciendo resaltar el púrpura, mi color preferido. Y lo que más me gusta es que antes de que el cemento se endureciera, Christian escribió en él: «¡Te amo, mamá!» con su pequeño dedito.

Una mañana, mientras estaba sentada afuera, contemplando el resplandor de la piedra a la luz de la mañana, Christian se sentó a mi lado. Y de repente me hizo una pregunta:

«Mamá, ¿crees que alguien rompió las piezas a propósito, o crees que simplemente reunieron algunas piezas rotas y las usaron?»

Le respondí que me imaginaba que reunían piezas rotas, pero su pregunta quedó en mi mente por mucho tiempo. De hecho, todavía hoy pienso en ella.

Pienso en todas las piezas rotas en mi vida y en las vidas de mis seres amados, y en las de los hombres y las mujeres que he encontrado en mi ministerio. Y le he preguntado a Dios: «Padre, ¿orquestas tú la ruptura de nuestras vidas, o simplemente nos invitas a que traigamos a ti todas las piezas?»

Y mientras pensaba en mi pregunta, comencé a formularme otras: «¿Acaso importa? ¿Nos relacionaríamos con Dios de una manera distinta dependiendo de su respuesta?»

Una cosa es amar a Dios cuando pensamos que él es quien repara nuestras piezas rotas. Pero, ¿qué tal si él es el que permite, y hasta participa, en el rompimiento?

¿Dónde está Dios?

Me senté afuera otra vez esta mañana, y mientras miraba mi piedra de mosaico, oraba por algunas de mis amistades que ahora mismo están sufriendo angustias, dolores y rompimiento. Dos de mis amigos están enredados en un amargo divorcio; un cónyuge lo quiere y el otro no. Puedo ver allí mucho dolor y coraje. Los quiero mucho a ambos, pero no puedo hacer nada para ayudar. Solo escucho y lloro y oro, pero no puedo resolver sus problemas. No puedo restaurar su matrimonio, ni corregir las vueltas equivocadas que han dado en el camino ni traer sanidad a sus corazones.

A lo largo de los años, he hablado con muchas personas con matrimonios fracasados. Con mucha frecuencia me preguntan:

«¿Por qué Dios no cambia el corazón de mi esposo?»

«Si Dios detesta tanto el divorcio, ¿por qué no me ayuda a reconstruir nuestra relación?»

«No quiero que mis hijos sean una estadística, perteneciendo a otra familia rota. ¡Me siento tan impotente!»

Manos arriba. Brazos agitándose. No están saludando.

Se están ahogando.

«¿Escucha Dios nuestras oraciones?»

«¿Se va a morir mi papá?»

Mis amigas que luchan contra la infertilidad hacen otra serie de preguntas. Lo mismo aquellos que luchan por la falta de empleo, la ruina financiera o la bancarrota. Otros, ya adultos, siguen tratando de superar las heridas del abuso, la negligencia y el abandono durante la niñez. Sin importar cuál sea la aflicción, las preguntas, a fin de cuentas, suenan igual:

«¿Acaso no ves mi dolor?»

«¿Por qué no haces *algo*????»

¿Será que te estás haciendo esa pregunta en este momento?

¿Contestará el teléfono?

Hace años, un hombre desesperado, manejó cientos de millas con su esposa enferma hasta los estudios del *Club 700* (un programa religioso que se transmite a diario a través de Christian Broadcasting Network y muchas otras estaciones), con la esperanza de que las oraciones de los santos de la televisión hicieran un mayor bien por su querida esposa que las peticiones que él elevaba entre lágrimas. Aparentemente, él pensaba, como muchos de nosotros, que alguien moderadamente famoso tiene mejores conexiones en el cielo que las que tienen las personas aparentemente anónimas.

Una mujer perturbada me acribilló sin piedad durante varios minutos por causa de mi «perfecto hijo» (sus palabras). Ella me dejó saber en palabras muy claras que se sentía asqueada porque me pasaba hablando de sus éxitos y que estaba harta de escuchar sobre su maravilloso crecimiento espiritual. Ella detestaba esas historias y despreciaba cada detalle triunfal.

Aquella era una mujer quebrantada —rota—, una mujer por la que Cristo murió y a quien Dios amó tanto que envió a su único Hijo al Calvario para que pudiera preparar el ungüento que sana los corazones rotos. Suena bien, ¿no te parece? Tiene hasta un aire de veracidad. Nos gusta la idea de una poción creada por un Salvador que es lo suficientemente potente para curar nuestros corazones rotos, hechos trizas.

Ah, podemos recitar los famosos versículos acerca de que «todos hemos pecado» y que «todos somos ovejas descarriadas», pero por lo general no reflexionamos —ni mucho menos lidiamos— con el tipo de quebranto desesperado que nuestro pecado nos ha dejado por herencia.

¿O aferrarnos desesperadamente a las promesas del Señor, como el quebrantado y crucificado Hijo de Dios?

No sabemos exactamente qué misteriosa y divina transacción tuvo lugar en aquella hora sombría, y posiblemente jamás lo sabremos. Por alguna razón, mientras Cristo llevaba sobre sí todos los pecados del mundo, el Padre apartó su mirada, y así el Salvador bendito pronunció su gemido de abandono, a medida que era lanzado a una oscuridad que jamás conoceremos.

Y con los clavos romanos todavía perforando sus manos y pies, y con su sangre todavía manchando la madera de la cruz y el polvo de la tierra, la agonía real —la agonía espiritual y emocional— menguó. En sus momentos finales, Jesús perdonó al ladrón e hizo los arreglos para el cuidado de su madre. Y exclamó: «¡Consumado es!» Él había agotado hasta la última gota de la copa de la ira de Dios y ahora encomendaba su espíritu al cuidado de su Padre celestial.

Cuando miramos el Salmo 22, muchos de nosotros tal vez nos enfocamos en las sorprendentes profecías que literalmente se hicieron realidad en la crucifixión: el grito de desesperación y abandono de Jesús (v. 1), las mofas y los insultos de sus crueles adversarios (vv. 6–7), la descripción de lo que le ocurre físicamente a un hombre crucificado (vv. 14–15), la perforación de las manos y los pies de Cristo (v. 16), la repartición de muchas de sus vestiduras (v. 18). Damos un suspiro de asombro, luego pasamos la página.

Creo que a medida que Jesús permaneció colgado en la cruz, recorrió el resto de este salmo, cuyos versículos implican su resurrección (v. 22), el nacimiento de la iglesia mundial (v. 27), y su final reinado sobre toda la tierra (vv. 30–31). ¿Qué hizo que nuestro Señor continuara hasta el final? ¿Qué provocó que pasara de unos sentimientos de abandono a una absoluta confianza en el agradable, tierno y amoroso abrazo de su Padre?

Quiero que sepas que a lo largo de este libro, te voy a contar muchas historias e incidentes de mi vida y de las vidas de otros, y todo con el deseo de mostrarte —y con la ayuda de Dios, *convencerte*— la esperanza que tenemos en Jesucristo, sin importar cuán rotos estemos. Pero también recuerda, a medida que avanzas en tu lectura, que ninguna de estas historias puede hacer por ti lo que puede hacer la Palabra de Dios. Y por eso tengo la intención de arraigar en las Escrituras todo lo que digo.

Me gusta mucho lo que el autor y pastor John Piper escribió al principio de *Sed de Dios*. Él decía que si no podía demostrar que su enseñanza venía de la Biblia, «no espero que a nadie le interese y mucho menos persuadir a alguien». Esto me gusta *muchísimo*. Y también concuerdo con la oración que le sigue: «Hay alrededor de mil filosofías humanas de la vida. Si esto es solo otra más, pásalo por alto. Solo hay una roca: la Palabra de Dios».[1]

A medida que caminamos juntos por esta jornada, quisiera que entrenaras tus ojos en dos aspectos cruciales: uno antiguo, otro nuevo. El profeta Jeremías nos ofrece el trozo antiguo de este par maravilloso:

> Así dijo Jehová: Paraos en los caminos, y mirad, y preguntad por las sendas antiguas, cuál sea el buen camino, y andad por él, y hallaréis descanso para vuestra alma. (Jeremías 6.16)

¿Recuerdas a Stevie Smith, la poetisa que escribió «Not Waving but Drowing» [No estoy saludando, sino ahogándome]? Hasta donde conocemos, ella nunca encontró el descanso para su alma que tan desesperadamente buscó toda su vida. Stevie agitó y agitó sus brazos, y luego se ahogó. Clive James comenta sobre ella: «Sus poemas, si eran píldoras para purgar la melancolía, no funcionaron con ella».[2] Las palabras, sin importar lo poderosas que puedan ser, simplemente carecen del músculo espiritual para dar descanso a nuestras almas.

Isaías nos ofrece un segundo gancho en el que podemos colgar nuestros sombreros. No solo descansamos en la roca firme de la Palabra de Dios, sino que somos llamados a abrir nuestros ojos y a ver lo que Dios está haciendo en nosotros y lo que está preparando para nosotros ¡justo en este momento! Dios habla a través del profeta para decirnos:

> He aquí que yo hago cosa nueva; pronto saldrá a luz; ¿no la conoceréis? Otra vez abriré camino en el desierto, y ríos en la soledad. (Isaías 43.19)

Así es como se ve... en el espejo retrovisor.

Algunos de nosotros permitimos que nuestro doloroso pasado nos absorba, nos consuma y nos cohíba. Ya sea que estemos huyendo de nuestro pasado o viviendo en él, este continúa controlándonos.

Dios nos dice a ti y a mí: «Es tiempo para algo nuevo en tu vida. Yo abro nuevos caminos delante de ti. Quiero llenar con agua viva el desierto de tu alma y satisfacer tu sed con refrescantes riachuelos celestiales. No vivas en el pasado. Rehúsate a acampar en las tragedias de tu historia o en el trasfondo de tu familia. ¡Deja todo esto atrás! Y entonces, ven conmigo porque tengo en mente algo nuevo para ti».

Dos

Corderos inútiles y ovejas negras

Un Pastor que va tras las víctimas y los villanos

En algunas ocasiones, me han pedido que lea los manuscritos de otros autores para evaluar si deseo escribir una nota de endoso. Cuando conozco al autor personalmente, en realidad disfruto mucho de ese proceso. Me emociona el poder echar un vistazo al más reciente proyecto de él o ella, y leer el libro es como escucharle hablar mientras nos tomamos una taza de café. Puedo escuchar la voz de mi amigo o amiga a medida que voy leyendo.

Me gusta ese tipo de título. Tu respuesta natural de pronto es: «¿De veras? ¿El cielo tiene alfombra? ¿Y la alfombra es azul? ¿Quién lo hubiera dicho?»

Sharon, su esposo y sus seis hijos dejaron atrás sus vidas predecibles y cómodas, se mudaron a una vieja y destartalada casa rural, y comenzaron el proceso de aprender sobre el cuido de ovejas. Me encantó leer sobre sus aventuras y con mucho gusto endosé ese libro, excelentemente redactado. Me intrigó la manera en que Sharon expone las verdades espirituales y las lecciones que todos podemos aprender de las vidas de los pastores y de sus ovejas.

En cierto momento, Sharon vio al corderito con su cabeza inclinada y pensó que tenía el cuello lastimado. Pero un poco más de investigación reveló que no tenía ninguna herida física. Era el espíritu del corderito el que había sido quebrantado.

Con mucha frecuencia, estos menesterosos, vulnerables y lindos corderitos simplemente mueren. Sus pequeños espíritus se quebrantan y pierden toda la voluntad para vivir. Los únicos que sobreviven —los únicos que encuentran la fortaleza para superar el rechazo de su madre— son aquellos que son acogidos y cuidados por el pastor.

Gracias a esa extraordinaria experiencia, Sharon hizo una poderosa observación: los corderos inútiles son, en realidad, los más bendecidos entre todas las ovejas del rebaño porque son a ellos a los que el pastor cuida de manera más personal e íntima. Ellos desarrollan un tipo de relación con el pastor que las otras ovejas ni siquiera pueden soñar. Ellos experimentan un amor que sobrepasa al que cualquier prado o que las a veces-caprichosas ovejas puede ofrecerles.

¡Los corderos inútiles!

Los corderos inútiles de Dios

En el sentido espiritual, todos somos «corderos inútiles»: perdidos en pecado, quebrantados en espíritu, con heridas en el corazón y en la mente... y a veces en el cuerpo. Muchos de nosotros nos hemos sentido como corderos inútiles en nuestras familias de origen o hasta (es triste admitirlo) en la familia de Dios. Sabemos lo que es sentirse no deseado, no amado, empujado fuera del camino, abandonado, rechazado, abusado o descuidado.

La buena noticia es que no importa lo que hayamos sufrido en el pasado ni cuán oscuro sea el valle en el que nos encontremos hoy —ya sea que nuestro quebranto es el resultado de lo que otros nos han hecho o de lo que nos hemos hecho a nosotros mismos— tenemos un Pastor celestial que se preocupa profundamente por nosotros y que nos ama intensamente. El profeta Isaías dice que Dios «como pastor apacentará su rebaño; en su brazo llevará los corderos, y en su seno los llevará; pastoreará suavemente a las recién paridas» (Isaías 40.11).

¡Y Él no terminó aquí!

> Ya en el versículo 10 se menciona que su brazo señoreará. Este *brazo* es el símbolo de su gran poder, y es lo suficientemente fuerte para reunir a las ovejas, y así protegerlas y cuidarlas. Cuando las ovejas están en los brazos del Pastor, nada puede lastimarlas ni separarlas de él. Aquellos a los que él reúne son descritos como «corderos»; es decir, las crías jóvenes que acaban de nacer. Estos son los miembros más débiles del rebaño; los que no tienen ninguna posibilidad de defenderse por ellos mismos contra algún ataque, y tienen necesidad de la constante protección del Pastor. Por medio de su brazo, Él los reúne y los lleva en su seno de modo que se reclinan en su brazo contra su pecho. De

> este modo, ellos no tienen que caminar por sí mismos ni tropezarse ni extraviarse.[3]

¡Con cuánta ternura obra!

Isaías dice de Él: «No quebrará la caña cascada, ni apagará el pábilo que humeare» (Isaías 42.3).

¿O tal vez te sientes más como un pábilo que humea... agotado, quemado, un poco más que una tenue espiral de humo ennegrecido? Tu Pastor promete que jamás te apagará. Sus tersas manos sanarán tiernamente tus heridas y mantendrán tu llama ardiendo, sin importar lo débil que esa llama pueda ser.

Beth Moore escribe: «¡Qué maravilloso cuadro de Cristo! El herido y el abatido se acerca, y la solidaria y cicatrizada mano de Cristo presiona la herida; y por un momento, el dolor parece intensificarse... pero finalmente, el sangrado se detiene».[4]

¿Y por qué tipo de oveja Jesús hace todo esto? ¿Por las que ganan premios? ¿Por las ovejas y los carneros de primera calidad? ¿La oveja con la lana más mullida, los ojos más resplandecientes o las patas más fuertes?

Y aun entonces, justo en el final de los tiempos, este buen Pastor, este gran Pastor, este Pastor en jefe, no cesará de cuidar tierna y meticulosamente a sus corderos inútiles. Juan nos dice que muchas de sus ovejas tendrán que soportar mucho en esta vida y en esta tierra caída. Pero al final...

> Por esto están delante del trono de Dios, y le sirven día y noche en su templo; y el que está sentado sobre el trono extenderá su tabernáculo sobre ellos. Ya no tendrán hambre ni sed, y el sol no caerá más sobre ellos, ni calor alguno; porque el Cordero que está en medio del trono los pastoreará, y los guiará a fuentes de aguas de vida; y Dios enjugará toda lágrima de los ojos de ellos. (Apocalipsis 7.15–17)

Oveja negra

Es posible que me digas: «Sheila, eso es precioso. Es en verdad maravilloso. Pero es que tú no entiendes. Yo no soy un cordero inútil; en todo caso, soy una oveja negra. Me he alejado del buen Pastor muchas más veces de las que puedo contar. He rechazado sus brazos y, al contrario he corrido a los de aquellos que solo querían usarme y abusar de mí. ¡Esto es extenuante! Ya no me queda nada. Lo que dices parece extraordinario, pero no aplica a mí».

¿Sabes? En realidad, la Biblia no habla de «ovejas blancas» ni de «ovejas negras». De hecho, el único color que parece asignárseles a las ovejas de Dios es el carmesí, que es un intenso rojo violáceo. Pero no tienes que tomarme la palabra. Escucha a Dios mismo.

> Venid luego, dice Jehová, y estemos a cuenta: si vuestros pecados fueren como la grana, como la nieve serán emblanquecidos; si fueren rojos como el carmesí, vendrán a ser como blanca lana. (Isaías 1.18)

De la misma manera en que todos, de una forma u otra, reunimos las cualidades necesarias para ser corderos inútiles, también todos calificamos en todas las formas posibles para que nos llamen ovejas negras. Pero tu pecado, sin importar qué tan oscura sea la mancha que creas que ha dejado, jamás podrá mantenerte lejos de Dios. Solo tu terquedad puede hacer eso. Él te dice: «¡Ven!» Sí, te lo dice a ti. Sí, a ti, el de la lana negra. Y a ti también, la oveja que suele extraviarse. Y cuando regresas, Él sabe cómo tomar cualquier color de lana y transformarla en una lana limpia, reluciente y blanca como la nieve.

Incluyendo la tuya.

Mientras escribo estas palabras, una certeza ardiente crece cada vez más en mi interior. En gran medida este ha sido el mensaje de mi vida, pero ahora arde en mí como nunca antes.

Tal como eres, justo ahora, con todas las decisiones que has tomado, tanto las buenas como las malas; en tus mejores días y en el peor de ellos; con todos los secretos profundos y oscuros que guardas en tu corazón y que nunca le has confesado al Padre, así como aquellos que todavía tratas de ocultar, *Dios te ama con un amor tan apasionado que nunca fallará.*

¿Puedes recibir esta verdad aunque te sientas como una oveja negra? ¿Puedes recibirla aunque sientas que eres una vergüenza o una desgracia? ¿Puedes recibirla aunque hayas fallado miserablemente y tu conducta haya defraudado a todo el mundo a tu alrededor?

Si te cuesta trabajo decir que sí, permíteme recordarte una parábola que Jesús contó en una ocasión. Él narró sobre un hombre que era dueño de cien ovejas. Cuando una de ellas se extravió, él dejó a las otras noventa y nueve en las colinas para ir a buscar a la oveja descarriada... ya sabes, a la que decidió alejarse de todas las ovejas «buenas» y «blancas». ¿Recuerdas lo que hizo ese hombre cuando encontró a su oveja extraviada? (¡Ah! Y nadie nos dice si su lana era negra, blanca o a cuadros.) Jesús dijo que se regocijó *más por aquélla, que por las noventa y nueve que no se descarriaron* (véase Mateo 18.12–13).

Si estudias los relatos de los evangelios, también encontrarás esta historia en Lucas, con una diferencia interesante. En la versión de Mateo, la oveja descarriada representa a un creyente. En el relato de Lucas, la oveja extraviada representa a alguien que acepta la fe por primera vez. Y Jesús dice: «De la misma manera, ¡hay más alegría en el cielo por un pecador perdido que se arrepiente y regresa a Dios que por noventa y nueve justos que no se extraviaron!» (Lucas 15.7, NTV). Ambas versiones de la historia nos enseñan que el buen Pastor ama entrañablemente a *todas* sus ovejas, ya sea que estas recién se hayan acercado a la fe o que regresan a Él luego de haber estado extraviadas por mucho tiempo.

Jesús está en el negocio de buscar, encontrar y rescatar a las ovejas descarriadas, sin importar cómo se perdieron. ¿Ovejas extraviadas? Sí. ¿Ovejas ignorantes? Sí. ¿Ovejas que ni siquiera tienen el suficiente sentido para reconocer que están perdidas o que no entienden que están rotas? Sí. Muchas gracias por recordarme mi propia historia. El tipo de oveja descarriada que seas, simplemente no importa.

¿Te has extraviado? ¿Te has distraído? ¿Desobediente? ¿Decidiste caminar a tu manera, a pesar de lo que dictaba tu conciencia? Nada de eso importa siempre y cuando decidas regresar. En su misericordia y amor, el buen Pastor sale a buscarte y te regresa a su lado. Y no tienes que perder tiempo tratando de «limpiarte» primero.

¿Te puedo recomendar que sigas el ejemplo de un perrito llamado Mason?

El 27 de abril del 2011, una devastadora tormenta azotó Alabama y dejó en escombros a la ciudad de Tuscaloosa. Los meteorólogos estimaron que el tornado medía una milla (1.6 km) de ancho, convirtiéndose en el segundo tornado más letal en la historia de Estados Unidos en el que murieron más de trescientas personas. Muchos testigos capturaron imágenes aterradoras en sus teléfonos celulares y las publicaron en YouTube y en Facebook. La tormenta levantó casas y las sacudió como vasos de papel y muchos autos volaron por el aire como juguetes de niños.

En medio de la tragedia y devastación, se escuchaban de vez en cuando informes de algunos rescates asombrosos, y hasta milagrosos. Estas historias alentaban a aquellos que todavía buscaban a familiares y amigos desaparecidos.

Una historia en particular caló muy hondo en el corazón de la gente: el relato de una niñita que se rehusó a suspender la búsqueda de su perro, Mason, un *terrier* mezclado de dos años. El día de la tormenta, el fuerte viento arrastró a Mason fuera de la cochera y despareció en la vorágine. El tornado redujo la casa a escombros, pero una parte del balcón resistió el embate. Día tras día, los miembros de la familia regresaban al área devastada, en caso de que el perro —contra toda probabilidad—, hubiera sobrevivido la tormenta y encontrara el camino de regreso a la casa.

¿Puedes imaginarte la alegría y la sorpresa cuando *tres semanas* luego de la tormenta encontraron a Mason echado en lo que quedó de las escaleras de aquel balcón? Nadie sabe qué tan lejos se arrastró con dos patas rotas, simplemente para llegar hasta allí. Sus huesos destrozados parecían estar listos para perforar su piel. Mason sufría de una deshidratación severa y había perdido la mitad de su peso normal. ¡Pero estaba vivo! Y había decidido con determinación que regresaría a las personas que lo amaban. Cuando finalmente vio a su familia, ese perrito con su terrible y miserable apariencia, meneó su cola y corrió cojeando hacia ellos.[5]

Me parece que podemos aprender un par de lecciones de este lindo cachorro. A él no le importó lucir como un desastre. No sintió vergüenza ni bochorno debido a su condición. No intentó correr ni esconderse ni bañarse para verse más presentable.

Mason sabía que estaba perdido.

Él sabía que su pequeño mundo se había volteado al revés.

Él sabía que necesitaba ayuda. Así que se arrastró a casa, directo a los brazos de aquellos que lo amaban.

¿Por qué será que cuando estamos magullados o rotos, cuando estamos hechos un total desastre, nos *alejamos* de Aquel que nos ama? Bajamos nuestros rostros, con vergüenza, y deseamos que nuestra presencia pase inadvertida. Tratamos de «arreglar» las cosas por cuenta propia.

Tal vez sea porque despreciamos nuestro quebranto. Nos sentimos avergonzados de él e indignados por él... y pensamos que Dios se siente igual. No entendemos cómo puede amarnos de la manera que lo hace. No podemos creer que sea cierto.

De alguna manera, tenemos que llegar a un punto en el que entendamos en lo más profundo de nuestras almas que no importa lo que nos haya sucedido, que no importa qué tanto hayamos echado a perder la cosas, que no importa cuántas malas decisiones hayamos tomado, que no importa qué tanto hayamos fallado o fracasado, Dios mantiene sus brazos abiertos de par en par para recibirnos con una alegría sin fin. ¡Él anhela darnos la bienvenida de regreso a casa!

Algunas personas que enseñan sobre el pasaje de la «oveja perdida» a veces bromean diciendo que el pastor es lo suficientemente loco para arriesgar a noventa y nueve ovejas para ir a buscar solo a una.

Pero eso no es una broma. En realidad, es la esencia del pasaje.

Dios te ama *extravagantemente* y hará lo que sea necesario para traerte de vuelta al bienestar de sus brazos y a la seguridad de su rebaño.

(Y claro está, a diferencia de cualquier pastor terrenal, Él es omnipresente y todopoderoso. Él puede buscar a su oveja extraviada y ¡también quedarse con las otras noventa y nueve!)

Y cuando tu Pastor te encuentra, no te regaña ni te pregunta por qué te fuiste. Él no busca desquitarse. Tampoco dice: «Okey, oveja, esta es tu última oportunidad. ¡Si te vuelvo a perder de vista, se acabó, no te busco más! No, te lleva sobre sus hombros de vuelta a casa y convoca a una fiesta *porque estás en casa*! Esa es la infinita gracia y el ilimitado amor de Dios extendidos a *cada* oveja extraviada, sin importar cómo se hayan extraviado.

¿Parece esto injusto? Espero que sí, porque realmente lo es. La gracia no se trata de ser «justo», sino del extravagante y radical amor de Dios. Y la realidad es que, lo veamos o no, cada uno de nosotros es o ha sido esa oveja descarriada.

Oveja blanca.

Oveja negra.

Oveja carmesí.

Simplemente, no importa.

¿Acaso no estamos agradecidos porque Él fue tras *nosotros*? ¿Porque se regocijó por nosotros, de la misma manera? Entonces, si es así, ¿por qué a veces parece que queremos crear dificultades para que otras ovejas extraviadas regresen a casa?

¡Qué descarada!

Me pregunto si las noventa y nueve ovejas dejadas atrás se dieron palmaditas en sus lanudas espaldas por ser tan buenas y educadas. Puedo oír el tipo de comentarios que pueden haber hecho sobre la oveja extraviada.

«Allí va otra vez, ¡qué descarada! ¡No me explico por qué él pierde su tiempo con ella!»

«¡Ah! Estoy totalmente de acuerdo contigo, Edna. Le pedí que me ayudara a repartir los granos para la reunión del miércoles por la noche y ¡jamás apareció!»

«Y a decir verdad, Gertrudis, aquí entre tú y yo, ¡su lana es demasiado corta para una oveja de su edad!»

«¡Me acabas de sacar las palabras de la boca, Edna!»

En una ocasión, una mujer etiquetada como «pecadora» entró a una fiesta sin invitación para expresar su agradecimiento a Jesús por este haber cuidado de ella. ¡Nada peor que tener esta reputación en un pueblo pequeño! No sabemos cómo fue que se encontró con Cristo por primera vez ni cuándo ella escuchó su mensaje, comenzó a creer en Él o recibió su amor. Tal vez fue una entre las «multitudes» que le escucharon predicar por los campos o en las calles citadinas. Lo que sí sabemos es que lo que Cristo hizo por ella la conmovió tanto que todo lo que ella deseaba hacer era darle las gracias personalmente y de una manera significativa.

Con el simple hecho de presentarse en la casa de Simón el fariseo, ella se arriesgó muchísimo pero, ¿qué alternativas tenía? Allí era donde estaba Jesús (véase Lucas 7).

Esta mujer no invitada (y mucho menos bien recibida) se arrodilló a los pies de Jesús, y comenzó a derramar lágrimas de gratitud espontáneas —aparentemente una fuente sin fin— y luego las secó con su cabello. Todo el mundo comenzó a señalarla y a murmurar. ¡Qué irritante! Simón, el anfitrión, se sintió indignado. Pero Jesús se volvió hacia él y expuso la hipocresía de este servida en bandeja:

> Luego se volvió a la mujer y le dijo a Simón:
>
> —Mira a esta mujer que está arrodillada aquí. Cuando entré en tu casa, no me ofreciste agua para lavarme el polvo de los pies, pero ella los lavó con sus lágrimas y los secó con sus cabellos. Tú no me

saludaste con un beso, pero ella, desde el momento en que entré, no ha dejado de besarme los pies. Tú no tuviste la cortesía de ungir mi cabeza con aceite de oliva, pero ella ha ungido mis pies con un perfume exquisito.

»Te digo que sus pecados —que son muchos— han sido perdonados, por eso ella me demostró tanto amor; pero una persona a quien se le perdona poco, demuestra poco amor». (Lucas 7.44–47, NTV)

Jesús no quiso decir que Simón no había pecado tanto como esta mujer; simplemente que Simón no se veía a sí mismo de esta manera. En ocasiones, ¡nuestra petulancia los ciega! Y Dios, en su misericordia, hará lo que tenga que hacer para abrir nuestros ojos. Él permitirá que nos alejemos lo suficiente como para darnos cuenta de lo perdidos que realmente estamos, y siempre hemos estado.

Me parece extraordinario que esta «pecadora» hizo frente a los insultos, a las miradas hostiles, a los comentarios despectivos y al rechazo que ella sabía que enfrentaría. A diferencia de ella, la mayoría de nosotros no nos arriesgaríamos. ¿Para qué exponernos? Es mejor acuclillarnos, ponernos alguna armadura, erigir algunas murallas. Es mejor impedir que alguien se acerque demasiado. Es mejor evitar la posibilidad de una conexión humana... aunque esto quiera decir que estamos muriendo por dentro.

Conozco a algunas mujeres abusadas que han sido lastimadas tan profundamente que me han dicho: «No quiero sentirme vulnerable nunca más». Lo que quieren decir con eso es: «Nunca más voy a permitir que alguien se acerque lo suficiente como para herirme». Así que apenas rozan la superficie de la vida y tal vez, ocasionalmente, intercambian miradas furtivas con otros hombres y mujeres, sin permitir que se acerquen lo suficiente como para establecer una conexión real. Es evidente que C. S. Lewis conoció a algunos individuos como estos personalmente porque en una ocasión escribió: «Amar, de cualquier manera, es ser vulnerable. Basta con que amemos algo para que nuestro corazón, con seguridad, se retuerza y, posiblemente, se rompa. Si uno quiere estar seguro de mantenerlo intacto, no debe dar su corazón a nadie, ni siquiera a un animal... [debemos] guardarlo a buen recaudo bajo llave en el cofre o en el ataúd de nuestro egoísmo. Pero en ese cofre —seguro, oscuro, inmóvil, sin aire— cambiará, no se romperá, se volverá irrompible, impenetrable, irredimible».[6] Beth Moore dijo casi lo mismo de otra manera:

> La forma que tiene la vida de reaccionar a un corazón hecho trizas es cubriéndolo con resistentes tendones de carne y tentándonos a prometer que nunca más permitiremos que nos lastimen otra vez. Esa no es la manera de Dios. Recuerda, las fortalezas erigidas por nosotros mismos no solo impiden que el amor salga; también impiden que entre. Nos arriesgamos a convertirnos en cautivos de nuestras propias fortalezas protectoras. Solo Dios puede volver a juntar las piezas rotas de nuestro corazón, cerrar todas las heridas y cubrirlas con una venda porosa que protege de infección... pero mantiene libre al corazón para que inhale y exhale amor.[7]

Lo he dicho antes y lo vuelvo a repetir. El quebranto es un regalo. Solo las ovejas que saben que están rotas —y aun así son amadas— pueden aprender a confiar, no en ellas mismas, sino en la sabiduría, la fortaleza, la misericordia y la gracia del buen Pastor.

Tres

Las heridas del pasado tienen buena memoria

Cómo encontrar una salida de la oscuridad

Justo a la mitad del día, el cielo se tornó oscuro como la noche. No simplemente negro. Recuerdo matices de un oscuro y profundo verde militar que se veían y se sentían como si algo anduviera *mal*. El siniestro color del cielo instó a que los autos se alinearan a la orilla de la carretera y los conductores se preguntaban qué debían hacer.

Recuerdo ese incidente como si hubiera ocurrido ayer. Antes de que la lluvia comenzara a llover a cántaros y que la tormenta eléctrica provocara que todos buscáramos refugio, una extraña calma se difundió por la temible escena. Hasta los pájaros se detuvieron y se posaron sobre las ramas como esperando algo.

Me estacioné detrás de dos autos debajo de un puente y apagué el motor. El chofer del auto que estaba frente al mío corrió hacia mí y golpeó en mi cristal. Bajé mi ventanilla.

«Creo que debemos movernos de aquí», dijo. «¡Esto parece un tornado!»

«No importa», contesté, sin hacer contacto visual.

No pude ver cómo reaccionó a mis palabras, pero lo vi correr de vuelta a su auto, tomar su maletín y desaparecer de mi vista.

Me quedé allí sentada, mientras las lágrimas bajaban por mi rostro. No podía dejar de repetir: «¡Lo siento, lo siento mucho, mucho!»

Por más ridículo que parezca, creía en lo profundo de mi corazón que esa tormenta era *mi* culpa, que los cielos se habían confabulado contra mí. En gran parte, aquella creencia equivocada nacía de mi falta de comprensión sobre la verdadera naturaleza de Dios y su intenso amor por mí.

Ver sin entender

Mientras lloraba en mi auto aquel día, segura de que mis acciones habían desatado la ira de Dios, me sentí como una vagabunda perdida y solitaria... una malvada y religiosa vagabunda sin ningún lugar adonde correr ni al que pudiera llamar hogar.

Debajo de un puente y en la oscuridad parecía el lugar lógico para estar.

Esos momentos son horribles. Nunca quise estar perdida y sola en un lugar oscuro. Siempre he deseado ser fuerte. Siempre he querido ser la que recoge a los perdidos y los ayuda a encontrar el camino. Percibí mi propio quebranto como una debilidad, lo que me aterroriza. Sentirse débil es ser vulnerable.

Ahora sé, claro está, que esos temores fueron grabados en mi alma cuando era pequeña. Las viejas heridas tienen una memoria repugnantemente buena, pero unas destrezas interpretativas abismalmente pobres. Si bien es cierto que el dolor mantiene los recuerdos frescos y vivos (al menos, en el sentido de que un zombi está vivo), también oculta la verdad y evita que entiendas certeramente lo que ocurrió en realidad. La analogía más cercana en la que puedo pensar es la manera en la que los niños tienden a ver y a escuchar todo lo que ocurre a su alrededor, pero no pueden comprender casi nada de lo que pasa.

Solía sorprenderme que mi hijo, Christian, pudiera estar sentado en el asiento trasero de nuestro auto, aparentemente inmerso en un juego, y justo unos instantes después de decirle algo a Barry en voz baja, una vocecita comenzara a escucharse: «Mamá, no creo que haya sido así».

¿Cómo escuchó lo que dije?, me preguntaba.

Los niños parecen ver y escuchar todo, pero con frecuencia interpretan incorrectamente esa información. Llegan a conclusiones equivocadas. Por ejemplo, cuando el matrimonio de sus padres llega a su fin, inevitablemente interiorizan y personalizan lo que ocurrió.

¿Se habría quedado papá en casa si hubiera mantenido mi cuarto más recogido?

¿Se fue mamá porque no la ayudaba con los quehaceres de la casa?

¿Qué hubiera podido hacer? ¿Qué hice?

Tiene que haber sido mi culpa.

Mi padre murió cuando yo apenas tenía cinco años. Siempre fui la «niña de papá», pero cuando sufrió una hemorragia cerebral en 1961, quedó parcialmente paralizado y, con el tiempo, perdió la capacidad para hablar. Yo me aferré a él como su intérprete, pero muy pronto su personalidad comenzó a cambiar, tornándose oscura y violenta. Un día, alertada por el gruñido de mi perro, apenas logré esquivar un golpe en la cabeza con el bastón de mi papá. Él estrelló a mi madre contra la pared y se requirió la fuerza de cuatro hombres para dominarlo y llevarlo a un hospital siquiátrico. Poco tiempo después, se escapó y encontraron su cuerpo en el río. Tenía apenas treinta y cuatro años.

La violencia de mi padre, aunque fue causada por una lesión cerebral, para mí indicaba que él vio algo tan malo en mí que quería terminar con mi vida. La última vez que me miró a los ojos no vi otra cosa sino puro odio.

Yo amaba a mi padre y, en mi mente de niña, él no podía estar equivocado, lo que quería decir que sí *había* algo realmente terrible en mí. Luego de su muerte, decidí que nunca más permitiría que alguien se acercara a mí lo suficiente como ver lo que mi papá había visto.

Esta mortal estrategia también afectó mi relación con Dios. Decidí ser la perfecta mujer cristiana para que así Dios nunca viera en mí nada que provocara que me diera la espalda con repugnancia o dejara de amarme.

¿Cómo podría soportar «aquella mirada» en *sus* ojos?

¿Una senda oscura? Sí, lo era. Pero es una senda que muchos siguen recorriendo hoy día.

¿Qué hay de malo conmigo?

Cada año recibo cientos de notas de mujeres alrededor de todo el mundo que luchan con una imagen distorsionada de sí mismas similar a esta, usualmente por sucesos que ocurrieron en su pasado. Algunos temas se repiten sin cesar:

- «Mi papá no solo abandonó a mi mamá, también me abandonó a mí. ¿Qué hice mal?»
- «Mi papá no tuvo tiempo para mí cuando yo era pequeña. Ahora simplemente trato de camuflarme con el ambiente».
- «Mi madre me decía que yo era una estúpida. Tenía razón. Daño todo lo que toco».

- «Mi esposo es un abusador, pero me lo merezco».
- «Cuando me miro en el espejo todo lo que veo es una mujer gorda, que no merece que la quieran».
- «Me quedaré soltera para siempre. ¿A quién le gustaría casarse conmigo?»
- «No puedo tener hijos. Creo que Dios me está castigando por las cosas que hice en el pasado».

Si bien es cierto que la lista puede alargarse, el tema siempre es el mismo: «¿Qué hay de *malo* conmigo?» Sin lugar a dudas, ¡las viejas heridas realmente tienen buena memoria! De hecho, a veces esas viejas imágenes son tan poderosas que comienzan a transformarnos físicamente en eso en lo que nos pasamos pensando.

Recuerdo a una mujer para la que trabajé durante un verano cuando yo era adolescente. La conocía un poco pues había asistido a nuestra iglesia, pero hasta que se convirtió en mi jefa durante esos meses, había mantenido mi distancia de ella. Me parecía una persona muy ceñuda, que desaprobaba todo. Su semblante gritaba un enorme «¡no!» antes de que hicieras una pregunta.

Se me cayó el alma a los pies cuando supe que tendría que presentarme a ella todas las mañanas. No obstante, a medida que las mañanas se convirtieron en semanas y luego en meses, mi conducta hacia ella cambió. Observaba cómo a sus manos, torcidas y dobladas debido a la artritis, les resultaba tan difícil tomar un lápiz o sujetar una taza. La escuché mientras hablaba sobre su amarga y decepcionante vida. A medida que relataba una historia de rechazo tras otra, sobre años sirviendo a unos padres enfermos muy poco agradecidos, entendí que el exterior de su cuerpo era un reflejo de su estado interior. Me pareció que ella nunca había podido dar alegremente, todo le había sido quitado o arrebatado de las manos, lo que la había dejado amargada y torcida tanto afuera como adentro. Ella vestía su vida carente de gracia como un abrigo de vergüenza muy pesado.

Culpa y vergüenza

En su maravilloso libro, *Shame and Grace* [Culpa y vergüenza], Lewis Smedes escribe: «La diferencia entre la culpa y la vergüenza es muy clara... en teoría. Nos sentimos culpables por lo que hacemos. Nos sentimos avergonzado por lo que somos».[8]

Nunca olvidaré la primera vez que leí esta declaración. Quise gritar: «¡Eso mismo *es*! Así es *exactamente* como me he estado sintiendo pero no podía encontrar las palabras para describirlo». Comprender esta idea fue algo monumental para mí, algo así como encontrar la llave de un sótano oscuro al que había temido entrar debido a lo que podría encontrar en él.

Piénsalo de esta manera: Si has *hecho* algo malo, tratas de arreglarlo. Puedes pedir perdón o tratar de restituir. Pero si en lo profundo de tu alma crees que *eres* algo malo, entonces, ¿qué puedes hacer con *eso*?

Aquí no hay ningún serafín

Antes de continuar, necesito establecer una distinción importante. La mayoría de las veces cuando la gente habla de la vergüenza en estos días, se refiere a ella como algo universalmente malo, como algo que debe evitarse y eludirse. Nos da la impresión de que si simplemente pudiéramos eliminar la vergüenza, por cualquier medio que sea necesario, estaríamos mucho mejor.

Como alguien que durante muchos años ha sufrido muchísimo a causa de la vergüenza, tengo que admitir que a mi corazón le encanta la idea de enviarla muy, muy lejos... o quizás hacer que despegue de la faz del planeta. Pero cuando leo la Biblia, parece que me dice: «No tan rápido, Sheila».

La Biblia usa muchas palabras, tanto en hebreo como en griego, para describir varios aspectos de lo que llamamos «vergüenza». En términos generales, la Biblia ve la vergüenza como «una condición de desgracia humillante».[9] En muchos pasajes, gente como el rey David le dice a Dios: «No sea yo avergonzado» (Salmo 25.2); o por el contrario, «sean avergonzados los impíos» (Salmo 31.17). A nadie le *gusta* sentir vergüenza; nadie *quiere* sentirse humillado ni desacreditado. Yo no quiero sentirme así y dudo que tú lo quieras. Y la gloriosa promesa del evangelio es que aquellos que depositan su fe en Cristo serán, a fin de cuentas, liberados para siempre de toda vergüenza y de su sombra.

En varias ocasiones, el Nuevo Testamento —siguiendo el ejemplo del Antiguo Testamento—, declara que aquel que confía en Dios «no será avergonzado» (Romanos 9.33; véanse también Romanos 10.11; 1 Pedro

2.6; Salmo 25.3). Cuando en el cielo, algún día, nos paremos delante de Dios, vestidos en la resplandeciente rectitud de Cristo, nunca más sentiremos vergüenza. ¡Aleluya!

Perfecto, pero simplemente mira a tu alrededor. ¿Ves algún serafín? ¿Y qué de las puertas del Paraíso? No, yo tampoco las veo, y hay una explicación sencilla para eso.

Todavía no hemos llegado a casa.

En este planeta caído, aparentemente *algo* de vergüenza todavía tiene su propósito, y a menos que esté terriblemente equivocada, es uno divinamente señalado. Podemos agradecérselo a Adán y a Eva.

Antes de que Adán y Eva desobedecieran a Dios en el huerto del Edén, la vergüenza no tenía lugar en nuestros corazones. Por lo tanto, la Biblia dice que «estaban ambos desnudos, Adán y su mujer, y no se avergonzaban» (Génesis 2.25). ¿Por qué habrían de hacerlo? Disfrutaban de una relación perfecta, libre y sin manchas con Dios y entre ellos. No tenían secretos. No había celos. Nada que esconder. Nada que lamentar. Antes de que el pecado entrara al Edén, la vergüenza no podía crecer allí más de lo que puede crecer un plátano en el lado oscuro de la luna.

El pecado, por supuesto, cambió todo. Una vez Adán y Eva desobedecieron a Dios, la vergüenza encontró las condiciones perfectas para crecer dentro de sus recién caídos corazones, igual que la molestosa maleza que retoña en un invernadero que no se atiende. Hemos estado tratando de erradicar esa maleza desde entonces.

Nos marchitamos bajo el peso de la vergüenza. Ella no existía en el corazón humano antes de la Caída. Dios la ha prohibido en el cielo, eternamente. Así que la vergüenza es mala, ¿correcto?

Bueno, tal vez no del todo.

Ya ves, sigo tropezándome con versículos como el Salmo 83.16 (TLA), en el que Asaf le hace a Dios una petición sorprendente con respecto a unas personas a las que consideraba sus enemigos. «¡Llénalos de vergüenza!», escribió, y eso lo esperaría; pero prosiguió, «*¡para que te reconozcan como Dios!*» (énfasis añadido). No me esperaba algo así. ¿Y tú?

Parece que en un mundo mortalmente herido por la desobediencia, y fatalmente infectado con la enfermedad del pecado, la vergüenza tiene un papel que jugar en los propósitos redentores de Dios. El Señor se propone usar *aun la vergüenza* para acercarnos a Él, donde podemos vivir para siempre libres de ella.

En caso de que hayas deseado que eso fuera solo una estrategia del Antiguo Testamento, permíteme dirigir tu atención a cuatro versículos en un libro del Nuevo Testamento. Me parecen muy instructivos y bastante sorprendentes.

El apóstol Pablo, llamado con frecuencia «el apóstol de la gracia», estaba pasando mucho trabajo con una de las iglesias a las que ayudaba. La congregación en Corinto parecía descarriarse con frecuencia, ya fuera en conducta o en doctrina. Así que Pablo escribió la Primera Carta a los Corintios, con la esperanza de regresarlos al camino correcto. En el primer capítulo de esta carta, él escribió: «lo necio del mundo escogió Dios, para avergonzar a los sabios; y lo débil del mundo escogió Dios, para avergonzar a lo fuerte» (1.27). El término griego traducido como «vergüenza» significa «avergonzar, humillar».

¡Ah! Y nota quién escoge avergonzar aquí.

Es Dios mismo.

Nuestro amante Señor —que nos ama lo suficiente como para haber enviado a su único Hijo al mundo a morir por nuestros pecados para que así podamos vivir con Él siempre— a veces usa la vergüenza para conducirnos a Él.

Claro está, Dios no la usa siempre, ni siquiera con frecuencia, y ciertamente no lo hace al azar. Ni tampoco lo hacen sus siervos. Así que Pablo, un poco más adelante en su carta, dijo: «No escribo esto para avergonzaros, sino para amonestaros como a hijos míos amados» (4.14). La palabra griega traducida aquí como «avergonzar» difiere del término que encontramos en 1 Corintios 1.27, pero no por mucho. Significa «hacer que alguien se avergüence». Pablo, en este punto en su carta, no quería usar la vergüenza para motivar un cambio piadoso en sus amigos; él tenía la esperanza de que una simple advertencia trajera los resultados deseados.

Dos capítulos adelante, sin embargo, el apóstol cambió su tono. Casi no podía creer que algunos miembros de esa iglesia hubieran decidido llevar ante la corte a otros hermanos de la misma congregación debido a asuntos de dinero. Casi puedes oírlo decir: «¿Están hablando en serio? ¿Harían esto? ¿Arrastrarían a hermanos cristianos a la corte para ser juzgados por jueces paganos? ¡No puedo creer cosa semejante! ¿Qué rayos están pensando?»

¿Cómo es posible, se preguntaba, que no puedan encontrar mediadores dentro del mismo cuerpo de la iglesia? «¿No hay nadie en toda la iglesia con suficiente sabiduría para decidir sobre esos temas?» (6.5, NTV).

¿Qué está pasando aquí? Esto no suena al mismo Pablo bondadoso y amable de unos cuantos capítulos antes. Incluso escribió: «Digo esto para que se avergüencen» (6.5, NTV), usando el mismo término empleado en 1 Corintios 4.14 (cuando dijo que *no quería* avergonzarlos). Así que aquí tenemos a Pablo, el gran apóstol, escribiendo bajo la inspiración del Espíritu Santo, que deliberadamente usó la vergüenza como una llamada de alerta para algunos de los creyentes que no estaban pensando con mucha lucidez.

Pero todavía no había terminado.

Casi al final de su carta, después de haber expuesto todo tipo de pecados y conductas imprudentes de esa iglesia, desató una última descarga:

> Piensen bien sobre lo que es correcto y dejen de pecar. Pues para su vergüenza les digo que algunos de ustedes no conocen a Dios en absoluto. (15.34, NTV)

En este versículo, el término traducido como «vergüenza» es el mismo que el apóstol usó en los dos casos previos. Pablo veía como algo vergonzoso —y aun más, quería que los corintios *sintieran* esa vergüenza— el que la iglesia se hubiera vuelto tan negligente como para haber permitido algunas personas entre sus miembros que ni siquiera creían que Cristo había resucitado de los muertos. Sobre ellos dijo: «ustedes no conocen a Dios en absoluto».

Pero, no pases por alto su comentario en 15.34: «para su vergüenza les digo».

Pablo tuvo la intención de que esta fuera una táctica fugaz para llevar a sus amigos —cristianos verdaderos, no impíos— a entrar en razón.

A mí no me gusta la vergüenza. Ni un poquito. No me gusta cómo me hace sentir. Sin embargo, aparentemente, a veces —*a veces*— la vergüenza puede ser una herramienta en las manos del Espíritu Santo para llevarnos a una relación más profunda con Él, ya sea por primera vez o aun luego de haberlo conocido por algún tiempo.

La vergüenza y el colesterol

Me parece que la vergüenza y el colesterol tienen mucho en común. El colesterol es un «esteroide graso» que se produce en nuestro hígado o intestinos, que el cuerpo usa para elaborar vitamina D, ciertas hormonas y otros químicos que son necesarios para crear membranas celulares saludables. No podemos vivir sin él, nuestra sangre lo lleva por todo nuestro cuerpo.

No obstante, los doctores nos dicen que tenemos un colesterol «bueno» y uno «malo». El colesterol bueno —LAD, o lipoproteínas de alta densidad—, nos mantiene saludables al proteger nuestro sistema cardiovascular. El colesterol «malo» —LBD, o lipoproteínas de baja densidad—, tiende a hacer cosas terribles, como obstruir nuestras arterias y allanar el camino para los ataques del corazón. Desafortunadamente, la mayor parte del colesterol en nuestros cuerpos modernos tiende a ser de la variedad LBD, y en muchos casos se debe a que comemos demasiados alimentos altos en grasa.

Ahora bien, ¿por qué pienso que la vergüenza y el colesterol tienen mucho en común?

Por dos razones. Primero, porque llegan a nuestras vidas en dos formas: una buena y otra mala. Y segundo, porque la mala tiende a superar y a aplastar a la buena.

Muchísimas mujeres con las que hablo a través de todo el país se me acercan con una gran carga de vergüenza sobre sus cansados cuerpos. Viven en vergüenza (si es que puedes llamarlo vivir), y eso las entierra más profundo que una lombriz de tierra. En la gran mayoría de los casos, esas mujeres están viviendo con una vergüenza LBD (lenguaje babélico, demoniaco). En algún momento en su pasado, una amiga de confianza, un familiar o una figura de autoridad usó un lanzallamas contra la autoestima de ellas —«No sirves ahora y nunca servirás para nada», «¿Por qué no puedes hacer nada bien?» «Eres tan estúpida que fracasarás en todo lo que intentes»— y siguen repitiendo mentalmente esas mentiras, una y otra vez, sin parar.

Y mientras más permiten que ese LBD se acumule en su sistema, más aumentan el riesgo de sufrir un ataque al corazón espiritual (o hasta físico). Mi amigo, el doctor Henry Cloud me lo explicó así: cuando permanecemos en estos LBD, las tres P toman control: Personal, Penetrante (extendido) y Permanente.

Personal: creemos que todo lo malo que ocurre en nuestras vidas es nuestra culpa.

Penetrante (extendido): pensamos que el problema no está solo en nosotros, sino también en todo lo que nos rodea.

Permanente: pensamos que nuestras vidas nunca cambiarán; siempre será de esta manera.

Algunas de las personas que he conocido me hablan sobre un pecado persistente en sus vidas, pero quieren saber cómo deshacerse de la vergüenza, no del pecado. En ellas, percibo que está operando una vergüenza LAD (lenguaje de amor y disciplina). Dios está tratando de usar su vergüenza «buena» para captar la atención de ellas, hacer que reflexionen y que cambien de dirección. Él nunca la usa en exceso, solo en la justa medida para traer salud espiritual.

Una amiga me dijo que, hace muchos años, escuchó un sermón del Obispo George McKinney, de la St. Stephen's Cathedral Church of God in Christ, sobre vida cristiana. Tal como mi amiga lo recuerda, el Obispo McKinney vociferó: «La gente hoy no quiere saber cómo tener una vida santa. La gente hoy quiere saber cómo fornicar de manera segura».

Debido a que todos sufrimos de algunos de los deseos viciados que tan pintorescamente describió el Obispo McKinney, Dios, en su misericordia, ha creado la vergüenza LAD. Sin ella, podemos terminar en el lado equivocado de algunos versículos atemorizantes: «¿Se avergüenzan de sus actos repugnantes? De ninguna manera, ¡ni siquiera saben lo que es sonrojarse!» (Jeremías 6.15, NTV; véanse también Jeremías 3.3; 8.12).

Si bien es cierto que no me *gusta* cómo se siente la vergüenza, hoy puedo dar gracias a Dios por haber creado la variedad LAD. Sin embargo, reconozco que la vergüenza que encuentro en la mayoría de las mujeres hoy es la versión mala... la que obstruye las arterias, destruye el corazón, la que habla un lenguaje babélico y demoniaco.

Entonces, la pregunta pertinente es: «¿Cómo puedo deshacerme de la vergüenza LBD? ¿Cómo dejo de escuchar las mentiras demoniacas y comienzo a vivir una verdad que promueva la salud?

Aunque en este libro no puedo ofrecerte un plan completamente desarrollado sobre cómo cambiar tu manera de pensar —se han escrito libros enteros exclusivamente en este tema (pienso, por ejemplo, en *Dígase la verdad* de William Backus)— sí creo que puedo señalarte la dirección apropiada.

Tiempo de actuar

Uno de los mayores retos de nuestro quebranto es entrenar nuestros corazones para escuchar el amor de Dios por encima de la bulla de nuestra vergüenza LBD. La *única* manera que conozco para poder lograrlo es cambiando nuestro pensamiento; un proceso que por lo general toma mucho tiempo e innumerables trifulcas contra el enemigo de nuestras almas, que quiere mantenernos en la oscuridad y en el dolor.

Sin embargo, sí *puedes* ganar esta pelea. Sé que puedes hacerlo porque he conocido a muchísimas mujeres que están haciendo eso, y estoy aprendiendo yo misma a hacerlo. Para ayudarte a comenzar tu jornada por el camino correcto, me gustaría presentarte tres medidas de acción. Tal vez no sean suficientes para aniquilar al enemigo y declarar la victoria, pero sí suficiente para comenzar a cambiar el curso de la guerra.

Y aunque sea solo eso, es maravilloso.

A propósito, esto sí *es* una guerra. Espero que en medio de la cotidianidad de tu vida, ¡nunca lo olvides! Estás en una guerra espiritual que durará por el resto de tu vida. Tu enemigo, Satanás, merodea la tierra como león rugiente, buscando a quién devorar. Es posible que hasta te haya estado masticando a *ti*. Si es así, llegó el momento de que te quite los dientes de encima y de que comiences a enterrar los tuyos en la Palabra de Dios.

Dije anteriormente que las viejas heridas tienen buena memoria. Pero eso es realmente la mitad de la historia. *También* es un hecho que la verdad de Dios hace más ruido que esos recuerdos. Si deseas cambiar tu pensamiento, tienes que renovar tu mente, y eso conlleva trabajo. Te animo a que comiences el proceso enfocándote en las siguientes estrategias:

1. *Que hables contigo mismo es normal. Simplemente asegúrate de que estás diciendo las cosas correctas.*

Esta primera estrategia no viene de la sicología popular, sino de las mismas Escrituras. Escucha al salmista:

> *¿Por qué te abates, oh alma mía,*
> *Y te turbas dentro de mí?*
> *Espera en Dios; porque aún he de alabarle,*
> *Salvación mía y Dios mío.*
>
> (SALMO 42.5–6)

Todos nosotros entablamos conversaciones internas. Lo hacemos de miles de maneras y, con frecuencia, ni siquiera nos damos cuenta. La clave es decirnos la verdad, en lugar de repetir descuidadamente las falsas y dolorosas mentiras de nuestro enemigo. El primer paso hacia la renovación de tu mente es reconocer que puedes realmente hablarle a tu propia alma. ¡Así que decide hablar solo palabras verdaderas!

2. *Llena tu mente con la verdad de la Palabra de Dios.*

Te recomiendo encarecidamente que acumules en tu mente un arsenal de versículos bíblicos, listos para usarse en cualquier momento. Si nunca has practicado la memorización de pasajes de la Biblia, puedes comenzar enfocándote en dos aspectos clave:

El primero es pensar en *quién dice Dios que es (y quién es Él para ti).*

Necesitas acumular un arsenal particular para ti y específico para tus retos y necesidades. Sin embargo, permíteme ofrecerte algunos pasajes que han probado ser especialmente significativos para mí:

- «Jehová es mi luz y mi salvación; ¿de quién temeré? Jehová es la fortaleza de mi vida; ¿de quién he de atemorizarme?» (Salmo 27.1).
- «Hazme oír por la mañana tu misericordia, porque en ti he confiado; hazme saber el camino por donde ande, porque a ti he elevado mi alma» (Salmo 143.8).
- «Por lo cual estoy seguro de que ni la muerte, ni la vida, ni ángeles, ni principados, ni potestades, ni lo presente, ni lo por venir, ni lo alto, ni lo profundo, ni ninguna otra cosa creada nos podrá separar del amor de Dios, que es en Cristo Jesús Señor nuestro» (Romanos 8.38–39).
- «El que habita al abrigo del Altísimo morará bajo la sombra del Omnipotente. Diré yo a Jehová: Esperanza mía, y castillo mío; mi Dios, en quien confiaré» (Salmo 91.1–2).

Segundo, estudia detenidamente *quién dice Dios que eres (y lo que eres para Él).*

Una vez tengas una comprensión más clara de la verdadera naturaleza de Dios, entonces tienes que reforzarte con un entendimiento más claro de tu nueva naturaleza en Cristo. Otra vez, los versículos que escojas deben hablar profundamente a tu alma. Pero en caso de que quieras algunos ejemplos poderosos, permíteme darte una lista de versículos que me han ayudado mucho:

- «Todo lo puedo en Cristo que me fortalece» (Filipenses 4.13).
- «Ahora, pues, ninguna condenación hay para los que están en Cristo Jesús» (Romanos 8.1).
- «Ustedes no fueron los que me eligieron a mí, sino que fui yo quien los eligió a ustedes. Les he mandado que vayan y sean como las ramas que siempre dan mucho fruto. Así, mi Padre les dará lo que ustedes le pidan en mi nombre» (Juan 15.16, TLA).
- «Cada vez él me dijo: "Mi gracia es todo lo que necesitas; mi poder actúa mejor en la debilidad". Así que ahora me alegra jactarme de mis debilidades, para que el poder de Cristo pueda actuar a través de mí» (2 Corintios 12.9, NTV).

El evangelista Luis Palau ha ayudado a cientos de miles de personas por todo el mundo a acudir a la fe en Cristo, uno de los versículos que usa mucho viene del libro de los Hebreos. Muchísimas personas lastimadas se le acercan, sintiéndose abrumadas por la culpa y arruinadas por la vergüenza. Escuchan del evangelio, pero simplemente no pueden creer que pueda aplicarse a *ellas.* Una noche, una mujer llamada Sue llamó a Luis durante un programa de televisión en vivo que él presenta a menudo durante sus campañas de evangelización. Entre sollozos, le dijo que se había acostado con un compañero de trabajo casado que había sido amigo de la familia por muchos años. «Sé que he violado una de las leyes divinas», gemía. «Sé que Dios nunca jamás me perdonará por esto».

«Necesito contradecirte», respondió Luis. «Dios *sí* te perdonará».

Pero Sue no podía creerlo. La culpa y la vergüenza que ella sentía por haber traicionado a su esposo simplemente la dominaban. «Le he fallado a Dios», seguía repitiendo. «Simplemente no sé qué hacer. Me siento devastada».

Finalmente, Luis le citó a Sue la promesa de Hebreos 9.14, que dice: «Porque por medio del Espíritu, que vive para siempre, Cristo se ofreció a sí mismo a Dios como sacrificio sin mancha ni pecado. Su sangre nos purifica, para que estemos seguros de que hemos sido perdonados, y para que podamos servir a Dios, que vive para siempre».

«Eso me parece muy bien», respondió, «pero yo simplemente no me siento purificada».

Luis le explicó que Dios permanece fiel aun cuando nosotros no lo hacemos, y luego le preguntó: «Sue, ¿quieres ser perdonada o prefieres revolcarte en la miseria por el resto de tu vida?»

«¡No! Quiero ser perdonada», respondió.

Y entonces Luis pasó a la esencia del asunto, para Sue, y para todos nosotros, sin importar los pecados que hayamos cometido:

> ¿Cómo resuelves un asunto de adulterio? Confiesas tu pecado. Aceptas el perdón de Dios. Olvídate de la tontería de «no puedo perdonarme a mí misma». Es cierto. No puedes perdonarte a ti misma. Nadie puede hacerlo. Dios te perdona, y nosotros aceptamos su perdón y somos perdonados. Entonces, Dios te dirá a través de su Palabra: «Mujer, te perdono porque yo morí en tu lugar por ese vil pecado». A partir de ese momento eres libre, tal como si nunca hubieras cometido ese pecado. El Señor te perdonará y te limpiará, y tú puedes caminar en libertad. Serás libre en Cristo para caminar con Dios.

Luis luego informó: «Sue finalmente entendió al terminar nuestra conversación ya había sido liberada de la culpa que la había estado aplastando».[10]

Si sientes que el peso de la culpa y la vergüenza te está aplastando, la misma verdad tiene validez para ti, y de la misma manera. Cree lo que Dios dice sobre ti —que cuando confiesas tu pecado y te alejas de él, y le pides a Dios que te limpie, Él lo hará— y comienza a vivir en libertad.

3. *Rodéate de personas cariñosas y piadosas que te recuerden la verdad.*

Dios no diseñó la vida cristiana para ser vivida en aislamiento. De hecho, es justo lo contrario. Estar sentada con las piernas cruzadas, sola y vestida con una bata negra al fondo de una cueva en el Medio Oriente puede parecer algo saludable y santo para algunas personas, pero no vas a encontrar en ninguna parte que la Biblia promueve ese estilo de vida.

Simple y sencillamente, necesitas a los demás, y ellos te necesitan a ti. Necesitas escuchar sus palabras de bendición, cariño y aliento, y ellos necesitan escuchar las tuyas. Nunca subestimes el poder de las palabras que otros hablan a tu vida, ¡ya sean buenas o malas! Proverbios 18.21 declara: «La muerte y la vida están en poder de la lengua». Las palabras positivas, verdaderas y que te reafirman pueden transformar tu vida, literalmente.

Howard creció en un hogar roto. Sus padres se divorciaron apenas nació —él siempre pensó que era responsable de la ruptura— y su abuela lo crió. La mayor parte de sus años en la escuela primaria los pasó describiéndose a sí mismo como un buscapleitos y un dolor de cabeza, en un barrio pobre de Filadelfia. En una ocasión, su maestra del quinto grado, la señorita Simon, lo amarró a su silla con una soga y le cubrió la boca con cinta adhesiva. Ella predijo que cinco chicos en su clase terminarían en prisión. Howard entre ellos. Acertó en tres de los casos.

Howard no tiene buenos recuerdos de su quinto grado.

El año siguiente, cuando se presentó a su maestra del sexto grado, la señorita Noe dijo algo que cambiaría su vida para siempre. «He oído mucho sobre ti», dijo ella, con lo que provocó que Howard pensara, *Aquí vamos otra vez.* Luego continuó con una sonrisa dulce y alentadora: «Pero no creo ni una sola palabra de lo que me han dicho».

A partir de ese momento, la señorita Noe hizo que Howard se diera cuenta *por primera vez en su vida* que alguien se preocupaba por él. «La gente siempre está buscando a alguien que le diga: "Hey, yo creo en ti"», dice Howard hoy.[11]

A propósito, el apellido de Howard es Hendricks, un reconocido profesor en el Dallas Seminary por más de medio siglo, y allí ha enseñado, inspirado y guiado a muchos de los más talentosos maestros de Biblia en los Estados Unidos, incluyendo a Chuck Swindoll, David Jeremiah, Tony Evans, Bruce Wilkinson y muchos otros.

Rodéate de personas que hablen la verdad, en amor, a tu alma. Y permite que esa verdad transforme tu mente y renueve tu vida.

Del desamparo a la esperanza

Cuando joven, el abuelo de mi esposo fue víctima de un robo violento. Unos ladrones entraron al supermercado donde él trabajaba, lo golpearon, lo clavaron a un enorme barril de whisky y lo dejaron allí pensando que estaba muerto. Al día siguiente, unos compañeros de trabajo lo encontraron... vivo, pero profundamente cambiado.

Por el resto de su vida, ese hombre vivió con miedo, atormentado por las voces de los ladrones en su cabeza y por la sombría y fría oscuridad del barril que él pensó se convertiría en su ataúd. Su miedo era palpable y personal, pero también se extendió a otros y caló profundamente el corazón de su hijo, William, el padre de mi esposo Barry.

El primer recuerdo que tiene Barry sobre cómo lo afectó ese miedo, ocurrió una noche mientras veía el noticiero con su padre. Barry tenía unos cinco años de edad. Un joven de la comunidad se había ahogado en un accidente en su bote, y mientras William dejaba que la historia lo arropara con terror, le dijo a Barry: «*Nunca* te vas a subir a un bote. Eso es lo que te va a pasar si alguna vez te alejas de la orilla». Barry recuerda el miedo apretando su corazón mientras se imaginaba cómo se sentiría el estar luchando por respirar, desamparado, sin ninguna esperanza a su alcance. A medida que fue creciendo, aprendió a esconder su miedo, pero de vez en cuando, lo traicionaría.

Cuando Barry y yo nos casamos, dejé caer al suelo un adorno navideño que leía: «Nuestra primera Navidad, 1994». Él se volteó y con una mirada angustiante en su rostro me preguntó:

—¿Qué crees que significa eso?

—Significa que... significa que te casaste con una torpe —le dije.

—No —continuó—, ¿no te parece que es una señal?

—Sí —respondí—, ¡pienso que tal vez quiere decir que estás medio loco!

Él se sonrió, pero vi algo más profundo en sus ojos. A medida que se acercaba la Navidad del 1996, Barry y yo nos preparábamos para el nacimiento de nuestro hijo. «Quiero que esto termine aquí y ahora», me dijo Barry una noche. «Quiero que esta herencia de mentiras, miedo y desamparo termine conmigo. *No* voy a legar esto a mi hijo».

He visto a Barry reemplazar intencionalmente las mentiras que heredó de su pasado con las palabras vivas de la Biblia. Se memorizó muchos pasajes bíblicos y todas las noches oraba una poderosa oración que extrajo del libro *La oración* de Richard Foster:

> Por la autoridad del Dios todopoderoso, derribo las fortalezas de Satanás en mi vida, en las vidas de las personas que amo y en la sociedad en la que vivo. Me apropio de las armas de la verdad, la justicia, la salvación, la palabra de Dios y la oración. Ordeno que

toda influencia maligna se vaya; no tienes ningún derecho aquí y no te permito la entrada. Pido que aumente mi fe, esperanza y amor para que así, por el poder de Dios, pueda ser una luz que alumbra sobre el monte, y que florezca en mí la verdad y la justicia. Pido estas cosas en el nombre de aquel que me amó y que se entregó por mí. Amén.[12]

Ahora, cuando veo a Barry pescando en un bote con nuestro hijo, pienso que aunque las viejas heridas tienen buena memoria, ninguna pesadilla iguala al amor redentor de nuestro Salvador. A medida que reflexionas en tu vida y en las áreas donde te ha arropado la vergüenza, ¿estarías dispuesto a traer a Cristo las mentiras, el miedo y la oscuridad? La vergüenza nos dice que nuestro quebranto es para siempre. La cruz de Jesucristo nos recuerda que Él llevó sobre sí mismo ese quebranto para que así podamos vivir libres para siempre.

Cuatro

Preguntas implacables

Su presencia y su paz en tus noches más oscuras y en tus interminables batallas

Antes de pronunciar una palabra, ella extendió su mano. Vi el brazalete de goma color rojo que me ofrecía, con la esperanza de que yo lo tomara y me lo pusiera. En aquel momento, todavía no conocía la historia del brazalete, pero sí sabía que tenía una.

En una caja en mi casa, tengo quince de esos brazaletes, cada uno grabado con el nombre de un niño. La mayoría tiene un versículo bíblico favorito.

Los más tristes tienen una fecha.

Estos sencillos brazaletes, hechos de una goma resistente, se han convertido en un accesorio muy común en nuestra cultura. Me parece que la primera que descubrí fue diseñada por Lance Armstrong. Su brazalete amarillo, creado por Nike —Livestrong— atrajo atención internacional a su lucha contra la espantosa bestia del cáncer.

Pero la esencia de estos brazaletes no son realmente las celebridades ni la gente famosa con causas renombradas. Mi hijo ordenó treinta brazaletes negros, adornados con su versículo bíblico favorito: «Bástate mi gracia; porque mi poder se perfecciona en la debilidad» (2 Corintios 12.9). Les regaló uno a cada uno de sus amigos en la escuela... un recordatorio muy necesario en la secundaria.

En una ocasión, una mujer perturbadoramente entusiasta me entregó uno. Leía: «Pierde peso ahora, ¡pregúntame cómo!» A ese le di cristiana sepultura en el basurero.

Todos los días uso dos de esos brazaletes. Uno me recuerda orar por la iglesia perseguida alrededor del mundo, por aquellos que comparten mi fe pero no mi libertad. Dice simplemente: «Uno con ellos». La otra la uso para apoyar la «Campaña A21», que lucha contra la venta de seres humanos para convertirlos en esclavos sexuales. Pero cada uno de los quince brazaletes que tengo en la caja en mi casa narra una historia particular y muy individual.

Tomé el brazalete rojo que la mujer me ofrecía y me lo puse en la muñeca. «Es para recordar a mi hijo», me explicó. «Él murió cuando tenía la edad que tiene tu hijo ahora». Le di las gracias por compartir su sagrado regalo conmigo, y mientras ella se permitía hundirse en mis brazos por solo un momento, sentí como si ella llevara el peso del mundo sobre sus frágiles hombros. Pero como muchas otras mujeres que he conocido que han sufrido el insoportable dolor de la pérdida de un hijo, ella ha luchado para encontrar las fuerzas para seguir adelante por aquellos que todavía la necesitan.

Finalmente se paró, se arregló y se alejó caminando. Y mientras desaparecía de mi vista, oré por esperanza, aliento y gracia, y le pedí a Dios que la rodeara con sus brazos y fuera su refugio en esas noches, que de seguro llegarán, cuando sus fuerzas van a flaquear y solo quedan las preguntas.

Preguntas, preguntas y la pregunta

No todos los quince brazaletes tienen el carácter definitivo de una fecha, como en el caso de este. Algunos tienen el nombre de un niño todavía batallando contra el cáncer; pero cada uno de ellos me recuerda las preguntas implacables que siguen sin respuesta para tantas personas.

Uno de los brazaletes tiene solo tres palabras: el nombre de una hija y la pregunta «¿por qué?»

Desde que comenzamos a caminar en este planeta como hijos de Adán e hijas de Eva, hemos preguntado *por qué*. Uno de los primeros ejemplos en la Biblia fue Rebeca, la esposa de Isaac, que le preguntó al Señor sobre los mellizos que estaban peleando en su vientre. Algo parecía no estar bien, algo le preocupaba, así que le preguntó a Dios: «¿Por qué me pasa esto a mí?» (Génesis 25.22, TLA).

En ese caso, el Señor le dio una explicación detallada, no solo sobre las circunstancias del momento, sino también sobre lo que ocurriría en los años porvenir.

Pero Él, por lo general, no hace eso.

En muchas ocasiones, Dios se rehúsa a contestar nuestras preguntas de *por qué*, y en su lugar, nos susurra: «Confía en mí». Pero eso no siempre nos satisface, ¿cierto? Cuando las respuestas que anhelamos no llegan, preguntamos, preguntamos y preguntamos porque algo en nuestro interior nos grita con furia que no se supone que la vida fuera de esta manera.

> *¿Por qué, Dios?*
> *¿Por qué estoy aquí?*
> *¿Acaso mi vida tiene algún sentido?*
> *¿Escuchas mis oraciones?*
> *¿Por qué me pides que ore si ya sabes lo que vas a hacer?*
> *¿Por qué el hijo de ella se sanó y el mío murió?*
> *¿Fue mi culpa?*
> *¿Por qué no salvaste mi matrimonio?*
> *¿Qué más pude haber hecho?*
> *¿Por qué no impediste que siguiera haciéndome la tonta?*
> *¿Tienes coraje conmigo?*
> *¿Te he decepcionado?*
> *Dios, ¿me amas?*

Pero hay una pregunta que escucho más que cualquier otra, una y otra y otra vez: *¿Por qué sufren los niños?* Esta es la que más duro nos pega porque se roba el aliento mismo de muchos que se sienten sentenciados a mirar y a soportar, incapaces de aliviar el dolor.

Imagina que eres un pastor y que tu hermosa hijita enfrenta una ronda tras otra de quimioterapia, en una lucha campal contra el tumor canceroso en su cerebro. ¿Cómo te paras en el altar, semana tras semana, y hablas de un Dios que es poderoso y amoroso? Eso es lo que ha hecho Aaron McRae desde el lunes, 29 de junio de 2009. Él supo la noticia durante una breve conversación con su esposa, Holly.

Dulce Kate... y así comenzó

Holly explica el principio de su suplicio en una nota corta y plagada de dolor:

El lunes 29 de junio de 2009, se suponía que fuera un feliz día de verano. Los chicos y yo íbamos a un parque de diversión acuático para celebrar el verano. Sin embargo, me percaté de que un leve temblor en la mano derecha de Kate, que había comenzado unos días antes, había empeorado notablemente. Decidimos llevarla a su pediatra, solo como una medida preventiva. El médico ordenó una tomografía computarizada (CT, por sus siglas en inglés) del cerebro de Kate. La llevamos al Phoenix Children's Hospital para que hicieran el CT de inmediato. A las 5:30, me llevaron a mí, Holly, la mamá de Kate, a un cuarto sola y me dijeron que Kate tenía un tumor masivo en el lóbulo temporal izquierdo de su cerebro. Aquel día, el mundo pareció detenerse para nosotros. Llamé a su papá y, entre sollozos, le pedí que viniera al hospital de inmediato.

No existe ninguna alarma ni señales de neón que te preparen para este tipo de evento que altera tu vida para siempre. En un momento, un parque acuático; al siguiente, unas palabras que no se suponen que sean pronunciadas: «Tu hijita de cinco años tiene un tumor masivo en su cerebro».

La primera vez que escuché sobre esta familia fue a través de Twitter, una de las redes sociales más populares en estos días. Pero en los meses y los años que siguieron, nos hicimos buenos amigos. He visitado a Kate en el hospital en Phoenix (luego les contaré más sobre esa visita) y pasé algún tiempo con Holly, Kate y su hermana, Olivia, aquí en Texas. Aaron y su hijo, Will, vinieron a escucharme una noche en Phoenix.

Bueno, Aaron vino a escucharme. Will jugó «Angry Birds» en mi iPad.

Días interminables

Desde la primera cirugía, se hizo evidente que Kate tiene un tipo de cáncer muy agresivo. Para aumentar sus probabilidades de supervivencia y reducir los efectos secundarios a largo plazo, Kate forma parte de un estudio en progreso. El camino no ha sido fácil.

El estudio conlleva la cirugía cerebral inicial, cinco rondas de quimioterapia intensiva con la posibilidad de otra operación del cerebro, y luego otra ronda de quimo con trasplante de células madre.

Justo ahora, cuando escribo estas palabras, Kate y su familia están pasando por todo este proceso. Kate tiene programado otro estudio de resonancia magnética (MRI, por sus siglas en inglés) para medir la eficacia del tratamiento hasta el momento. Los días han parecido interminables.

2 años, 4 meses y 17 días
124 semanas
869 días

Me he unido al grupo de guerreros de oración que llevan el nombre de Kate ante el trono de la gracia como parte de nuestra vida diaria. Pero para Aaron y Holly, esta es su vida. Ellos no pueden alejarse y olvidar por un momento. Hora tras hora, se mantienen vigilando la salud de Kate, y al mismo tiempo siguen siendo la mamá y el papá que Olivia y Will necesitan.

Como madre, me identifico profundamente con el insoportable dolor de Holly.

Pero también estoy consciente del sufrimiento de Aaron. Lee la nota que publicó recientemente:

> Una de mis historias bíblicas preferidas es la del capitán romano que acudió a Jesús en nombre de su sirviente enfermo, en Mateo 8. Me encanta el hecho de que Jesús parece dispuesto, y hasta deseoso, de sanar a ese sirviente diciendo simplemente: «Iré a sanarlo». Creo que Jesús es Dios, Él es el Señor y Él es el Sanador. Esto era cierto hace miles de años y todavía lo es.
>
> Para mí, la historia se vuelve más intrigante cuando Jesús, sorprendido y asombrado, declara que nunca ha visto una fe como aquella en ninguna otra persona. Ese capitán romano despreciado por muchos, asombró a Jesús. Eso me parece increíble.
>
> Cuando pienso en esta historia no puedo dejar de hacerme un millón de preguntas: preguntas como... ¿Todavía Jesús sana cuando se lo pedimos? ¿Acaso Jesús quiere sanar a nuestra osito Katie? ¿Tengo el tipo de fe que «asombra» a Jesús? Si no es así, ¿por qué no?

Es ya lo suficientemente difícil el tener que ver cómo sufre tu hija, pero añadir a esto la carga de «¿es mi fe lo suficientemente asombrosa? Y si no, ¿por qué?» parece simplemente demasiado. ¿Acaso Dios espera que unos padres —rotos, quebrantados y heridos por días horribles y noches sin dormir— sean capaces de producir algo que sea «asombroso»?

Así y todo, Aaron tiene razón. La fe de aquel centurión romano «asombró» a Jesús. Esta es una de las dos veces que la Biblia describe a Jesús como «asombrado»: una vez ante la fe de este hombre y la otra ante la incredulidad de los judíos.

> Entonces Jesús les dijo: «Un profeta recibe honra en todas partes menos en su propio pueblo y entre sus parientes y su propia familia». Y, debido a la incredulidad de ellos, Jesús no pudo hacer ningún milagro allí, excepto poner sus manos sobre algunos enfermos y sanarlos. Y estaba asombrado de su incredulidad. (Marcos 6.4–6, NTV)

Sin embargo, esto no deja de ser gracioso. No nos consuela el hecho de que la mayoría de las personas no lo entendió ni lo creyó. Simplemente nos atormentamos con *ese* que sí lo entendió. Y nos preguntamos:

> *¿Cómo alcanzó a tener una fe como esa?*
> *¿Qué sabe él que yo desconozco?*
> *¿Cómo puedo yo asombrar a Dios?*

Me he topado con ese tipo de autoevaluación torturadora en muchos lugares. Por ejemplo, recibí una carta de una joven enferma ya desahuciada que me vio orar de rodillas una mañana en la televisión y decidió que tal vez *eso* era lo que le faltaba hacer. *Esa* era la razón por la que Dios no estaba contestando sus oraciones; tenía que ser la postura. Así que se arrodilló, sobre sus débiles y frágiles rodillas... y casi de inmediato se dislocó el hueso de la cadera.

Lloré cuando leí su carta.

Para ser sincera, hice más que llorar. Lancé mi Biblia hasta el otro extremo de mi oficina. No era que tuviera coraje con Dios, tenía coraje por *lo que nosotros hemos hecho de Dios*. Mi coraje y frustración giran alrededor de las mentiras perpetradas en su nombre. Pienso aquí en la basura de la «prosperidad», tan difundida en los ochenta y en los noventa que tanto daño hizo a las personas rotas. Esto se burla de aquellos que aman a Dios pero que simplemente no les funciona la fórmula «si tienes suficiente fe, nómbralo y reclámalo».

La verdad es que, una doctrina tan distorsionada como esa no funciona para *nadie*, sin importar lo que la gente te diga.

Dios no es un tocadiscos tragamonedas celestial que, siempre y cuando tengas la moneda apropiada, puedes escoger la pista de música para tu vida. Esos que pregonan el mensaje de salud y riquezas han herido a miles de personas que terminan llegando a una simple conclusión: *La razón por la que mi hijo murió, o por la que mi matrimonio fracasó, o por la que perdimos nuestra casa... es porque no tuve suficiente fe.*

Y esto va más allá de la simple crueldad. Es blasfemia.

Cristo nunca nos prometió un camino fácil. Él nunca dijo que habría rosas sin espinas, o años sin invierno o caminos sin obstáculos. A decir verdad, fue todo lo contrario. Cuando fue arrestado y enjuiciado en toda una farsa, Jesús les dijo a sus más allegados: «En el mundo tendréis aflicción; pero confiad, yo he vencido al mundo» (Juan 16.33).

He aquí una promesa que los predicadores de la prosperidad nunca pondrán en la pantalla de tu televisión:

> «VAS A TENER PROBLEMAS».
>
> —JESUCRISTO

No, Él nunca nos prometió un camino fácil.

Lo que Cristo *sí* promete, sin embargo, es su presencia y su paz en las noches más oscuras y las batallas más largas.

Mientras me doblo para recoger mi Biblia —la fuente de vida y fortaleza para millones a través de los tiempos y para mí— reconozco otra vez que mi coraje y frustración realmente se enfocan en el abismo que parece existir, por momentos, entre un Dios amoroso y un mundo roto.

Y se supone que no hubiera sido así.

La ira de Cristo

Mi secretaria asomó su cabeza en mi oficina. Había escuchado un *ruido sordo* cuando mi Biblia de estudio dio contra la pared.

«¿Todo bien, jefa?», preguntó sonriéndose.

Le devolví la sonrisa. «Estoy bien... y también la pared. Simplemente me rompe el corazón ver tanto dolor. ¿Cómo es que Dios puede resistir el deseo de intervenir?»

Ella se sonrió, asintió con su cabeza y cerró la puerta de la oficina al retirarse.

Aquella noche escarbé todo el Nuevo Testamento, buscando algo que había leído hacía apenas unos días, pero que había pasado por encima a la prisa. Aparentemente se había quedado guardado en alguna esquina de mi interior y necesitaba asegurarme que lo recordaba bien.

Puedes encontrar el relato en Juan 11. Aparte de la historia de la resurrección de Cristo, me parece que es la más conmovedora en los evangelios. Un hombre llamado Lázaro, muerto por cuatro días, es resucitado. Es particularmente memorable para mí porque ese hombre y sus hermanas, Marta y María, habían llegado a ser de los amigos más cercanos de Jesús. Él había pasado tiempo en su casa, allí habían hablado, reído, orado y disfrutado juntos las deliciosas comidas de Marta. Así que cuando fue evidente para las hermanas que su hermano Lázaro estaba gravemente enfermo, mandaron a buscar a Jesús y le pidieron que se apurara.

Pero Él no lo hizo.

No lo hizo el primer día, ni tampoco el segundo.

El mensaje fue enviado y fue recibido. Pero Jesús se quedó donde estaba. El pasaje deja ver con claridad que, *intencionalmente,* no llegó a tiempo. Y Lázaro murió. No fue sino hasta que su amigo había muerto —cuando era «demasiado tarde»— que Jesús llegó. Ya para entonces, habían enterrado a Lázaro y las flores del funeral se habían marchitado.

El pasaje hace evidente el dolor de las hermanas. Marta y María se pueden parar al lado de cada hombre, mujer o niño que, a través de los años, ha visto morir a un ser amado y le ha rogado a Dios que llegue a tiempo... y Él no lo hace.

Así que cuando, finalmente, Jesús arribó, «María... llegó a donde estaba Jesús, al verle, se postró a sus pies, diciéndole: Señor, si hubieses estado aquí, no habría muerto mi hermano» (Juan 11.32). ¿Puedes escuchar el dolor en su voz? «¿Por qué? ¿Por qué no llegaste cuando te necesitábamos aquí? ¿Por qué, Señor, por qué? ¡Tú hubieras podido hacer algo! ¡Tú hubieras podido salvarlo! ¿Por qué?»

Marta hizo las mismas preguntas, casi de una manera idéntica. Así que sabemos que las hermanas habían hablado sobre su confusión y su dolor. «¿Dónde estabas, Señor? ¿Por qué?» Pero no son sus preguntas las que me asombran. ¡Ellas *tenían* que preguntar! Todos queremos saber. «Si eres lo suficientemente grande como para evitarlo, Señor, ¿entonces, por qué no lo hiciste? ¿Dónde estabas cuando te necesitábamos?» No, no volví al pasaje para buscar qué habían *preguntado* Marta y María.

Quería recordar qué había *sentido* Jesús.

> Jesús entonces, al verla llorando, y a los judíos que la acompañaban, también llorando, se estremeció en espíritu y se *conmovió*. (Juan 11.33, énfasis añadido)

La traducción castellana no hace justicia al peso de lo que Cristo sintió. El término griego traducido como «conmovió» es *embrimaomai*. Es un vocablo fuerte que denota ira, fuerza o el bramido y el resoplido de un caballo. En otras palabras, cuando Cristo vio el dolor de sus amigas, sintió rabia, furia, por lo que el pecado le había hecho a este mundo.

«¿Conmovido?»

No, eso ni siquiera se acerca.

Yo me siento «conmovida» cuando mi hijo me dice que me ama o cuando mi perro recuesta su cabeza sobre mi falda. Pero lo que Jesús experimentó va muchísimo más allá que algo afectuoso o sentimental. ¡Va muchísimo más lejos! Este era el Hijo de Dios enfurecido ante el dolor que María y Marta, que Aaron y Holly, que tú y yo hemos enfrentado o que estamos enfrentando precisamente ahora.

¡Y eso me encanta! Me reconforta profundamente que en lugar de pasar por alto nuestro dolor o señalar casualmente a la promesa del cielo, Cristo se enfurece con nosotros. Juan también nos dice que Cristo lloró.

Eso me reafirma que nosotros no seguimos a un Dios inmune a nuestro sufrimiento. ¡Cristo siente nuestro dolor profundamente!

Sin embargo, veo una *enorme* pregunta escondida bajo las sábanas de ese consuelo. Si Cristo lo detesta tanto, ¿entonces por qué simplemente no lo detiene?

¡Escoge uno!

Esa era la pregunta decisiva para una mujer con la que compartí algún tiempo. Ya había enterrado a dos de sus hijos. Ella no entendía cómo podía Dios ser poderoso y amoroso al mismo tiempo. En su mente, o Dios era poderoso y no era amoroso, ya que sus hijos habían muerto; o era un Dios amoroso con buenas intenciones, pero que no es poderoso.

«¡Vas a tener que escoger uno!», insistió. El dolor en sus ojos parecía un grito silente.

Muchos de nosotros sentimos un dolor tan profundo que no tenemos palabras para describirlo. Y llega cuando gemimos, en agonía extrema... y el cielo permanece en silencio mortal.

He estado sentada al lado de una amiga justo después de haber enterrado a su hijo, y durante horas ninguna de las dos emitió una palabra. Sentía que cualquier palabra degradaría lo que cargaba en su alma. Ella había esperado por años por ese bebé y en un momento, el cielo lo recibió.

Para aquellos de ustedes que han probado la profundidad de ese tipo de dolor y pérdida, les aseguro que solo Cristo mismo entiende el camino solitario y abandonado por el que transitan. ¡Pero *no* estás solo! Él también ha estado ahí. Por favor, presta atención a lo que estoy diciendo aquí, porque no lo digo a la ligera. Él ha caminado cada paso de ese camino roto y ha ido a un lugar al que nosotros no podríamos ir. Cristo ha probado una copa mucho más amarga que la tuya. Dios encendió la luz sobre su propio Hijo y permitió que Él tomara solo cada gota de la copa de ira en el día más oscuro que esta tierra jamás haya conocido.

> *Yo soy el Dios de Israel,*
> *y les aseguro que ese día*
> *el sol dejará de brillar;*
> *el mediodía se convertirá en noche,*
> *y toda la tierra quedará a oscuras.*
>
> (Amós 8.9, TLA)

El grito de orfandad de Emanuel

En la crucifixión de Jesucristo, Mateo nos dice que «desde el mediodía hasta las tres de la tarde, el cielo se puso oscuro. A esa hora, Jesús gritó con mucha fuerza: "¡Elí, Elí!, ¿lemá sabactani?" Eso quiere decir: "¡Dios mío, Dios mío! ¿Por qué me has abandonado?"» (27.45–46, TLA)

No puedo comenzar a imaginarme lo que Cristo enfrentó en esas tres horas de oscuridad, mientras luchaba por respirar. Mientras esperaba su ejecución, había sido desnudado, burlado y golpeado hasta sangrar, le habían arrancado su barba desde la raíz, su rostro estaba desfigurado, pero nada, *nada* de lo que había enfrentado podía compararse con aquellas tres horas oscuras. Durante aquellos ciento ochenta minutos, en una economía solo conocida por la Divinidad, Cristo, el Cordero de Dios sin pecado, llevó sobre Él el pecado del mundo.

> Cada pensamiento malintencionado en todas las mentes pervertidas.
> Cada palabra hiriente y degradante jamás pronunciada.
> Cada traición despiadada jamás cometida.
> Cada acción insensible y cruel jamás llevada a cabo.
> Cada acto aleatorio de crueldad gratuita jamás concebido por corazones malvados.
> Cada atrocidad indecible jamás cometida.

Él lo llevó *todo*. Él lo llevó por aquellos que saben que están rotos y por aquellos que pretenden no estarlo. Él lo llevó por cada uno de nosotros:

- El conductor borracho que mata a un niño
- La mujer desesperada que mata a su hijo no nacido
- El criminal o el criminalmente desquiciado
- Por el que entra en una escuela y comienza a disparar
- Por la víctima de violación
- Por el abusado
- Por el maltratado
- Por el abandonado

Cristo aguantó toda la fuerza del quebranto de este mundo, y por amor a ti y a mí se convirtió en el Abandonado. Elizabeth Barrett Browning describió lo que ocurrió en la cruz mientras Emanuel emitía su grito de orfandad:

> *¡Abandonado! Mejor dicho, Dios pudo separarse de su propia esencia;*
> *Y los pecados de Adán se interpusieron entre el Hijo justo y el Padre:*

Sí, en una ocasión, el grito de orfandad de Emanuel clamó que su universo había temblado—
Y subió como un clamor solitario y sin resonancia: «Mi Dios, ¡me has abandonado!»[13]

En la cruz —solo, abandonado, desamparado— Jesucristo preguntó *¿por qué?* por todos nosotros. ¿Recuerdas las escalofriantes palabras? «¿Por qué me has desamparado?»

¿Qué salió mal? ¿Por qué pasó eso?

La respuesta puede parecer fría y cruel, pero ciertamente no es ni lo uno ni lo otro.

Alguien tenía que pagar.

Alguien tenía que entregar la suma del rescate por nuestro pecado y rebelión, o nos hubiéramos quedado atascados en nuestra propia miseria para siempre. Solo Uno podía pagar el precio, solo Cristo, el intachable Cordero de Dios. Solo Él había vivido una vida sin pecado. Y solo Él podía ponerse de acuerdo con su Padre antes del comienzo de los tiempos para sacrificar su inmaculada vida y salvar nuestras miserables vidas.

Nunca sabremos lo que significó para Cristo que su propio Padre lo tirara en la caldera de la más profundad maldad. Lo que sí sabemos es que trastornó de tal manera el funcionamiento del universo que hasta el sol se negó a brillar mientras Dios el Padre se alejó de su Hijo. Mientras Jesús llevaba sobre sí el pecado del mundo, soportó un abandono indescriptible. El inocente vertió su sangre por el culpable.

Simplemente no había otra opción.

Milenios antes, cuando Adán y Eva desobedecieron a Dios y comieron del árbol de la ciencia del bien y del mal, el pecado de ellos abrió un abismo entre el Dios santo y el ser humano quebrantado. Ellos lo sintieron en el huerto: abandonados, solos, avergonzados. Y desde entonces, cada uno de nosotros lo ha sentido, y por eso hemos gritado: «¿por qué?»

Conforme Cristo descendía a la oscuridad de esa maldad, pagó por cada pecado jamás cometido, desde aquel primero hasta el último de ellos que oscurecerá este mundo. No solo pagó el precio completo, sino que también redimió cada pieza rota.

Igual que cuando Adán y Eva tomaron y comieron —y todos sentimos el abandono del grito de orfandad— así también Cristo dijo en la noche cuando su amigo lo traicionó: «Tomad, comed; esto es mi cuerpo que por vosotros es partido» (véase capítulo 13). Y así hizo posible para todos nosotros regresar a casa por medio de la fe en Él y su obra consumada en la cruz.

En la cruz, Jesús hizo la pregunta que tantos hemos hecho con respecto a Dios en nuestras noches más oscuras: «Dios mío, ¿por qué me has desamparado?» La pregunta se quedó allí flotando en el aire, suspendida, como si estuviera sostenida por una agonía pura, cruda e incomprensible. Y, sin embargo, eso no fue lo último que nuestro Señor pronunció. «Consumado es», exclamó un poco después (Juan 19.30). Y luego, finalmente: «Padre, en tus manos encomiendo mi espíritu» (Lucas 23.46).

¡De abandonado a abrazado! Y así será con nosotros también... pero no todavía.

El camino a casa

Hace unos meses atrás estaba en la República Dominicana, manejando hacia un proyecto de desarrollo de World Vision —una clínica que presta servicios a mujeres embarazadas y a sus nuevos bebés— para enseñarles a algunas jóvenes cómo cuidar de sus recién nacidos. El pueblo donde está la clínica se encuentra en la frontera con Haití. El catastrófico terremoto que afectó a Haití en el 2010 causó estragos a muchas de las carreteras que dan acceso al país, y estos países pobres simplemente no tienen los recursos económicos ni la mano de obra para repararlas.

A pesar de eso, íbamos muy bien... hasta que vimos un rótulo que indicaba un desvío de la carretera principal hacia un camino sin pavimentar. ¡Nunca en mi vida había brincado tanto dentro de un auto! Cada hoyo en la carretera parecía más grande que el anterior, y en varias ocasiones choqué con el techo de la camioneta. A la larga, llegamos al pueblo, pero bastante magullados y estropeados.

Así es como veo este camino por el que tú y yo estamos andando.

Y puede ser un camino muy, *muy* escabroso. Sin embargo, este tipo de jornada nunca fue el plan original. Dios diseñó un camino sin obstáculos y precioso para nosotros, pero el desvío fuera del huerto de Edén —a través de desiertos candentes, montañas traicioneras, ríos embravecidos y finalmente hasta una cruz en una colina— no es ni precioso ni libre de obstáculos. Pero es el camino a casa. De eso estoy completamente convencida.

Para la más complicada pregunta teológica (y desesperadamente humana) —¿por qué Dios no detiene el sufrimiento *ahora*?—, no tengo una respuesta convincente. R. C. Sproul llama al sufrimiento «el talón de Aquiles de la fe cristiana». C. S. Lewis dedicó todo un libro a este tema, *El problema del dolor* (el cual escribió durante un período emocionalmente placentero. Te invito a leer *A Grief Observed* [Estudio de una aflicción] para que veas cómo cambió su perspectiva cuando él tuvo que caminar por su propio camino difícil y escabroso). Muchas obras maravillosas y escritas por eruditos han lidiado con este difícil tema.

No obstante, no tengo ni la pericia ni la voluntad para abordar este asunto aquí. Lo que sí tengo en mi corazón es el deseo de sentarme contigo, justo donde estás ahora, y compartir lo que creo. Estoy mucho menos segura de muchas cosas, como una mujer de cincuenta y cinco años, ¡que de las que estaba cuando era una joven de veinticinco! Pero apostaría hasta mi vida por todo de lo que sí estoy segura.

Creo con todo mi corazón que Dios es tanto amoroso como soberano.

Creo que el Señor nos creó con libre albedrío para que podamos elegir entre amarlo a Él o alejarnos de Él.

Creo que cuando Adán y Eva decidieron desobedecerlo, perdimos nuestro lugar perfecto en el Edén.

Creo que el ardiente amor de Dios por nosotros es tan inmenso que Él, voluntariamente, permitió que su propio Hijo caminara la milla más difícil de todas, en zapatos humanos, para pagar el precio por nuestro pecado.

Creo que Cristo eligió soportar la agonía y la muerte más devastadoras que cualquier hombre o mujer podría jamás enfrentar para que tú y yo pudiéramos ser perdonados.

Creo que cuando lloro, Dios atrapa cada lágrima.

Creo que cada dolor tiene su propósito y que no es un desperdicio, Dios ha prometido que hasta de las peores tragedias resultará algo bueno.

Creo que nunca has vivido ni un momento en tu vida sin que seas amado.

Creo que Él también ha estado ahí. ¡No estás solo! No estuviste solo entonces, no estás solo ahora y Él nunca, *nunca*, te dejará.

Los desvíos suelen levantar bastante polvo. En algunos momentos, todavía podemos ver hacia dónde vamos, mientras que en otros la carretera parece desaparecer... pero siempre, Dios permanece al control.

La realidad de un espejo nublado

Cuando el apóstol Pablo describió nuestra condición rota, la comparó con un espejo defectuoso, borroso: «Ahora conocemos a Dios de manera no muy clara, como cuando vemos nuestra imagen reflejada en un espejo a oscuras. Pero, cuando todo sea perfecto, veremos a Dios cara a cara» (1 Corintios 13.12, TLA).

Corrie Ten Boom, la fallecida evangelista holandesa y sobreviviente del Holocausto, escribió en una ocasión sobre la vida tal como la vemos desde nuestra perspectiva, llena de nudos e hilos enredados, como si fuera un pedazo de tela bordada pobremente trabajada. Solo Dios puede ver cómo luce el cuadro real del otro lado: una pieza exquisita con una rara y excepcional belleza, una corona de justicia. ¡Me encanta!

Una de las lecciones más profundas que he aprendido es que Dios está mucho más interesado en quién nos estamos convirtiendo que en lo que estamos haciendo. Es un excelente concepto, pero cuando estamos en medio de una tormenta, cuando solo podemos ver destellos de su rostro a través de los relámpagos, es difícil aferrarnos a pensamientos aun como ese.

Cuando estudio las vidas de aquellos que han preguntado los *por qué* más emotivos y punzantes en todas las Escrituras, puedo ver un hilo escarlata de esperanza entretejido a través de cada uno de ellos.

Job, un hombre justo diezmado por una tragedia tras otra, le hizo a Dios una retahíla de preguntas. Leemos esto:

> Hasta ahora solo había oído de ti, pero ahora te he visto con mis propios ojos. Me retracto de todo lo que dije, y me siento en polvo y ceniza en señal de arrepentimiento. (42.5–6, NTV)

David, a pesar de saber que Dios lo había escogido para gobernar a Israel como rey, terminó siendo perseguido y fue obligado a vivir en una cueva como un fugitivo:

> Que todo lo que soy alabe al SEÑOR; que nunca olvide todas las cosas buenas que hace por mí. Él perdona todos mis pecados y sana todas mis enfermedades. Me redime de la muerte y me corona de amor y tiernas misericordias. (Salmo 103.2–4, NTV)

Pablo, golpeado y naufragado, apedreado y dejado por muerto, dijo:

> Y estoy convencido de que nada podrá jamás separarnos del amor de Dios. Ni la muerte ni la vida, ni ángeles ni demonios, ni nuestros temores de hoy ni nuestras preocupaciones de mañana. Ni siquiera los poderes del infierno pueden separarnos del amor de Dios. Ningún poder en las alturas ni en las profundidades, de hecho, nada en toda la creación podrá jamás separarnos del amor de Dios, que está revelado en Cristo Jesús nuestro Señor. (Romanos 8.38–39, NTV)

Mi corazón y mi mente humanos no pueden entender las maneras de Dios, pero yo confío en su corazón. Y he tenido que pelear una difícil y sangrienta batalla para llegar a este lugar de descanso.

Dios nunca respondió las preguntas de Job, de la misma forma que tal vez nunca responda las tuyas de este lado de la eternidad. Sin embargo, por cada *¿por qué?* que alguna vez haya desgarrado en dos tu corazón, ¡recuerda que Dios nos regaló la mañana del Domingo de Resurrección!

Aquella primera mañana de Pascua, hace tanto tiempo atrás, Dios introdujo un nuevo *¿por qué?* en nuestra jornada. Y es el *¿por qué?* más glorioso de todos:

> ¿Por qué buscan entre los muertos a alguien que está vivo? ¡Él no está aquí! ¡Ha resucitado! (Lucas 24.5–6)

Y mi alma grita: ¡Ciertamente Él ha resucitado!

Cinco

Sobre esconderse, pretender y otros escapes fallidos

Cómo evitar una vieja estrategia que nunca funciona

Retrospectivamente, creo que el promotor del concierto pensó que sería simpático (y, estoy segura que, barato). Ocurrió en mis días de «estrella de rock» en los años ochenta.

Si no estás familiarizado con mis antecedentes, también debes saber que no siempre he sido la dama de buenos modales que ves en la contraportada de este libro. De hecho, parte de mi *résumé* incluye una temporada como artista nueva ola cristiana con mi cabello punk negro azabache y ropa de cuero. En una ocasión mi hijo me vio en la cubierta de un álbum vistiendo las antes mencionadas galas y luego de mirarla por un rato, solo me hizo una pregunta: «Mami, tenías la *intención* de verte así?»

«Sí, la tenía», le contesté. «Yo era una artista de nueva ola».

«¡Vaya! ¿Y en qué ola querías subirte con un disfraz como ese?», me preguntó.

Esta noche en particular, estaba de gira por los Estados Unidos con mi banda inglesa. Habíamos terminado un concierto vendido totalmente en Orlando, Florida, y los muchachos de la banda tenían hambre. (Pero claro, ellos *siempre* tenían hambre, y ya habían comido dos veces aquella noche, antes del concierto.) El promotor dijo que tenía una excelente idea sobre dónde llevarnos, un lugar perfecto para que los muchachos pudieran comer todo lo que quisieran sin él tener que refinanciar su hipoteca.

Nos llevó a un lugar donde vendían pizza llamado Chuck E. Cheese, «donde los niños pueden ser niños». ¡Perfecto para la banda!

Como llegamos cerca de la hora de cierre, el lugar parecía estar bastante tranquilo. Los muchachos estaban haciendo la cola para ordenar su pizza, mientras que yo tomé un pedazo de pizza de queso y una Coca-Cola de dieta. Cuando me dirigía a mi mesa, alguien me dio un golpecito en el hombro. Cuando me volteé para ver a la persona, me topé con un ratón que medía un metro ochenta de altura.

Grité y le tiré mi bandeja.

Hubo un silencio sepulcral en el restaurante. Aparentemente, acababa de bañar a Chuck E. con mi refresco y lo había cubierto de queso... ¡en su propio restaurante! La máscara y el disfraz que tenían la intención de entretener, a mí me habían aterrorizado.

Haz pasar a los payasos

¿Recuerdas un episodio de *Seinfeld* en el que unos payasos confrontan a Kramer?

«¿Todavía le tienes miedo a los payasos?», pregunta el payaso.

«Sí», lloriquea Kramer.

Muy gracioso, pero para mí tomó un giro mucho más serio. Siempre he sentido un miedo profundo hacia las personas que usan máscaras. No me asustan los disfraces siempre y cuando pueda ver el rostro, pero una cara cubierta me provoca pánico. Hace apenas unos años comencé a entender el porqué.

Esto tiene su origen en la aneurisma de mi padre, que describí brevemente en el capítulo 3. La última vez que lo miré a los ojos, antes de que las autoridades se lo llevaran, vi a un total extraño. No pude ver a mi padre. A los ojos de una niñita de cinco años, era como si llevara puesta una horrible máscara en la noche de brujas. Mi papá se había ido y un monstruo había tomado su lugar.

Pero, ¿sabes qué es lo irónico de eso? Aunque las máscaras me aterrorizan, por muchos años yo misma usé una.

Las máscaras que nos ponemos

En mis años de adolescente y en mis veinte, nunca me gustó lo que veía en el espejo. Traté de esconder los problemas de mi piel con cuanta crema encontraba. Me parece recordar la marca Clearasil, que venía en dos tipos de fórmula: transparente y color como piel... ¡para cualquiera que fuera lo suficientemente desgraciado como para tener la piel color naranja! En mis años de universidad acumulé una deuda bastante alta en mis tarjetas de crédito pues me sentía tan mal conmigo misma que me la pasaba comprando ropa nueva para vestir. Nunca funcionó, pero seguí tratando.

No estaba contenta con mi peso, pero en lugar de reducir la cantidad de comida que ingería, buscaba una dieta «mágica» o una píldora que me «arreglara». No teníamos una báscula en el baño, así que iba a la carnicería y le pedía al carnicero que me pesara. Pensaba que si podía pesar una vaca completa, me podía pesar a mí. Probé todas las dietas del planeta, por lo menos cinco veces. Todas funcionaban.

Yo no. Cuando el problema se encuentra en lo más profundo del sótano de tu alma, no existe ninguna fachada que pueda ayudar.

Creo que todos, de una manera u otra, usamos alguna máscara. Es nuestra forma de «encajar», de pertenecer. Mientras más rotos nos sentimos en el interior, más nos inclinamos a ocultar nuestro quebranto de los demás, para que no se rían de nosotros ni nos rechacen. Por los pasados dieciséis años he hablado a más de cuatro millones de mujeres desde la plataforma de Women of Faith [Mujeres de fe]. Y escucho lo mismo, una y otra vez:

«No me gusta mi apariencia».

«No me gusta cómo me siento».

«Detesto la imagen que veo en el espejo».

«Si la gente conociera quién soy realmente, nadie querría conocerme».

«¿Cómo puede amarme Dios después de todo lo que he hecho?»

«¿Cómo puede perdonarme Dios si no puedo perdonarme a mí misma?»

Me rompe el corazón darme cuenta que, aunque Cristo murió para darnos libertad, con mucha frecuencia los seguidores de Cristo parecemos ser los más cautivos. Todo comienza cuando nos sentimos juzgados por los estándares de nuestra cultura (y queremos más). Y luego añade a esto el juicio de la comunidad cristiana —la iglesia—, y aquí tienes suficiente para hundir el buque *Queen Elizabeth 2*. La palabra «inmisericorde» se queda corta.

¿Recuerdas en el libro de Juan, cuando los fariseos y los maestros de la ley arrastraron ante Jesús a una mujer sorprendida en el acto de adulterio? La tiraron al suelo como si fuera un trapo sucio y dibujaron un círculo de condenación alrededor de ella. Recuerdo que lo mismo le ocurrió a una de mis amigas. Su matrimonio había terminado, y mientras ella luchaba por encontrar ayuda y esperanza, terminó en el centro del círculo de los acusadores. Nadie quería escuchar; solo querían decirle lo que tenía que hacer.

¿Qué hace que nos sintamos tan cómodos en un círculo?

¿Acaso es que nos deja sin ninguna salida?

¿O es que nos permite ver por encima de las personas rotas y mirarnos en los ojos de aquellos que pensamos que son como nosotros?

Sea lo que sea, Cristo mismo entró aquel día al círculo... y lo rompió en pedazos. ¿Cómo lo hizo? Simplemente invitó a aquellos que nunca habían pecado a que tiraran la primera piedra. Eso fue muy ofensivo para la multitud porque implicaba que el pecado de los que habían tirado a la mujer en el círculo, ¡era tan malo como el de la mujer en el suelo! Estoy segura de que a ninguno de ellos les gustó probar esa medicina, así que fueron soltando las piedras, una por una, y se retiraron sin hacer mucho ruido.

Me parece muy triste que nadie se acercara y se sentara al lado de ella. Nadie realmente «entendió» la verdad radical que Cristo proclamaba: todos estamos rotos y hemos metido la pata, cada uno de una forma distinta. Y también pasaron por alto otro detalle: no entendieron la verdad de que Dios tiene toda la experiencia del mundo lidiando con personas rotas, y que las ama profunda y entrañablemente.

¿Has sido víctima alguna vez del tipo de juicio que describe Juan 8? Si es así, no cabe la menor duda que tenía la intención de mantenerte escondido en el sótano porque tus acusadores dejaron ver *muy* claramente que ese era tu lugar. (Y si te atrevías a salir, ellos te estarían esperando con piedras afiladas.)

Si estás en esa situación, permíteme hacerte una sugerencia. Abre la puerta del sótano lo suficiente como para admitir esta verdad: tal como estás *ahora*, con todas tus luchas, tus secretos y las máscaras que te esconden del mundo, Dios te ama apasionadamente. Y conoce tus «cosas». Él ve tu dolor. Él te invita a que te acerques a Él, tal como estás, exactamente como estás justo en este momento de quebranto.

Sí, eso requiere que tengas algo de valor. Es posible que no les agrade a algunas de las personas a tu alrededor. Y hasta es posible que no se sienta «bien» porque, seamos realistas, te has estado escondiendo en ese sótano húmedo por mucho, mucho tiempo.

La estampida se esconde

Nosotros vemos el asunto de escondernos como algo muy natural, o por lo menos, bastante natural; sin embargo, no lo es:

> Con el viento de la tarde, el hombre y su esposa oyeron que Dios iba y venía por el jardín, así que corrieron a esconderse de él entre los árboles. (Génesis 3.8, TLA)

En ese momento, Adán y Eva hicieron algo que ningún otro ser humano había hecho antes. *Se escondieron*. Ellos nunca habían escuchado la palabra *esconderse.* Esa palabra no formaba parte de su vocabulario. Esconderse significaba engaño; pretender que no eras lo que realmente eras. Pero ellos tampoco conocían las palabras *engaño* o *pretender.* Todo lo que habían conocido durante su existencia era la alegría de estar vivos, ser amados y valorados. Valorados por su Creador y Amigo, y valorados mutuamente.

¿Puedes imaginar cómo debió sentirse dar un paseo con Dios en la tarde, día tras día? (o tal vez año tras año, no tenemos manera de saberlo). He tratado de imaginármelo, pero la verdad es que mi mente no puede visualizarlo... Saborear una brisa refrescante arrastrando la deliciosa fragancia de huertos repletos de frutas y flores silvestres que ni siquiera puedo imaginar... disfrutar esa belleza incomparable bañada por la luz dorada del sol al atardecer, mientras se esconde en el horizonte... y charlar casual y dulcemente con el Creador del universo sobre los momentos simples y ordinarios del día (y los graciosos también).

Pero de repente —como un golpe inesperado—, su perfecta primavera terminó, llegó el crudo invierno y todo se acabó. El paraíso les cerró las puertas a Adán y a Eva. Desde el momento en que nuestros padres originales probaron del fruto prohibido, todo cambió. La serpiente les dijo que al comer serían «abiertos vuestros ojos», ¡y qué cruel tergiversación de la verdad resultaría ser esta afirmación! «Sino que sabe Dios que el día que comáis de él, serán abiertos vuestros ojos, y seréis como Dios, sabiendo el bien y el mal» (Génesis 3.5).

Ahora bien, *todo* no era mentira (muchas de sus falsedades llevan en sí un grano de verdad distorsionada). La primera parte de la declaración del tentador era cierta. Sus ojos *fueron* abiertos... pero, ¿qué vieron?

Vieron su desnudez.

Vieron su culpa.

Vieron sus seres rotos y miserables.

Derek Kidner escribe en su comentario sobre Génesis: «Qué anticlímax tan grotesco para el sueño de una iluminación espiritual».[14] En ese momento se percataron de su desnudez y se sintieron profundamente avergonzados. ¡Y así descubrieron una nueva emoción! La vergüenza nunca les había afectado... hasta ahora.

Todo eso me recuerda lo que considero que es uno de los aspectos más insidiosos del pecado: a pesar de admitir nuestro error, a pesar de que decidimos darle la espalda a nuestro pecado, no podemos olvidar lo que descubrimos. No podemos deshacer lo que hemos hecho. No podemos ignorar lo que ahora sabemos.

Para Adán y Eva, cada momento trajo consigo un nuevo recordatorio del desastre que se habían echado encima. Donde una vez habían caminado bajo el brillo del sol, ahora vivían en sombras... las oscuras esquinas de la duda, la preocupación y el miedo. Y preguntas, muchas preguntas. ¡Cuán enfermos debieron sentirse en su interior!

Y entonces, escucharon a Dios caminando por el huerto. Justo un momento antes, eso hubiera sido el sonido más grato y hermoso en sus vidas. Pero ahora provocó que sus corazones vacilaran.

Estaban asustados.

No sabían qué nombre ponerle a ese miedo, pero sí sintieron su férreo y cruel control.

Tú también conoces esa sensación. Tal vez llega con una llamada del médico, una carta en el correo, una conversación con una amiga que dice: «Tengo algo que decirte». El miedo y el pavor se apoderan de ti y te sientes inútil, indefenso. Pero este miedo les pegó a Adán y a Eva como una experiencia totalmente nueva y escalofriante. ¿Y cómo responderían?

Su primer instinto nos parece muy familiar.

Ellos no corrieron hacia Dios, se tiraron a sus pies, le explicaron lo que había ocurrido y le expresaron lo que sentían en sus corazones. Al contrario se alejaron. Se escondieron.

Ese es el triste y horrible legado del quebranto.

El pecado nos hace escondernos del Único que puede ayudarnos, del Único que puede salvarnos. Y claro está, esa fue precisamente la intención de la serpiente: romper la relación especial que existía entre Dios y su amada creación.

Le digo a mi hijo Christian muchas cosas, pero una de las más importantes que le repito una y otra vez es: «Mientras más grande sea lío, más rápido debes correr hacia nosotros». Trágicamente, la confianza que se rompió en el Edén dificulta *muchísimo* que lo hagamos.

Piénsalo bien. Cuando sientes que has enredado todo, que has caído y que le has fallado a Dios de alguna manera, ¿cómo respondes normalmente? La mayoría de nosotros quiere esconderse. Queremos huir, tratar de enmendar las cosas o por lo menos, arreglarlas un poco por nuestra cuenta. *Luego entonces*, nos decimos, iremos a Dios y le explicaremos todo.

Eso no funcionó en el Edén ni tampoco resulta ahora.

Adán y Eva intentaron cubrir su desnudez haciendo ropa con hojas de higuera, lo más grande que encontraron para cubrirse. Es posible que hayan logrado cubrir su desnudez mutua, pero no pudieron cubrir su pecado y su vergüenza. No pudieron ocultarle a Dios que estaban rotos. Ambos habían formado parte de un intercambio diabólico que convirtió la belleza en cenizas. Aunque Dios había creado los árboles para el deleite de sus ojos y de su paladar (véase Génesis 2.9), ahora esos mismos árboles se convirtieron en su sótano... el lugar oscuro para esconderse.

Y tú, ¿qué? Todos tenemos nuestros escondites preferidos.

Algunos se esconden en la comida. ¿Has hecho esto alguna vez? Tal vez has levantado una pared de carne alrededor de tu corazón hecho trizas para mantener a la gente a raya. Cuando luces de cierta manera, puedes pensar que fuiste usado o abusado debido a tu apariencia, y desde entonces has hecho todo lo posible para esconderte, para guardarte muy adentro. Quizás la comida es lo único sobre lo que sientes que tienes algún tipo de control. Se ha convertido en tu arma secreta... así que decides usarla, y así vas desapareciendo un poco más cada día.

Algunos se esconden en las «cosas». ¿Lo has intentado? Piensas: *Solo un par de zapatos más, un bolso más, un vestido más y me sentiré mejor.* Puede ser maquillaje, un vestido nuevo o un elegante collar... nunca nos sentimos satisfechos; simplemente necesitamos «una cosa más». Pero las «cosas» nunca nos harán felices, sin importar lo fantástica que sea la publicidad.

Como ya les mencioné, uno de mis amigos más queridos es el doctor Henry Cloud. Él es sicólogo clínico y un ferviente estudiante de la Palabra de Dios. Henry me habló recientemente sobre un estudio que encomendó el director de la Asociación Americana de Siquiatría para investigar qué hace feliz a las personas. Los resultados finales podrían parecer alarmantes... a menos que estudies la Palabra de Dios. El estudió evidenció que solo el diez por ciento de las cosas que hacen a las personas genuinamente felices provienen del exterior. Y aun así, esas cosas solo proveen una sensación de bienestar temporal, y luego las personas regresan a su punto de partida. Así que el auto nuevo, la casa, el vestido o la sortija —sea lo que sea que nos haga pensar: *Si solo tuviera eso, sería mucho más feliz*— no puede hacer lo que quisiéramos que hiciera.

Algunos se esconden en las relaciones. ¿Es este tu caso? Tal vez pasas rápido de una relación a otra, encontrando defectos en la otra persona, y tienes la certeza de que cualquiera sea el «problema», tiene que ser culpa de él o de ella. Simplemente no te hacen sentir de la manera en que quieres sentirte, así que sigues adelante. Pero el problema es que tú vas contigo dondequiera que vayas.

Algunos se esconden en la religión. Este escondite parece bueno... por fuera. Pero de lo que en verdad se trata es de apariencias, de estar en el lugar apropiado en el momento indicado, de alcanzar la aprobación de los demás. De lo que trata es de que nos vean como *buenos*, pero sin conocer realmente lo que la libertad o el gozo de tener una verdadera relación con Cristo puede traer.

Algunos se esconden en el ministerio. Este fue el escondite que yo escogí. Parecía estar «ahí» para todo el mundo, pero nadie podía ver mi yo real. Sentía que si te ayudaba, si oraba por ti y compartía el amor de Dios contigo, entonces tenía que sentirme bien. Simplemente nunca te permitiría acercarte demasiado, en caso de que pudieras ver que, en realidad, estaba muy lejos de sentirme bien.

Y claro está, nos escondemos de mil maneras distintas. Solo mencioné unas pocas. Tal vez hayas escogido un lugar diferente, un método diferente, un sótano diferente. Quizás tus escondites puedan ser tan oscuros y tenebrosos que ni siquiera puedes identificarlos. Y aun así, Dios nos pregunta a todos los que nos estamos escondiendo lo mismo que les preguntó a Adán y a Eva.

La pregunta

Poco después de Adán haber pecado, Dios lo llamó y le preguntó: «¿Dónde estás tú?» (Génesis 3.9). La Biblia no nos da la inflexión en la voz del Señor cuando llamó a Adán. Pero no creo que haya sonado acusatorio, como: «¿Dónde rayos estás metido?»

Pienso que la voz sonó triste.

También creo que la pregunta estaba impregnada de gracia. El Señor no preguntó: «¿Por qué te estás escondiendo? En lugar de esto, le preguntó: «¿Dónde estás tú?»

¿Puedes notar la diferencia? Si Dios hubiera preguntado *¿por qué?*, habría empujado a Adán y a Eva mucho más adentro del huerto y habría acentuado la vergüenza que ya sentían. Así que preguntó *¿dónde?* Este tipo de pregunta tiende a llamarnos fuera de nuestro escondite. Ese era el deseo de Dios con Adán y Eva, y es su deseo con cada uno de nosotros hoy.

Me parece muy revelador que Adán contestó a la pregunta que Dios *no* le hizo. Él contestó como si Dios le hubiera preguntado por qué se había escondido: «Oí tu voz en el huerto, y tuve miedo, porque estaba desnudo; y me escondí» (Génesis 3.10).

¿No te parece asombroso? La vergüenza que trae el pecado y el quebranto puede tener una voz más convincente que la de Dios mismo.

Yo sé que esto es cierto en mi propia vida. Con mucha frecuencia, Dios me pregunta *¿dónde?* y yo contesto *¿por qué?* ¡Así que no te sorprendas cuando te sientas desalentado porque sabes que no diste la talla de lo que Dios quiere para ti y para tu vida! Eso fue exactamente lo que les ocurrió a los únicos dos seres humanos (aparte de Cristo) que jamás caminaron en perfecta relación con nuestro Padre. Parte del reto de nuestra condición como seres humanos rotos es entrenar nuestros corazones para que escuchen el amor de Dios por encima del alboroto de nuestra vergüenza.

Adán y Eva no pudieron disimular su vano intento de esconderse; el quebranto era evidente en su rostro. (¿Quiénes eran estas personas agachadas detrás de los arbustos, con corazones palpitando fuertemente y rostros torcidos de dolor por el miedo?) Sin embargo, el quebranto tiene muchos disfraces, y con el paso de los años, nos hemos vuelto muy diestros en tratar de aparentar que es otra cosa.

El deseo de aparentar

Una amiga me pidió, a última hora, que reemplazara a otra oradora en un elegante almuerzo en Palm Springs, California. Por lo que a mí respecta, no tenía ni el deseo ni la capacidad para hacerlo. Para aquel momento, nunca había hablado en público, a pesar de mi experiencia en la música y la televisión.

Pero entonces ella me dijo: «Ay, Sheila, estoy realmente en un aprieto».

«Marlene», le contesté, «conoces personalmente a la mitad de todas las oradoras en América. Pídeselo a alguna de ellas».

A lo que respondió —y la cito palabra por palabra—: «Ya se lo he pedido a todo el mundo. Eres la única que me queda».

¡Vaya manera de aumentar mi confianza!

Mientras manejaba hacia el evento, tuve una charla íntima y franca con el Señor.

«Simplemente quiero excusarme de antemano contigo, Señor. ¡No vas a lucir muy bien hoy!»

Así que llegué al lugar. La experiencia me abrumó mucho más de lo que jamás imaginé. Me senté a la cabeza de la mesa principal y sondeé la escena surrealista a mi alrededor. Cerca de mil mujeres habían asistido, todas inmaculadamente vestidas... pero por raro que parezca, sus rostros no se movían (¡humor de cirugía plástica!). No pude evitar mirar a la mujer sentada a mi izquierda: alta, delgada, rubia... simplemente impresionante. El tipo de mujer que te hace decir: «*¿En serio*, Señor? ¿Será que me puedes demostrar un poquito de amor?»

Así que hablé. No tenía idea de qué hablar, así que decidí quitarles el deseo de comerse el postre y hablarles sobre el momento en que mi pequeño y bien arreglado mundo colapsó y terminé en un hospital siquiátrico. Un silencio *profundo* inundó el salón. No tenía idea de qué estaban pensando o sintiendo, pero cuando terminé de hablar, la primera mujer que se me acercó fue la preciosa rubia que estaba sentada a mi lado. Ella se quitó los dos brazaletes de oro, incrustados de diamantes, y me mostró las cicatrices que quedaron en sus muñecas luego de su fallido intento de suicidio.

No tenía idea de que alguien pudiera empacar su dolor tan hermosamente. Pero, mientras veía correr las lágrimas por sus mejillas, me di cuenta de que el botox no puede ocultar el dolor. Ni tampoco sirve para ocultar el quebranto.

Aquel día me abrió los ojos como nunca antes. *No* tenía idea. En apariencia, la vida de esa mujer parecía perfecta. Estoy segura que muchas en aquel salón la envidiaban, pero el dolor que encerraba era tan agobiante que ella trató de terminar con su vida para así poner fin a la farsa. Me imagino que la riqueza que poseía le permitió perseguir muchos de los sueños que nos dicen que nos harán felices. ¡Qué desilusionante darse cuenta que todos tienen graves defectos!

Vi aquel intento de suicidio como un manera de gritar: «¡Todo esto es una mentira!» Me recordó la historia de Hans Christian Andersen sobre el emperador que no vestía tan bien como él creía. ¿Recuerdas esa historia?

Un emperador muy vanidoso se dejó engañar por dos estafadores muy astutos. Ellos le dijeron que podían tejer la toga real más fina en todo el reino, pero que solo los sabios podrían verla; para los tontos, permanecería invisible. Durante muchos días, fingieron estar trabajando en los telares, sin usar ningún hilo. Todo el mundo en el reino conocía del supuesto poder mágico de la toga, y no podían esperar para ver cuál de sus vecinos resultaría ser el más tonto de todos.

El emperador estaba impaciente por ver la toga, pero tenía miedo de pedir una oportunidad para verla, en caso de que resultara ser invisible para él. Así que envió a un viejo ministro.

El ministro se sintió horrorizado cuando no pudo verla, pero en lugar de admitir su incapacidad, declaró que era la toga real más fina y delicada que jamás hubiera visto. Finalmente, los tejedores anunciaron que la toga estaba lista, y aunque el emperador no podía verla, fingió estar muy emocionado con su apariencia. Y mientras dirigía una impresionante procesión por la calle principal del reino, un niño pequeño e inocente, finalmente gritó: «¡Pero él no lleva nada puesto!»

El pretender que algo funciona no hace que funcione. De hecho, puede volverte loco. Y puede provocar que la negación se convierta en tu único hogar.

¿Qué tendría que decirle?

Mi suegra, Eleonor, era todo un personaje. Su cabello era de color rojo encendido, tenía un temperamento que le hacía juego; además, tenía una seguridad envidiable para decirle a la gente, sin pena ninguna, lo que pensaba de ella. Mi mamá se balancea para el lado opuesto del péndulo y en algunos momentos no dice nada, cuando hablar sería tanto saludable como práctico.

Todavía recuerdo la primera vez que Eleonor se paró como a una pulgada de mi nariz y compartió su opinión, en voz muy alta, justo en mi cara. Eso me sorprendió, casi me dejó conmocionada. En otras ocasiones, se negaba a dirigirme la palabra y eso le molestaba a Barry más todavía.

Una noche, cuando William, Barry, Eleonor y yo regresábamos a casa luego de una divertida cena, Barry le sugirió a su mamá que, con frecuencia, platicar con un consejero resultaba ser muy beneficioso. Le dijo que él y yo habíamos ido a sesiones de consejería tanto individuales como en pareja, especialmente cuando nos sentíamos atascados en algún problema. Nunca olvidaré la mirada en su rostro cuando se volteó, nos miró a ambos directamente a los ojos, y dijo: «¿De qué tendría que decirle a un consejero?»

William por poco se sale de la carretera, mientras se reía a carcajadas.

Como anillo al dedo

La verdad es que todos, en alguna medida, somos personas rotas. Algunos nos damos cuenta pero no sabemos cómo resolverlo, mientras que otros no se percatan de ello, a pesar de que a veces sentimos un estruendo distante en nuestras almas. Para cada uno de nosotros, la respuesta de Dios es Cristo.

Cuando nuestro amoroso Padre vio el patético intento de Adán y Eva por cubrirse, dijo: «Eso jamás será suficiente». La Biblia dice: «Y Jehová Dios hizo al hombre y a su mujer túnicas de pieles, y los vistió» (Génesis 3.21). De hecho, ellos sí serían cubiertos, pero algo tendría que morir para lograrlo. ¡Qué prefiguración más hermosa de Cristo, que vertería su sangre para cubrirnos a todos!

¡Ya no tienes que esconderte! Eres amado tal cual eres. No necesitas ponerte una máscara, Dios te ve tal cual eres. No tienes que fingir estar bien. Cristo es nuestra justicia y, después de todo, sí podemos ser seres humanos, reales, amados y libres. No tienes que negar la verdad; el Señor lo sabe todo y te ofrece a Cristo.

Si te atreves a probarte este atuendo que Dios ha hecho para ti, enseguida comenzarás a ver la verdad: ¡te queda como anillo al dedo!

SEIS

¿DE QUÉ PUEDO TENER CERTEZA?

Tres verdades irrefutables para mantenerte de pie sin importar lo que pase

Mientras escribo estas páginas, acaba de empezar el otoño. Este año tuvimos un verano tan seco y caliente que cuando miro alrededor, no veo el cambio de colores que normalmente esperaría. Pero la temperatura sí ha bajado y los días cada vez son más cortos. Estos días son como tarjetas de saludo del invierno, enviadas por adelantado. El invierno «de verdad, verdad» está a la vuelta de la esquina.

Igual que el calendario, la vida también tiene sus estaciones y temporadas.

No, esto no es muy exacto, ¿verdad? No es «igual que» el calendario. El calendario es predecible y sigue un orden. El martes viene después del lunes, diciembre llega después de noviembre, y el invierno sigue al otoño. Pero la vida no funciona así. En la vida, las temporadas pueden cambiar en una hora o en apenas un momento. Las estaciones pueden cambiar con una llamada telefónica.

En un instante, puedes estar disfrutando una temporada gloriosa y soleada, llena de felicidad y satisfacción, cuando de repente, una nueva se inmiscuye —sin advertencia—, y cambia *todo.*

En este momento estamos pasando, como familia, por una temporada en la que muchas amistades muy queridas están enfrentando situaciones médicas muy drásticas. Dos niños en la escuela de Christian han sido diagnosticados con cáncer y, en nuestro círculo de amigos íntimos, tres adultos jóvenes tienen tumores cerebrales malignos.

Para ser sincera, nunca antes había vivido un tiempo como este. Las malas noticias parecen estar zumbando a nuestro alrededor como un enjambre de abejas.

Cuando nos pegan temporadas difíciles como estas, con frecuencia no sabemos qué hacer. La mayoría de las veces, ni siquiera sabemos qué *pensar.* Anhelamos un poco de solidez y seguridad, algún lugar firme sobre el que podamos plantar nuestros pies, mientras que la tierra tiembla y cambia debajo de ellos.

Al conversar con mujeres que se encuentran en medio de este tipo de convulsión, usualmente terminan preguntándome, de una forma u otra, algo como esto: «¿De qué puedo estar segura?» Si todo lo demás se viene al suelo, ¿de qué pueden sostenerse y tener la absoluta seguridad de que permanecerá seguro, inalterable y verdadero?

En esas estaciones de cambio, confusión y estrés, creo que sí existen verdades de las que puedes estar completamente seguro. Por lo menos puedo pensar en tres de ellas.

Nada sorprende a Dios

Como seres humanos, no contamos con un sistema de advertencia temprana para los problemas o las tragedias. La mayoría de las veces, nada ni nadie nos alerta antes de que un problema nos caiga desde un cielo completamente azul y despejado. Con Dios, sin embargo, no existen las sorpresas. Ninguna. Cero. Él conoce lo que nos aguarda en cada esquina y detrás del horizonte. Nosotros no podemos ver los problemas que vienen de camino, pero Él sí y sabe justo lo que hay que hacer.

La familia Trammel no vio el cambio de temporada que se avecinaba, pero otra vez, casi nunca lo vemos, ¿cierto? Una mañana él era el mismo Brent Trammel de siempre: gracioso, tranquilo, trabajador. Pero para la mañana del día siguiente —lunes, 10 de diciembre de 2010—, todo había cambiado.

Sus hijos lo notaron primero mientras él se preparaba para llevarlos al colegio. Brent estaba hablando algo incoherente y confundió algunos nombres. Su esposa se preocupó inmediatamente y lo llevó a la sala de emergencias.

Después de muchos exámenes, los médicos diagnosticaron que Brent había sufrido una apoplejía cerebral, causada por un tumor en el lóbulo temporal izquierdo de su cerebro.

Tengo que retroceder un poco para contarles más sobre esta maravillosa familia. Brent y Jennalee Trammel tienen tres hijos: Chase, Cole y Tate. Hasta hace poco, nuestras familias estaban separadas por solo cuatro casas. Christian y Chase tiene más o menos la misma edad, así que siempre sabía que si Christian no estaba en nuestra casa, estaba en la de Chase y viceversa. Jennalee y yo pasamos muchas noches de verano sentadas en nuestras sillas plegadizas, frente a su casa o la mía, mirando a los muchachos montando sus bicicletas o sus patinetas, y vendando una multitud de heridas de guerra. Era una broma familiar que los Trammel habían tenido mucho más que su ración de desgracias: incluyendo huesos rotos y una cañería rota en el baño del segundo nivel de la casa que inundó el piso de madera del primer nivel.

¿Pero esto?

¿Cómo cambió tan rápido esta temporada?

Si alguna vez has pasado por una como esta, vas a entender lo que estoy a punto de decir. Dios hace cosas misteriosas en medio de las temporadas inesperadas, que posiblemente alteran todo el panorama de tu vida. He visto y continúo viendo esto en Brent.

Cuando los médicos confirmaron el diagnóstico del tumor, Brent le dijo a Jennalee: «Tal vez fui creado para este momento». En su página en CaringBridge (un sitio en la Internet creado para aquellos que enfrentan una enfermedad seria, en la que pueden mantener al corriente de su condición a sus familiares y amigos, y estos pueden escribirles notas de ánimo), Brent citó este versículo: «Y a la verdad yo te he puesto para mostrar en ti mi poder, y para que mi nombre sea anunciado en toda la tierra» (Éxodo 9.16). Al escribir esto, Brent declaraba su firme creencia en la soberanía de Dios en acción, aun en esta inesperada y desagradable estación en su vida. Y esto nos lleva a lo primero de lo que podemos estar seguros cuando la vida parece estarse deshaciendo:

1. *Nada de lo que nos ocurre sorprende a Dios, así que confía en Él en medio de tu dolor.*

La Biblia presenta a Dios como soberano a lo largo de toda la historia... incluyendo *tu* historia. Si bien esto no quiere decir necesariamente que Él «causó» tus circunstancias difíciles —Dios raramente nos permite tener acceso a esa información privilegiada— sí quiere decir que te fortalecerá para que puedas glorificarle, sin importar lo que tengas que enfrentar. Él lo vio venir, Él sabe lo que va a ocurrir y te pide que confíes en Él en medio de todo.

El profeta Isaías añoraba que sus compatriotas «captaran» esta lección. Él hasta comenzó uno de sus discursos sobre esta tema diciéndoles: «¡No olviden esto! ¡Ténganlo presente! Recuérdenlo» (Isaías 46.8, NTV). Cuando un portavoz del Señor te dice algo *así*, es mejor que te detengas, dejes de jugar con tu iPhone y ¡prestes muchísima atención! Y luego continuó, hablando en nombre de Dios:

Recuerden las cosas que hice en el pasado.
¡Pues solo yo soy Dios!
Yo soy Dios, y no hay otro como yo.
Solo yo puedo predecir el futuro
antes que suceda.
Todos mis planes se cumplirán
porque yo hago todo lo que deseo.

(VV. 9–10, NTV)

Nada toma a Dios por sorpresa. Nada lo toma desprevenido. Nada lo desvía de sus propósitos. Solo Dios puede «predecir el futuro antes que suceda» y declara sobre esto: «Todos mis planes se cumplirán porque yo hago todo lo que deseo».

La primera vez que nos topamos con este pasaje, nuestras mentes tal vez piensen en huracanes, tsunamis o eventos geopolíticos trascendentales. Y es cierto, Dios conoce esas cosas y las conocía aun desde antes de haber creado al mundo.

Pero no pases esto por alto: las palabras de Dios también se aplican a *ti*.

Él conoce tu vida, tu historia y tu futuro... hasta el más pequeño detalle. Dios conoce lo que todavía está por venir en *tu* vida, y te afirma que su propósito para ti se cumplirá. Él hará *en tu vida* todo lo que desea.

Jesús presenta un cuadro de cómo luce esto en la «vida real». Apenas unas horas antes de su traición y arresto, les dijo a sus discípulos (menos a Judas) que uno de los Doce iba a alzar «contra mí el calcañar», como cumplimiento de la profecía del Salmo 41.9. Y luego dijo: «Les digo esto desde ahora para que, cuando suceda, ustedes crean que Yo Soy» (Juan 13.19, TLA).

La traición de Judas debe haber sorprendido en lo más profundo a los otros once discípulos. *¿Judas? ¿Traicionar al Señor? ¡No! ¿Cómo puede ser posible?* Pero a Jesús no lo tomó por sorpresa; Juan escribe que Jesús sabía desde el principio quién no había creído y quién lo traicionaría (Juan

6.64). Aunque ninguno de sus hombres entendió lo que quiso decir hasta después que pasaron los sucesos del Calvario, aun así Jesús les dijo lo que ocurriría para que después —cuando les pasara el impacto y la tristeza—, creyeran que Él era realmente el Mesías. Ninguno de ellos esperaba a un Mesías arrestado, burlado, azotado y crucificado. ¡Eso era inimaginable! Jamás se les ocurrió un escenario tan oscuro. Pero Jesús quería que supieran que había visto todo de antemano, así que una vez ellos recuperaran el equilibrio, entonces podrían comenzar a atar cabos, y podrían llevar a cabo la misión que les había encomendado en tiempos más felices.

Luego de predecir la traición de Judas, Jesús dejó aun más perplejos a su pequeña pandilla de seguidores cuando les anunció que la hora de su partida había llegado.

Él tenía que dejarlos, declaró; y aunque ellos no entendieron la mayor parte de lo que les decía, el mero sonido de sus palabras les confundió profundamente. Y una vez más, prosiguió a recordarles la razón por la que les afirmaba: «Les digo todo esto desde ahora para que, cuando suceda, confíen en mí» (Juan 14.29, TLA). Jesús tenía pleno conocimiento del caos y el dolor que se avecinaban, y quería asegurarles a sus amados seguidores que nada de eso lo tomaba por sorpresa, ni quería decir que Dios los había abandonado ni tampoco implicaba que habían creído en Él en vano. Dos veces Jesús les dijo a sus discípulos lo que iba a ocurrir, para que así el fuego abrasador que se aproximaba a ellos no incinerara su fe.

Estoy convencida de que Brent Trammel entiende muy bien esta lección y es por eso que puede entregar su futuro desconocido a un Dios conocido.

En los últimos meses, nuestras conversaciones con los Trammel han cambiado. Todavía hablamos de los muchachos y de cómo les va en el colegio y de los retos de las tareas; pero inevitablemente nuestra plática siempre regresa a la lucha de Brent y el impacto de esta en las vidas de Jennalee y de los tres chicos. Cuando este tipo de reto golpea a una familia, las ondas se extienden mucho más allá de la persona que ha sido lanzada al agua, como una piedra lanzada a un estanque desde la orilla. He visto a los Trammel arrojarse a los brazos de Dios, buscando consuelo y fuerza. Quizás cuando nos imaginamos que somos fuertes, nos olvidamos de lo débiles que realmente somos.

Cuando Brent se enteró que tendría que someterse a una operación del cerebro antes de Navidad, publicó en su página de CaringBridge una porción bíblica que reafirmaba su confianza en la soberanía de Dios, y que estaba decidido a descansar en esto:

> No se angustien por nada; más bien, oren; pídanle a Dios en toda ocasión y denle gracias. Y la paz de Dios, esa paz que nadie puede comprender, cuidará sus corazones y pensamientos en Cristo. (Filipenses 4.6–7, NBD)

El 15 de diciembre, un gentío se reunió con Brent y Jennalee en el estudio de nuestro pastor para orar por Brent, sus doctores y la cirugía pautada para el siguiente viernes en la mañana. Amo a Jack Graham, nuestro pastor y un maravilloso maestro con tierno corazón pastoral. Nunca olvidaré aquella noche, mientras muchos de nosotros nos arrodillamos alrededor de Brent y Jennalee, y con lágrimas, le pedimos a Dios lo que solo Dios puede hacer. Y leímos los versículos que Brent había escogido para ese día:

> Es por esto que nunca nos damos por vencidos. Aunque nuestro cuerpo está muriéndose, nuestro espíritu va renovándose cada día. Pues nuestras dificultades actuales son pequeñas y no durarán mucho tiempo. Sin embargo, ¡nos producen una gloria que durará para siempre y que es de mucho más peso que las dificultades! (2 Corintios 4.16–17, NTV)

Y así, juntos, nos preparábamos para la cirugía de Brent. Solo teníamos una pregunta.

¿Y ahora qué?

Nada puede separarte del amor de Dios

Las tomografías computarizadas mostraban claramente que Brent tenía una masa en su cerebro pero, hasta la cirugía, el doctor no sabría con qué tipo de tumor estaba lidiando. Oramos para que fuera benigno. El día de la cirugía, a las 4:00 a.m., Brent les escribió una nota a sus hijos antes de salir de la casa y la publicó en su página de CaringBridge. He aquí una porción de esta:

Chase, Cole y Tate:

Es muy temprano (4:00 a.m.) y ¡ya Dios está trabajando! Solo quería tomar unos momentos para decirles cuántos los amo. Cada uno de ustedes me ha hecho el papá más feliz en todo el mundo... Nunca hemos sido llamados a vivir una vida simple, ordinaria y sin fe, sino una repleta de la abundancia y la gracia que solo Dios puede darnos. Esta mañana, papá se va para el hospital sin ningún temor ante lo desconocido y esperando que ocurran milagros. NO IMPORTA el resultado de la operación ni el diagnóstico, ¡DIOS ESTÁ AL CONTROL y ÉL será glorificado!

Este es uno de mis versículos favoritos: «Y estoy convencido de que nada podrá jamás separarnos del amor de Dios. Ni la muerte ni la vida, ni ángeles ni demonios, ni nuestros temores de hoy ni nuestras preocupaciones de mañana. Ni siquiera los poderes del infierno pueden separarnos del amor de Dios. Ningún poder en las alturas ni en las profundidades, de hecho, nada en toda la creación podrá jamás separarnos del amor de Dios, que está revelado en Cristo Jesús nuestro Señor» (Romanos 8.38–39).

No tengo miedo. Jesús nunca falla.

Papá

La verdad de la soberanía de Dios tiene el poder para calmar nuestros temores y nos da esperanza solo cuando se toma de la mano con la verdad del eterno amor de Dios por nosotros. ¡Cuán abrumadoramente agradecidos debemos sentirnos de que la Biblia nos enseñe consistentemente *ambas* doctrinas, desde Génesis hasta Apocalipsis! Y esto nos lleva a la segunda cosa de la que podemos estar seguros, sin importar qué ocurra en nuestras vidas.

2. *Dios te ama y nada puede separarte de su amor.*

El sufrimiento, el dolor, la adversidad y la tragedia, todo esto tiende a mentirnos. En la oscuridad, murmuran a nuestras almas torturadas: «¿Dónde está Dios ahora?» o «La fe no es sino una ilusión y esto lo comprueba» o «¿De verdad crees que un Dios amoroso permitiría *esto*? Cuando estas dudas y mentiras entran sigilosamente a tu cabeza, ¿cómo respondes a ellas?

A veces lamento que la mayoría de nosotros cita Romanos 8.38–39 sin pensar en todo el contexto del pasaje. Realmente no fluye como esperaríamos. Pablo comienza preguntando: «Si Dios está a favor de nosotros, ¿quién podrá ponerse en nuestra contra?» (v. 31, NTV). Dicho esto, *parece* que está sugiriendo que nada ni nadie puede oponerse a nosotros. Y luego prosigue preguntando: «¿Acaso hay algo que pueda separarnos del amor de Cristo? ¿Será que él ya no nos ama si tenemos problemas o aflicciones, si somos perseguidos o pasamos hambre o estamos en la miseria o en peligro o bajo amenaza de muerte?» (v. 35, NTV). Otra vez, *parece* que la respuesta tiene que ser: «¡Nada ni nadie!»

Pero se avecina un latigazo. De repente, el pasaje parece cambiar de rumbo. De la manera en que lo leo, se *siente* como si inmediatamente deberíamos leer sobre victoria, conquista, éxito, alegría y éxtasis. ¡Y cuánto me gustaría *eso*! Pero eso *no* es lo que Pablo escribe luego. En su lugar, la Biblia dice:

> Como dicen las Escrituras: «Por tu causa nos matan cada día; nos tratan como a ovejas en el matadero». (v. 36, NTV)

¿Enfrentar la muerte? ¿Ovejas en el matadero? ¿Se supone que esto me aliente? ¿Acaso esto *te suena* a victoria, conquista, éxito, alegría y éxtasis? A veces me he preguntado: *Si ese es el cuadro del éxito, ¿entonces cuál es el del fracaso? Si eso no representa la gente que está en contra de nosotros, espero que tampoco represente a la gente que está a favor de nosotros.*

¿No crees que esto *parece* interrumpir el fluir del mensaje de Pablo?

Se *siente* como un desvío.

Pero en realidad no es ni una interrupción ni un desvío. Porque entonces Pablo escribe: «Claro que no, *a pesar de todas estas cosas* —esto es, muerte, hambre, desnudez, espada y todo lo demás— nuestra victoria es absoluta por medio de Cristo, quien nos amó» (v. 37, NTV, énfasis añadido). Lo que él quiere decir es que aun cuando la gente se oponga a nosotros, aun cuando nos priven de alimento, nos desnuden, nos ataquen y nos maten, a pesar de todo eso, seguimos siendo «más que vencedores» *por medio de Cristo, quien nos amó*.

Quizás no se «siente» así pero, con todo, sigue siendo cierto. En tiempos de gran tristeza y tribulación, no es productivo ni negar ni ignorar tus sentimientos. ¡Pero tampoco tires la toalla! En lugar de esto, recuerda lo que Pablo dice aquí.

Ninguno de nosotros somos «vencedores» por nosotros mismos, y ni hablar de «más que vencedores». Bueno, los vencedores ganan batallas y algunas veces, guerras. Se apropian del territorio de otros... por algún tiempo. Y eso es lo mejor que pueden hacer.

Ser «más que vencedores» significa que haces más que ganar batallas, guerras y territorios temporeramente. Lo que ganas, lo ganas para siempre; y si estás conectado a Cristo, ganas *todo*, literalmente. No solo batallas aisladas o guerras solitarias o pedacitos de terreno (por algún tiempo), sino todo el tinglado, por la eternidad.

Y por encima de todo esto está el amor de Cristo. El intenso, inmutable y apasionado amor de Jesús.

En esta hermosa porción bíblica, Pablo mira hacia delante, lo que también tenemos que hacer nosotros. No tiene sentido de otra manera. Y así esperamos hasta el completo y absoluto cumplimiento.

Con nosotros a través del fuego

Mientras esperábamos en la unidad de cuidado intensivo el día después de la cirugía de Brent, nos preguntábamos cuál sería el diagnóstico que recibiríamos luego de la operación. Wendy, la mejor amiga de Jennalee desde sus años de colegio, nunca se apartó de su lado. Finalmente recibimos noticias de que Brent había salido bien de la cirugía.

Estas eran buenas noticias, pero todavía no teníamos el diagnóstico.

Nuestra espera tendría que continuar.

Tres días antes de Navidad, recibimos las noticias por las que habíamos esperado. El doctor de Brent confirmó que tenía un tumor cerebral (oligodendroglioma), grado 2: un cáncer bastante agresivo. ¡Qué difícil fue escuchar este diagnóstico! Todo lo que la familia había dado por sentado hacía apenas unas semanas antes cambió en solo unos momentos.

Aunque a la familia de Brent se le hizo muy difícil recibir estas noticias, él demostró una gracia y una paz excepcionales en medio de todo esto. Cuando este tipo de fuego toma tu agenda diaria y tu lista de quehaceres y las reduce a cenizas, lo «normal» simplemente desaparece de la mesa. Muchas cosas que solían parecer importantes se vuelven triviales y hasta tontas. Asuntos por los que antes te preocupabas ahora ni siquiera son un punto luminoso en el radar de tu mente.

Lo que queda es un tranquilo enfoque en lo que realmente importa.

Admiro a Brent y a Jennalee a medida que siguen caminando a través de estos días inciertos. Entre otras cosas, les admiro por su compromiso con la verdad: ellos irradian una absoluta confianza en Cristo, sin dorar la píldora, en lo más mínimo, sobre lo que está ocurriendo. Jennalee, una talentosa decoradora de interiores, había creado una hermosa casa para su familia; sin embargo, poco después de Navidad, decidieron ponerla a la venta para aliviar un poco la carga económica.

«Nuestro hogar está dondequiera que estemos nosotros cinco», escribió Jennalee en la página en Internet de la familia. «La casa no importa».

Aunque soy testigo de la constante batalla que enfrenta Brent, también veo resplandecer cada vez más la pureza de su fe. Es como si su oído hubiera sido afinado para escuchar a un Padre que jamás le quita sus ojos de encima y que nunca deja de decirle que le ama... oh, sí, ¡Él le ama, sin importar lo que puedan decir los resultados médicos! Brent sabe, en lo más profundo de su ser, que Dios permanecerá con él, no importa lo que se avecine. Y eso me lleva a la tercera cosa de la que podemos estar seguros cuando enfrentamos cualquier tipo de problema difícil:

3. *Dios estará contigo siempre y, sea lo que sea que tengas que enfrentar, te acompañará en el camino.*

Dos hermosos pasajes bíblicos vienen a mi mente de inmediato. He aprendido a confiar en la promesa de Hebreos 13.5–6 (NTV), y me aferro a ella con todas mis fuerzas:

> *«Nunca te fallaré. Jamás te abandonaré».*
> *Así que podemos decir con toda confianza:*
> *«El SEÑOR es quien me ayuda,*
> *por eso no tendré miedo.*
> *¿Qué me puede hacer un simple mortal?»*

Ya hemos visto este tipo de lógica en el pasaje de Romanos 8, cuando nos hablan del amor de Dios. El escritor pregunta: «¿Qué me puede hacer un simple mortal?» *¿En serio?* ¿Qué tipo de pregunta es esta? El hombre me puede hacer todo tipo de cosas. Me puede intimidar, insultar, amenazar. Se puede divorciar de mí, abusar de mí, abandonarme, lastimarme, mutilarme. Me puede llevar a la bancarrota, a la cárcel, me puede matar. Pero lo que no puede hacer, lo que jamás podrá hacer, es provocar que Dios me deje.

Nadie en el universo puede hacer eso.

Dios te promete: «Nunca te fallaré. Jamás te abandonaré», así que no tienes que preocuparte jamás y nunca por quedarte solo. Nunca estarás, ni ahora ni en la eternidad, completamente solo. Y cuando Dios dice que te ayudará, lo que quiere decir es que su presencia constante va más allá que simplemente ser un espectador. Significa que su mano omnipresente está ahí para tomarte, sostenerte y darte cualquier ayuda que necesites, justo hasta el momento en el que use esa misma mano para llevarte al cielo a vivir con Él eternamente.

Brent Trammel confía en esa promesa. Y su esposa. Y también sus hijos. Y ellos también dependen de la garantía divina, transmitida a través del profeta Isaías:

> *No temas, porque yo te redimí;*
> *te puse nombre, mío eres tú.*
> *Cuando pases por las aguas,*
> *yo estaré contigo;*
> *y si por los ríos, no te anegarán.*
> *Cuando pases por el fuego,*
> *no te quemarás, ni la llama arderá en ti.*
> *Porque yo Jehová, Dios tuyo,*
> *el Santo de Israel, soy tu Salvador.*
>
> (Isaías 43.1–3)

Algunos escépticos podrían considerar que estas palabras son meramente un truco mental —una muletilla emocional— para dar aliento a gente de fe, ingenua, que no tiene ningún otro aliento al alcance.

Así que se burlan.

Deja que se burlen.

Brent, Jennalee, Cole, Chase, Tate, Sheila Walsh y millones de seguidores de Cristo a través de los siglos saben que estas palabras son garantías irrefutables y divinas de que el Señor permanecerá con nosotros en todo y para siempre.

En todo.

Para siempre.

Aunque nadie se anotaría para pasar por una experiencia tan devastadora como la que ahora atraviesan los Tremmel, muchos que han pasado por el fuego y por las aguas crecidas cuentan cómo la presencia de Dios se ha vuelto ahora más dulce que nunca antes.

Tal vez a esto es a lo que nos referimos con «agridulce».

Una oración por ti

Mi querido lector, justo ahora hago una pausa para elevar una oración por ti. No conozco lo que enfrentas en este momento. Tal vez todo lo que puedes hacer es tratar de seguir pasando las páginas de este libro. Quizás estás atravesando por una temporada en tu vida en la que sientes que estás hecho trizas. Demasiadas exigencias para tu tiempo y tus energías, y justo cuando pareces tomar un respiro, otro golpe te hace perder el balance.

O, tal vez, es mucho peor que eso. Puede que estés viviendo la secuela de un desastre absoluto. En un momento, todo con lo que contabas y de lo que estabas seguro se hizo mil pedazos. Tu vida jamás será la misma.

La muerte de un cónyuge.

La muerte de un matrimonio.

La pérdida de un empleo.

¡Tantas cosas pueden sacudir los cimientos de nuestras vidas sin que nos anuncien que se están acercando! Tal vez usarías la palabra *acabada* para describir tu vida en este instante. La crisis podría ser financiera, de salud, en tus relaciones; pero con la misma certeza que el fuego destruye todo lo que encuentra a su paso, así es como te sientes ahora... devastado, solo, sacudido.

Jamás se me ocurriría tratar de minimizar tu dolor (por años, demasiadas personas han intentado hacerlo conmigo). Pero si te estás haciendo la pregunta que tantos me han hecho —¿De qué puedo estar seguro?— entonces ya conoces mi respuesta.

Nada de lo que nos ocurre sorprende a Dios, así que confía en Él en medio de tu dolor.

Dios te ama, y nada puede separarte de su amor.

Dios estará contigo siempre y, sea lo que sea que tengas que enfrentar, Él te acompañará en el camino.

¿Crees estas afirmaciones? Si es así, entonces PÁRATE en ellas. Párate sobre la Roca. Párate cuando se doblen tus rodillas y tus lágrimas caigan como lluvia. Párate cuando todo se desplome. Puedes hacerlo, y lo sé porque Jesús mismo continúa parado a tu lado y contigo. Siempre.

SIETE

LA HISTORIA DE DOS TERESAS

Sabiduría sometida a prueba para lidiar con el dolor persistente

Elizabeth —o Betty, como la conocen sus amistades— vive en una pequeña cabaña de piedra en Escocia. Acaba de cumplir ochenta y dos años y, desde que su esposo murió a los treinta y cuatro años, ha criado sola a sus tres hijos. Tal vez tenga ochenta y dos años, pero este año tiene tres cosas en su lista de regalos para Navidad: una bicicleta, un perro y un piano. Cada una de estas cosas grita su nombre y, a la misma vez, son tan improbables que me hacen sonreír.

Ella es mi mamá.

No estoy segura de cuándo exactamente dejó de ser para mí simplemente mi mamá y comencé a verla también como una mujer que ha pasado por sus propias tragedias y angustias. Cuando yo era pequeña siempre fui perfectamente consciente de que no tenía papá, pero nunca se me ocurrió que esto quería decir que mi mamá no tenía esposo. Sin embargo, muchas veces estuvimos dolorosamente conscientes de que nuestra pequeña familia difería de otras marcadamente.

Cada Nochebuena, por ejemplo, un diácono de nuestra iglesia llegaba con una enorme caja. Dentro encontrábamos un pavo acompañado de otros alimentos, y muchos regalos para mi hermano, mi hermana y para mí, chucherías que la iglesia sabía que mamá no podía comprarnos. A veces alguna de las amigas de mamá paraba por la casa y nos traía ropa y zapatos de segunda mano. Una pareja de nuestra iglesia le pagó a mi hermano adolescente las clases para aprender a manejar. No obstante, a pesar del agradecimiento por la bondad de nuestras amistades y familia, mi mamá aun así enfrentó muchísimas dificultades y soledad, como una viuda que nunca se volvió a casar.

Justo antes de sentarme a escribir este capítulo, llamé a casa y charlé un rato con mamá. Me la imaginaba sentada en su sillón favorito, frente al fuego. Durante nuestra conversación, me preguntó: «¿Sabes que han pasado cincuenta años desde que tu papá murió?»

Cincuenta años.

Eso es un largo tiempo para dar vueltas en la cama y recordar que estás sola. Un largo tiempo para aceptar invitaciones a cenar de tus amigos, sabiendo que vas a crear un número impar en la mesa. Un largo tiempo sin que nadie te bese o que el hombre que te ama te diga que eres hermosa. Un largo tiempo para criar a tres hijos sola, sin un compañero en el que te puedas apoyar cuando las cosas se ponen difíciles o para celebrar cuando todo marcha bien.

Mi mamá está envejeciendo y me preocupa que viva sola. ¿Se acordará de apagar todo antes de acostarse? ¿Se acordará de cerrar la puerta con llave antes de irse a la cama? Mi hermana, Frances, todavía vive en nuestra ciudad y va a casa de mamá todos los días. Me alegra mucho saber que ella está cerca, siendo que vivo tan lejos.

Pensé en mamá muchísimo la semana pasada cuando perdí mi anillo de bodas. No me preguntes por qué pero suelo ser bastante descuidada con las joyas y con las llaves del auto, y nunca puedo recordar dónde pongo las cosas. La mayoría de las veces digo que las cosas están «fuera de sitio» en lugar de decir que están «perdidas», porque tarde o temprano aparecen en los lugares más extraños.

Pero no ocurrió así en esta ocasión.

Recuerdo haber puesto el anillo junto a la cafetera. Recuerdo que Barry la movió y la puso al otro lado de la cocina, sobre unos papeles. Y luego... desapareció. Nuestra mejor conjetura fue que lo botamos con la basura.

Me sentí sumamente contrariada. ¿Cómo pude haber sido tan descuidada? Y luego pensé en mamá y me di cuenta que esto jamás le habría pasado a ella. Ella nunca se ha quitado su anillo de bodas desde el día que mi papá lo puso en su dedo. Veinte años después de la muerte de mi padre, la jefa de enfermeras de un hospital le dijo que tenía que quitarse el anillo antes de someterse a una operación de su vesícula.

Mamá la miró y le dijo: «Entonces va a tener que cortarme el dedo», porque ella no tenía ninguna intención de quitárselo. ¡Se lo cubrieron con cinta adhesiva!

La vida de mi mamá me recuerda que algunas heridas y dificultades pueden durar mucho, mucho tiempo, pero la fe y el amor pueden seguir brillando aun en la oscuridad. Su experiencia es un eco de muchas otras a lo largo de los siglos. Pienso particularmente en dos Teresas. Ambas son famosas para muchos, pero tristemente, con frecuencia han pasado inadvertidas para aquellos cuya única experiencia es la de las iglesias protestantes tradicionales. Yo crecí en Escocia, donde existe una marcada división entre las iglesias protestantes y las católicas romanas. Esta desconfianza data de los años oscuros en términos religiosos de nuestra historia y no nos permite ver lo que Dios continúa haciendo en las vidas de aquellos que lo aman a Él, sin importar la etiqueta que lleven. Conocí a estas dos mujeres por primera vez cuando era estudiante en el seminario, y sus historias —particularmente las porciones menos difundidas— han enriquecido mi vida. Mi oración es que enriquezcan también la tuya.

Madre Teresa: Fe y duda

El mundo conoce a Agnes Bojaxhiu como la Madre Teresa, una monja católica romana que fundó una orden llamada Las Misioneras de la Caridad en Calcuta, India. El mundo la recuerda como una abnegada defensora de los pobres y como la ganadora del Premio Nobel de la Paz en 1979.

Pero, usualmente, solo recuerda una parte de su historia.

A los doce años, Teresa creía que Dios la había llamado para ser misionera y proclamar el amor de Cristo. A los dieciocho se unió a las Hermanas de Loreto, y desde 1931 a 1948 enseñó en la Escuela Secundaria St. Mary en Calcuta. Pero en respuesta a las condiciones deplorables que vio en los barrios bajos del área, dejó su posición en la escuela y comenzó a ministrarles a los más pobres. Con el correr de los años, miles de mujeres jóvenes se unieron a su obra y hoy día la orden tiene alcance no solo en India, sino también en Asia, África y Latinoamérica; así como casas en Norteamérica, Europa y Australia, donde ministran a confinados, alcohólicos, personas sin hogar y pacientes de SIDA.

En agosto de 2007 —cerca de diez años después de su muerte el 5 de septiembre de 1997— un libro titulado *Ven, sé mi luz* llegó a los estantes de las librerías, causando algo de revuelo. En el libro aparece una colección de la correspondencia privada entre Teresa y sus «confesores» y superiores a lo largo de sesenta y seis años, que revelaba a una Teresa que casi nadie conoció. El libro creó tanta conmoción que la revista *Time* publicó un largo artículo que describía el libro y la reacción pública ante el mismo, titulado «La crisis de fe de la Madre Teresa».[15]

Teresa nunca quiso que nadie leyera sus cartas; ella pidió que fueran destruidas en su muerte. Pero su iglesia invalidó la petición, y el libro revela a una mujer de fe quien por casi cincuenta años luchó por sentir la presencia de Dios, *cualquier* tipo de presencia. En sus cartas hace continuas referencias a su «sequedad», «oscuridad», «soledad» y hasta «tortura». A uno de sus consejeros espirituales, ella le escribió: «Hablé como si mi corazón mismo estuviera enamorado de Dios con un amor tierno y personal. Si hubieras estado [allí], habrías dicho: "¡Cuánta hipocresía!"» Una nota sin fecha, dirigida a Jesús y escrita por petición de su confesor, dice esto:

> Señor, mi Dios, ¿quién soy para que me hayas abandonado? La hija de tu amor, y ahora me he convertido en la más odiada; esa a la que tú has tirado a un lado, indeseada, no amada. Llamo, me aferro, anhelo... y no hay uno que responda. Nadie a quien pueda aferrarme, no, Nadie. Sola... ¿Dónde está mi fe? Ni siquiera en lo más profundo hay nada, solo vacío y oscuridad. Mi Dios, ¡cuán doloroso es este dolor desconocido! No tengo fe. No me atrevo siquiera a pronunciar las palabras y los pensamientos que abarrotan mi corazón, y me hacen sufrir una agonía indecible.
>
> Tantas preguntas sin respuesta viven dentro de mí, con miedo a revelarse, debido a la blasfemia. Si existe un Dios, por favor, perdóname. Cuando trato de alzar mis pensamientos al cielo, siento un vacío tan acusatorio que esos mismos pensamientos regresan como cuchillos y me lastiman hasta el centro de mi alma. Me dicen que Dios me ama y, sin embargo, la realidad de esa oscuridad, frialdad y vacío es tan enorme que nada toca mi alma.

Tales palabras de desesperación —y muchas, muchas más como estas— dejaron pasmado al mundo que se había acostumbrado a escuchar a la Madre Teresa decir en público cosas muy distintas, como lo que dijo un año al acercarse la Navidad. En aquel momento ella dijo que esta festividad debía recordarle a todo el mundo que «el gozo radiante es real» porque Cristo está en todas partes, «en nuestros corazones, Cristo está en los pobres que conocemos, Cristo está en la sonrisa que ofrecemos y en la sonrisa que recibimos».

La mayoría de las personas jamás imaginó que Teresa también pudiera escribir en privado: «Un anhelo tan profundo de Dios, y... rechazada, vacía, sin fe, sin amor, sin fervor... El cielo no significa nada; ore por mí, por favor, para que pueda seguir riéndome con Él a pesar de todo».

¿Acaso era Teresa una hipócrita? ¿Decía una cosa en público pero creía otra muy diferente en privado? ¿O describe ella por nosotros (en una forma extrema) las «noches oscuras del alma» de las que muchos santos han hablado durante siglos? En 1951, Teresa escribió sobre Jesús y su pasión: «Yo quiero... beber SOLAMENTE de su cáliz de dolor», y parece que el Señor contestó a su oración de una manera en la que ella no esperaba, tal vez permitiéndole que echara un doloroso vistazo a una de las declaraciones más misteriosas del apóstol Pablo: «Ahora me gozo en lo que padezco por vosotros, y cumplo en mi carne lo que falta de las aflicciones de Cristo por su cuerpo, que es la iglesia» (Colosenses 1.24).

Uno de los consejeros espirituales de Teresa, el Rvdo. Joseph Neuner, le dio algunos consejos a la angustiada mujer que parecen haberla ayudado mucho. Él le dijo tres cosas. Primero, que no existía ningún remedio humano para su condición, así que no debía sentirse culpable por sus sentimientos. Segundo, que «sentir a Jesús» no era la única prueba de su presencia y que su anhelo por Dios representaba una «señal segura» de la «presencia escondida» de Cristo en su vida. Y tercero, que la ausencia percibida de Jesús era, de hecho, una parte importante del «aspecto espiritual» de su labor.

Más adelante, Neuner llamó a esto «la experiencia redentora en su vida» cuando Teresa «se dio cuenta que la noche de su corazón era la parte en común y especial que ella compartía en la pasión de Jesús». Teresa parece haber estado de acuerdo pues le escribió de vuelta a Neuner: «No puedo expresar con palabras la gratitud que le debo por su bondad hacia mí. Por primera vez en... años, he podido amar la oscuridad».

Ya casi al final, el escritor del artículo en la revista *Time* expresó su opinión diciendo que si Teresa «pudo perseverar por medio siglo sin Dios en su cabeza o en su corazón, entonces tal vez la gente menos santa que ella puede lidiar con versiones menos extremas del mismo problema». Y el deseo del Rvdo. Brian Kolodiejchuk, el compilador y editor de *Mother Teresa: Come Be My Light*, era que el libro pudiera ayudar a contrarrestar un problema que ya hemos mencionado: «La tendencia en nuestra vida espiritual, pero también en nuestra actitud más general hacia el amor, es que nuestros sentimientos lo son todo. Y por lo tanto, la totalidad del amor es lo que sentimos. Pero amar realmente a alguien requiere compromiso, fidelidad y vulnerabilidad. La Madre Teresa no estaba "sintiendo" el amor de Cristo y pudo haberse alejado. Pero ella estaba despierta a las 4:30 a.m. para estar con Jesús, seguía escribiéndole "Tu felicidad es todo lo que quiero"».

Ahora bien, como has llegado hasta aquí en este libro, me sospecho que conoces algo de lo que significa pasar por «la noche oscura del alma». Con mucha frecuencia, ella puede durar mucho más de las pocas horas en las que el sol desaparece cada día. Para algunos de nosotros, puede durar días, semanas, meses y, en algunos casos (como en el de Teresa), décadas.

Oro para que tu «noche oscura» no se extienda por tanto tiempo.

Oro para que el amanecer llegue pronto... que el más mínimo indicio de gris en el horizonte se convierta en un hermoso amanecer en tu vida.

Pero si la oscuridad perdura, también oro para que puedas meditar en otra de las declaraciones muy poco celebradas del apóstol Pablo: «Dios les ha dado a ustedes el privilegio de confiar en Cristo, y también de sufrir por él. Así que tendrán los mismos problemas que yo he tenido, y ya saben muy bien lo que he sufrido y estoy sufriendo» (Filipenses 1.29–30, TLA).

También te voy a pedir que medites en los últimos días de Juan el Bautista, después de que el rey Herodes lo arrestó y lo condenó a muerte. Allí sentado en la fétida y oscura celda de Herodes, las dudas comenzaron a hostigarlo y acosarlo. ¿Todo ese esfuerzo para nada? ¿Era Jesús en realidad quien él pensaba que era? ¿Se había equivocado en sus cálculos? En la oscuridad de su diminuta celda, Juan comenzó a dudar de su misión, su fe y su propio juicio. Así que envió a algunos de sus seguidores a preguntarle a Jesús: «¿Eres tú el Mesías que Dios prometió enviarnos, o debemos esperar a otro?» (Mateo 11.3, TLA). Recuerda, este es el mismo Juan que poco antes había afirmado a las multitudes, refiriéndose a Jesús: «He aquí el Cordero de Dios, que quita el pecado del mundo» (Juan 1.29).

El sufrimiento prolongado había convertido a Juan en presa idónea para el cuestionamiento. Quizás esperaba que el Mesías lo sacara de su celda y lo condujera al tan esperado reino. Pero día tras día, se veía sentado allí, en la oscuridad y el sucio, mientras que un rey malvado seguía con su celebración.

¿Recuerdas cómo respondió Jesús? Él no envió a alguien para amonestar a Juan: «¡Me has defraudado, Juan! La gente de fe no habla así. ¡Qué vergüenza! Y después te preguntas por qué estás todavía en prisión. Si tuvieras un poco más de fe, quizás trataría de sacarte de allí». Pero tampoco Jesús le envió a Juan una respuesta directa para su angustiosa pregunta: «Sí, querido primo, realmente soy el Mesías. Puedes contar con eso. ¡Soy el profetizado Salvador de Israel!»

En lugar de esto, les dijo a los hombres de Juan: «Regresen a Juan y cuéntenle lo que han oído y visto: los ciegos ven, los cojos caminan bien, los leprosos son curados, los sordos oyen, los muertos resucitan, y a los pobres se les predica la Buena Noticia» (Mateo 11.4–5, NTV). En otras palabras: «Muchachos, ustedes han visto los milagros y las obras que estoy haciendo. Juan sabe muy bien que todas estas cosas tienen el propósito de llevar a Israel al Mesías verdadero. Ustedes saben que ninguno de los profetas jamás sanó a un ciego, sin embargo, muchos ciegos han recibido la vista a través de mí».

Y luego Jesús dijo algo muy intrigante para terminar: «Dios bendice a los que no se apartan por causa de mí» (Mateo 11.6). Esta oración implicaba una sutil amonestación de parte del buen Pastor: «Juan, sé que te sientes desanimado. Sé que la vida no ha resultado como pensabas. Sé que no he hecho por ti lo que habrías deseado que hiciera. Pero aun en esa deprimente celda, y aun con la espada del verdugo sobre tu cabeza, quiero que sepas que eres un hombre bendecido. Sé que no lo *sientes* así. Sé que no se *ve* así. ¡Pero no dejes de tener fe en mí, Juan! No te rindas ahora. Solo unos cuantos pasos más y entonces te darás cuenta que todo valió la pena». Y tal vez la más conmovedora de todas las preguntas: «Juan, ¿podrás seguir amando a un Dios que no entiendes?»

Una vida de fe no implica que sea sin dolor.

Pero tampoco una vida de fe llena de dolor implica que no tenga alegría.

Teresa de Ávila aclara este punto igualmente válido.

Teresa de Avila: Dificultad y deleite

Aunque vivió hace unos cuatro siglos y medio, los escritos y las proezas de Teresa de Ávila [también conocida como Santa Teresa de Jesús, nota de la traductora] continúan inspirando hoy a muchas personas. Cuando pienso en Teresa, siempre recuerdo una de sus oraciones más cortas en sus también breves comentarios. Primero te voy a presentar el comentario.

Esta mujer, que se convirtió en Santa Teresa, nació en 1515 de una pareja de españoles prominentes y ricos. Su madre murió cuando ella era una niña y a los dieciséis años fue enviada a un internado. Durante los años finales de su adolescencia, Teresa no gozó de buena salud, pero también para ese tiempo, decidió que se convertiría en monja. En 1536 se unió al Convento de la Encarnación como novicia y pocos meses después tomó sus votos como Carmelita. Sin embargo, sus enfermedades continuaron y sufrió un periodo de parálisis. Para el 1542 se había recuperado físicamente, pero su salud espiritual había declinado. Más tarde dijo que se volvió espiritualmente tibia, que dejó la práctica de la «oración mental» y admitió que «con mucha frecuencia, a lo largo de un periodo de varios años, estuve más ocupada en desear que mi hora de oración terminara, y en escuchar cuando el reloj marcaba la hora, que en pensar en las cosas que eran buenas. Una y otra vez hubiera preferido sufrir cualquier penitencia severa que prepararme para la oración».[16]

Cuando los jesuitas llegaron a Ávila en 1555, Teresa le confesó al Padre Juan de Padranos que ella había tenido una visión del Cristo herido que le había cambiado la vida. «Esto marcó el comienzo de la vida mística de Teresa», escribe Clayton Berg, pero «también representó el comienzo de la oposición por parte de sus confesores y otras amistades que afirmaron que ella estaba poseída». Aun después que sus enseñanzas y prácticas recibieran el sello de aprobación oficial de la iglesia, la Inquisición le causó serios problemas; así y todo, ella escribió varios libros clásicos sobre la oración y la devoción, y levantó diecisiete conventos o fundaciones.

Se dice que un día, mientras Teresa trataba de montar un burro para un viaje, se cayó del animal y fue a parar a un charco de lodo. Según se dice, ella miró hacia el cielo y le dijo a Dios: «Así es como tú tratas a tus amigos, ¡con razón tienes tan pocos!»

La oración que tengo en mente es de este mismo género. En una ocasión ella oró: «De las devociones necias y los santos con rostros agriados, líbranos, oh Señor».

¡Amén! ¡Me encanta esta mujer!

Teresa escribió usando imágenes simples pero poderosas, la más conocida de todas es quizás la que está representada en su obra clásica

Castillo interior [también, *Las moradas*]. Ella utilizó la imagen de un castillo, como el retrato de la totalidad del alma. En el castillo, todo el ser experimenta a Dios por medio de su permanente presencia. Teresa veía posibilidades casi infinitas para una persona experimentar la majestad de Dios dentro de su vida interior y solitaria.

Teresa casi no tenía educación formal y aun así su iglesia le pedía constantemente que escribiera. Con frecuencia no se sentía apta para esa tarea. En la introducción a su *Castillo interior*, escrito poco después de su cumpleaños número dieciséis, ella escribió:

> Pocas cosas que me ha mandado la obediencia, se me han hecho tan dificultosas, como escribir ahora cosas de oración; lo uno, porque no me parece me da el Señor espíritu para hacerlo, ni deseo... Más sabe su Majestad que yo no pretendo otra cosa: y está muy claro, que cuando algo se atinare a decir, entenderán no es mío pues no hay causa para ello, sino fue tener tan poco entendimiento como yo habilidad, para cosas semejantes, si el Señor por su misericordia no la da.[17]

Esa humildad no fingida la acompañó hasta su lecho de muerte, donde repitió sus últimas palabras una y otra vez. Esas palabras son del Salmo 51.17, que dice: «Los sacrificios de Dios son el espíritu quebrantado; al corazón contrito y humillado no despreciarás tú, oh Dios». Con justa razón, por lo tanto, Clayton Berg puede decir que la «médula de la fuerza espiritual de Santa Teresa» se encuentra en estas palabras de su *vida*: «Venga lo que venga, lo mejor que podemos hacer es abrazar la cruz».

Una Teresa llamada Noemí

¿Cómo respondes a estas dos Teresas, separadas por siglos pero unidas en su devoción a Cristo, independientemente de sus tribulaciones, retos y desilusiones? Ninguna tuvo una vida fácil, ambas se fueron de este mundo enfocadas en la cruz de Cristo... un instrumento de tortura y muerte que, no obstante, nos brinda vida.

Ahora, en este momento, en medio de tus propias tribulaciones y desilusiones, ¿qué piensas de estas dos mujeres? ¿Te alientan? ¿Te preocupan? ¿Te inspiran? ¿Te asustan?

Para mí, no solo me señalan el camino para encontrar esperanza cuando esta parece perdida, sino que también me recuerdan a otra mujer, miles de años antes que cualquiera de ellas, que enfrentó y al final venció su propia dosis de terribles circunstancias. Juntas, estas mujeres (junto con mi mamá) me alientan a seguir adelante.

Estoy pensando en Noemí, la suegra de Rut (por quien lleva el nombre el corto libro de Rut en el Antiguo Testamento). Una hambruna obligó a Noemí, a su esposo y sus dos hijos a irse de Israel a un país extranjero; y allí, en aquella tierra pagana, Noemí los perdió a los tres. Todos los hombres de su vida murieron, uno detrás del otro, dejándola sola, desamparada y lejos del hogar.

Aquello era más de lo que Noemí podía soportar. No solo se le rompió el corazón, sino que su fe quedó también hecha trizas. Escucha la angustia en su voz cuando les dice a sus nueras viudas: «La situación es mucho más amarga para mí que para ustedes, porque el SEÑOR mismo ha levantado su puño contra mí» (Rut 1.13, NTV).

Y les dijo: «No me llaméis Noemí, sino llamadme Mara; porque en grande amargura me ha puesto el Todopoderoso. Yo me fui llena, pero Jehová me ha vuelto con las manos vacías. ¿Por qué me llamaréis Noemí, ya que Jehová ha dado testimonio contra mí, y el Todopoderoso me ha afligido?» (Rut 1.20–21).

Si alguna vez existió una mujer rota y desilusionada, esa era Noemí. Ya nada tenía sentido para ella. Había salido de Belén con un corazón henchido y joven, ahora regresaba con uno vacío y viejo. Todo lo que le habían enseñado y en lo que creía, lo había dejado enterrado con su esposo y sus dos hijos en un país extranjero. Así que decidió regresar a Belén, para vivir sus días restantes como una mujer rota y miserable.

¿Te puedes reconocer en esta historia? Sí, las circunstancias serán distintas, me doy cuenta de ello. Pero la devastadora desilusión es la misma. Todo lo que has creído y de lo que te has sostenido toda tu vida está hecho cenizas a tus pies, ya nada tiene sentido. Recuerdo haber conversado con una mujer que había enterrado a tres hijos. Inscrito en cada línea alrededor de sus ojos, veía su crudo dolor.

«Yo ya no oro», me dijo. «¿Para qué lo haría? Mis oraciones, mis lágrimas, mi súplica no conmueven a Dios».

Así mismo se sentía Noemí, traicionada y abandonada por Dios.

¿Es así como te sientes? ¿Acaso tus circunstancias han dado un giro tan drástico que te preguntas si Dios todavía te ve? ¿Te cuestionas por qué Dios parece responder a las oraciones de otras mujeres, pero de alguna manera parece que no puede escucharte, o que te ha dado la espalda? (La Madre Teresa en una ocasión le escribió a un confidente espiritual: «Jesús siente un amor especial hacia ti, [pero] en lo que a mí respecta, el silencio y el vacío son tan enormes, que miro pero no veo, oigo pero no escucho, la lengua se mueve [en oración] pero no habla».) ¿Has sentido alguna vez que las circunstancias de tu vida hablan de la desaprobación de Dios hacia ti?

Lo que Noemí no podía saber era que independientemente de todas las apariencias externas, independientemente de sus desgarradoras circunstancias, independientemente de cómo lucían las cosas o cómo se sentía, Dios no la había abandonado. No la había desamparado. No le había dado la espalda. Aunque arrastraba sus pies en el camino a Belén, su regreso a casa no sería nada como ella lo había imaginado. La aflicción no seguiría a la aflicción, tal como su corazón le había dicho. Los regalos de una familia, un hogar, hijos y un amor duradero muy pronto la sorprenderían y llenarían el resto de su vida con alegría. Noemí sería sorprendida por la felicidad.

Pero no había manera de que ella supiera esto en su largo camino de vuelta a casa. No podía darse cuenta de cómo Dios había estado trabajando tras bastidores, orquestando eventos que le traerían a Noemí la paz, el gozo y el corazón desbordante que ella no podía imaginar en aquel momento. Él *sí estaba* contestando sus oraciones, aunque no de la forma en que ella esperaba.

Aun cuando no pudiera verlo.

Aun cuando no pudiera creerlo.

Si conoces su historia, entonces recuerdas que tiene el más feliz y espectacular de los finales. A través de una serie de sucesos milagrosos y coincidencias divinas, la nuera de Noemí, Rut, conoce y se enamora de Booz, un pariente de Noemí. De muy buena gana, Booz se convierte en el «pariente-redentor» de Rut, casándose con ella, y así conserva el nombre de la familia y restablece los derechos de propiedad y su lugar en la sociedad. No solo Rut fue amada y protegida, sino que Noemí también disfrutó de esa protección y ese amor por el resto de su vida. Esta no es simplemente una de las mejores historias de amor de todos los tiempos (si todavía no la has leído, ¡hazlo por favor!), sino que también es un hermoso cuadro del amor de Cristo —nuestro Pariente-Redentor— y todo lo que ha hecho por nosotros, su Novia. De hecho, con el nacimiento del hijo de ambos, Obed, Booz y Rut vienen a formar parte del linaje de Cristo; antepasados en su árbol familiar.

Muchos de los detalles en la historia de Noemí hablan a mi vida. Primero, Dios había permanecido fiel a Noemí, independientemente de que ella lo viera, lo sintiera o lo creyera. *Su falta de fe no evitó que Él le mostrara bondad y gracia.* No evitó que Él cumpliera sus planes para ella. Nuestro paciente Dios tuvo compasión de ella. No la castigó ni terminó con su vida a causa de las acusaciones que había hecho en su contra o las cosas que había dicho que denotaban falta de fe. Como escribiría un día su tataranieto David: «No nos castigó como merecían nuestros pecados y maldades» (Salmo 103.10, TLA).

La amargura de Noemí no le permitía ver el constante regalo de la presencia de Dios, su paz y su consuelo en medio de sus pruebas. Ella permitió que la miseria opacara la tierna y compasiva voz de Dios. Pero aun así, la alegría —y los nietos— llegaron a ella al final: «Cuando nació el niño, las mujeres de Belén le decían a Noemí: "Bendito sea Dios que hoy te ha dado un nieto para que cuide de ti. Dios quiera que cuando el niño crezca llegue a ser muy famoso en todo Israel. Él te hará muy feliz, y te cuidará en tu vejez, porque es hijo de tu nuera Rut. Ella vale más que siete hijos, porque te ama mucho y ha sido muy buena contigo". Noemí abrazó al bebé con mucho cariño, y desde ese día se dedicó a cuidarlo» (Rut 4.14–16, TLA).

Ese bebé creció para ser el padre de Isaí, que a su vez creció para ser el padre de David, el rey más celebrado en la historia de Israel y el hombre en quien todo el pueblo pensó durante siglos cuando llamaron a Jesús «el Hijo de David».

El momento decisivo

¿Cómo estás respondiendo ante el quebranto en tu vida? ¿Te encuentras en una encrucijada, en un momento decisivo? Tal vez es momento de que tomes una decisión, que hagas una declaración: que Dios es Dios —*tu* Dios— y que no hay vuelta atrás para ti. Rut tomó esta decisión en el momento más oscuro de su vida. Creo que las decisiones espirituales más profundas y las que alteran nuestras vidas, se toman casi siempre en la oscuridad.

Yo también he estado parada en ese camino. Tal vez, por primera vez, quieras unirte a millones de personas a lo largo de los siglos que hemos decidido escoger a Dios en medio de nuestro quebranto, en medio de nuestro dolor y nuestro sufrimiento. Juntas —mi mamá, las Teresas, Rut y muchísimas otras— decimos: «Dios, tú eres mi Dios. Te seguiré y no daré marcha atrás, porque no hay nada más para mí en esta vida. ¡No hay vida fuera de ti!».

Esto, también, es el regalo del quebranto. Nos revela la única alternativa real, la única decisión verdadera que tenemos.

El pastor alemán llamado Dietrich Bonhoeffer tomó esa decisión hace más de sesenta años. Un pacifista convencido, decidió en medio de la Segunda Guerra Mundial que tenía que hacer algo para que su tierra natal, y el mundo, se deshicieran del malvado Adolfo Hitler. Así que se unió a una conspiración para asesinar a Hitler, y cuando el atentado falló, él y los otros involucrados en el plan fueron arrestados y encarcelados. Los nazis lo ahorcaron (usando las cuerdas de un piano) unos días antes de que los aliados liberaran el campamento donde estaba cautivo.

En algún momento durante su encarcelamiento, Bonhoeffer escribió un poema titulado «¿Quién soy?» A pesar de que luchó con la idea de conocerse a sí mismo, tenía una firme convicción del elemento más importante de su verdadera identidad. Si puedes hacer tuyo el último verso, entonces tú también podrás levantarte por encima de tus dificultades, sin importar las que puedan ser.

¿QUIÉN SOY?

¿Quién soy? Me dicen a menudo
que salgo de mi celda sereno,
risueño y firme,
como un noble de su palacio.
¿Quién soy? Me dicen a menudo
que hablo con los carceleros
libre, amistosa y francamente,
como si mandase yo.
¿Quién soy? Me dicen también
que soporto los días de infortunio
con indiferencia, sonrisa y orgullo,
como alguien acostumbrado a vencer.

¿Soy realmente lo que los otros dicen de mí?
¿O bien solo soy lo que yo mismo sé de mí?
Intranquilo, ansioso, enfermo, cual pajarillo enjaulado,
pugnado por poder respirar,
como si alguien me oprimiese la garganta
hambriento de colores, de flores, de cantos de aves,
sediento de buenas palabras y de proximidad humana,
temblando de cólera ante la arbitrariedad y el menor agravio,
Agitado por la espera de grandes cosas,
Impotente y temeroso por los amigos en la infinita lejanía,
Cansado y vacío para orar, pensar y crear,
Agotado y dispuesto a despedirme de todo.

¿Quién soy? ¿Éste o aquel?
¿Seré hoy éste, mañana otro?
¿Seré los dos a la vez? ¿Ante los hombres, un hipócrita,
y ante mí mismo, un despreciable y quejumbroso débil?
¿O bien, lo que aún queda en mí se asemeja al ejército batido
Que se retira desordenado ante la victoria que creía segura?
¿Quién soy? Las preguntas solitarias se burlan de mí.
Sea quien sea, tú me conoces, tuyo soy, ¡Oh, Dios!

Ocho

Amor tenaz y gracia de noche de brujas

Por qué el obstinado compromiso de Dios contigo viene con sorpresas

Según un cuento popular, había una vez tres pequeños árboles, todos con grandes sueños. El primero soñaba con ser tallado en forma de un cofre precioso y ornamentado que guardara el mayor tesoro jamás visto por el mundo. El segundo soñaba con ser convertido en un gran barco que navegara los Siete Mares. El tercer árbol no quería alejarse de su hogar en la cima de la montaña. «Quiero crecer tan alto que cuando la gente se detenga a verme», decía, «levanten sus ojos al cielo y piensen en Dios».

Un día, cuando los retoños ya habían crecido hasta convertirse en árboles fuertes y altos, tres leñadores subieron a la montaña. Mientras cortaban el primer árbol, este casi no podía contener su emoción... simplemente supo que pronto cumpliría su destino. Pero en lugar de un elaborado cofre, los carpinteros lo transformaron en una caja ordinaria donde ponían el alimento para los animales de la granja. El árbol se sintió amargamente desilusionado.

El segundo árbol sí terminó siendo un barco, pero no del tipo que se sube a la cresta de las olas en los océanos majestuosos. Se convirtió en un sencillo barco de pesca, que navega en un lago... para nada la materia de la que están hechas los sueños.

El tercer árbol, para su espanto y desilusión, también fue cortado, fue cortado en varias vigas de madera, y luego fue dejado a un lado, acumulando polvo, en un depósito de madera. «Todo lo que siempre deseé fue permanecer en la montaña y señalar hacia Dios», se quejó.

El tiempo pasó y los tres árboles se olvidaron de sus sueños, hasta una noche cuando una jovencita colocó a su bebé en la caja de donde comían los animales... y el primer árbol supo que realmente había guardado el mayor tesoro de la tierra.

Otra noche, un hombre cansado y sus amigos se subieron en un pequeño barco de pesca. Llegaron a la mitad de su travesía y entonces, una fuerte tormenta los sorprendió y parecía que el barco se iba a romper en pedazos. El hombre cansado se puso de pie y dijo: «Paz, tranquilos». El segundo árbol supo entonces que llevaba a bordo al Rey de los cielos y la tierra.

Un viernes en la mañana el tercer árbol sintió que tiraban de él y lo sacaban de entre el montón de madera, y lo arrastraban por las calles de la ciudad, donde multitudes gritaban insultos. El árbol se sintió cruel y feo cuando se dio cuenta que se había convertido en un instrumento de tortura. Unos soldados clavaron las manos y los pies de un hombre a sus vigas de madera. Pero el domingo en la mañana, cuando el sol salió y la tierra tembló de alegría, el árbol se paró con la frente en alto, sabiendo que desde ese momento en adelante siempre señalaría a las personas hacia Dios.

Me encanta esta simple historia porque me recuerda que Dios tiene buenos planes para nosotros *que simplemente no podemos visualizar.* Nuestra experiencia en la vida y lo que esperamos experimentar en ella, a veces viven tan separadas entre sí que la enorme distancia no lleva a dudar del amor y la gracia de Dios.

¿Recuerdas la historia de Noemí en el capítulo anterior? Ella ya se había cambiado el nombre a *Mara* —Amarga— creyendo que ya nada podría redimir su vida, nada podría redimir su esperanza, su propósito y su alegría.

Esto fue antes de que cierto familiar redentor se metiera en su vida... y cambiara todo.

De alguna forma, estamos convencidos que amor significa que nos den lo que imaginamos que necesitamos, y que gracia significa nunca recibir lo que no deseamos. Como resultado, concluimos que si no recibimos lo que queremos pero sí obtenemos lo que nunca deseamos, entonces realmente Dios no nos ama, y su gracia no nos cubre realmente.

¿Acaso tú y yo, entonces, malinterpretamos o, tal vez, juzgamos equivocadamente lo que Dios es en nuestras vidas?

Seguro que lo hacemos.

Más que amor incondicional

Nuestra generación ha crecido con la idea del «amor incondicional de Dios». Aunque la frase no aparece en la Biblia, casi parece que nadie puede hablar del «amor de Dios» hoy sin añadir el adjetivo «incondicional». La idea tal vez no sea inspirada, pero ciertamente se ha vuelto muy arraigada.

Estoy muy segura de que entiendo por qué usamos la frase y por qué se ha vuelto tan popular. En realidad, ella intenta proyectar una verdad bíblica crucial y hasta fundamental: cuando Dios nos cubre con su amor y nos adopta como parte de su propia familia, su amor permanece sobre nosotros sin importar lo que ocurra ni lo que podamos hacer. Él nos ama con amor eterno y «eterno» significa que su amor no sufre altibajos como ocurre con frecuencia con el nuestro. Su amor *permanece.*

Vemos esta verdad incomparable expresada una y otra vez en las Escrituras, tanto en el Antiguo como en el Nuevo Testamento.

- Abraham, el «hombre de fe», miente sobre su esposa para salvar su pellejo (no una vez, sino dos, y con muchos años de por medio), y aun así Dios lo convierte en una gran nación, a través de la cual viene el Mesías.
- Moisés mata a un hombre y desobedece públicamente a Dios ante todo Israel y, sin embargo, miles de años después se presenta junto a Elías en la Transfiguración, alentando a Jesús, al enfrentar su propio e inminente juicio.
- David comete adulterio y trata de encubrirlo con un asesinato, y aun así Dios le sigue amando y continúa protegiendo su linaje familiar hasta la aparición de Jesús, «el Hijo de David».
- Pedro niega al Señor tres veces y, no obstante, Dios lo usa para ayudarle a dirigir la iglesia de Cristo.

En algún momento, examina la lista del «Salón de la Fama de la Fe» en Hebreos 11, y mira cuántos de ellos tienen récords mucho menos que «estelares». (¿Jefté recibe la medalla de oro de Hebreos 11? ¿Cómo va a ser? *¿Jefté*? El hombre que hizo un juramento imprudente y absurdo que condenó a su alegre y amada hija? Lee su historia en Jueces 11.) ¡Esto no es otra cosa sino buenas noticias para las personas rotas!

Y es precisamente por esto que no pienso que amor «incondicional» le haga justicia al amor de Dios.

Me preocupa que por usar constantemente la frase —y rara vez explicando lo que queremos decir al usarla— le hemos quitado su fuerza original. Hoy la gente la escucha y tiende a pensar que cuando pecan contra el Señor, responderá: «¡Ah, está bien! No te preocupes. Yo te amaré de todas maneras», cuando creo que en realidad responde algo más parecido a: «Te amaré por siempre y por eso es que *no está bien*».

Para mí, la razón por la que uso el término *amor incondicional* menos y menos en estos días se resume en su tono anémico y desapasionado. La palabra *incondicional* me parece muy fría, muy distante, muy clínica y carente de emoción. Me suena como un puro señalamiento legal. Imagina que un prisionero que ha estado en la cárcel por mucho tiempo finalmente recibe su libertad incondicional. Sabemos que el ex presidiario celebra; podemos imaginarlo. Pero, ¿qué tal el alcaide? No puedo hacerme una imagen mental de él cantando o bailando de alegría. Es mucho más probable que tenga una expresión aburrida y adusta en su rostro mientras firma mecánicamente los documentos legales requeridos para la liberación. Él no tiene ninguna inversión emocional en la liberación del preso. Él simplemente está haciendo su trabajo.

¡Y ese *no* es el cuadro del amor de Dios para las personas rotas! Nuestro Dios ama con pasión, con fuego, con una fuerza que hace vibrar nuestros huesos. Su furiosa emoción nos consumiría si su amor no nos protegiera de su completa intensidad.

Hace años, leí sobre un hombre que abandonó su iglesia por una razón sorprendente. Lo leímos en el libro *El evangelio de los andrajosos*, de Brennan Manning. Escucha cómo este hombre rechazó «a Dios, el chivo expiatorio de color pastel, que promete que nunca va a llover sobre nuestra parada»:

> Un pastor al que conozco recuerda una clase dominical una mañana en su iglesia en la que estaban estudiando Génesis 22. En este pasaje, Dios le ordena a Abraham que lleve a su hijo Isaac al monte Moriah y que lo ofrezca allí en sacrificio. Después de que el grupo leyó el pasaje, el pastor les presentó algo del trasfondo histórico de este periodo en la historia de la salvación, incluyendo la costumbre del sacrificio de niños entre los cananeos. El grupo escuchaba en incómodo silencio.
>
> Entonces el pastor preguntó: «Pero, ¿qué significado tiene esta historia para *nosotros*?»
>
> Un hombre de mediana edad expresó su opinión. «Le diré lo que esta historia significa para mí. He decidido que mi familia y yo vamos a buscar otra iglesia».

> El pastor estaba sorprendido. «¿Qué? ¿Por qué?»
>
> «Porque», dijo el hombre, «cuando miro a ese Dios, al Dios de Abraham, siento que estoy cerca de un Dios *real*, no del tipo de Dios solemne, metódico, miembro del Club Rotario del que charlamos aquí los domingos en la mañana. El Dios de Abraham podía hacer pedazos a un hombre, darle un hijo y luego quitárselo, pedirle cualquier cosa a una persona y luego pedirle más. Quiero conocer a *ese* Dios».

Y luego Manning escribe:

> El hijo de Dios sabe que una vida de gracia le llama a él o a ella a vivir en una fría y ventosa montaña, no en un llano de religión razonable y moderada.
>
> Porque en el centro del evangelio de la gracia, el cielo oscurece, el viento aúlla, un joven sube otro Moriah en obediencia a un Dios que exige todo y no se detiene ante nada. A diferencia de Abraham, él lleva una cruz en su espalda en lugar de leña para el fuego… como Abraham, va escuchando a un Dios audaz e incansable que hará de las suyas con nosotros, sin importar el precio.[18]

El amor de Dios por nosotros no es meramente «incondicional», sino audaz, ventoso y hasta aúlla. Exige todo. No se detiene ante nada. En una palabra, es *tenaz*.

Esto me recuerda un famoso pasaje en *El león, la bruja y el armario*, donde C.S. Lewis nos presenta a Aslan, un gran león que representa a Jesucristo mismo. Antes de que los jóvenes protagonistas conozcan a Aslan por primera vez, les hacen preguntas sobre él a unos animales que hablan y que viven en la tierra encantada de Narnia. Escucha su conversación (el señor Castor comienza):

—¿Acaso no saben quién es el Rey de las bestias? Aslan es un león; *el* León, el gran León.

—¡Aah! —dice Susan—, pensaba que era un hombre. ¿Es del todo seguro? Me sentiría algo nerviosa conociendo a un león.

—De eso no hay duda, querida, no te equivoques —dijo la señora Castor—. Si existe alguien que pueda pararse frente a Aslan sin que le tiemblen las rodillas, entonces es más valiente que la mayoría o simplemente un tonto.

—Entonces, ¿no es del todo seguro¿ —preguntó Lucy.

—¿Seguro? —respondió el señor Castor—. ¿No escuchaste lo que dijo la señora Castor? ¿Quién está hablando de seguro? Por supuesto que él no es seguro. Pero es bueno. Él es el Rey, te lo aseguro.[19]

Ya casi al final del libro, luego de que Aslan salva a Narnia de una bruja malvada y repara todo lo que la había salido mal, el gran León se va inadvertidamente. Los hombres y las bestias lo buscan, pero había desaparecido. Entonces Lewis hace que sus jóvenes héroes recuerden una conversación previa que habían tenido con el señor Castor acerca de Aslan. «Él va a ir y a venir. Un día, le verán y otros días no lo verán. A él no le gusta estar amarrado. Y claro, él tiene que atender a otros países también. Pero eso está muy bien. Él nos visitará con frecuencia. Simplemente no deben presionarlo. Él es salvaje, ¿saben? Él no es como un león *domesticado*».[20]

A muchos de nosotros nos encanta recordar esas escenas inolvidables y hasta reflexionar en cómo Jesús —nuestro Aslan— no es ni seguro ni domesticado. Pero entonces, cuando las dificultades de la vida nos arrasan como un tornado en Texas, y no podemos ver a Jesús en medio de la estela de la devastación, nuestro espíritu se desploma. Nos preguntamos dónde está, porqué parece haberse escondido y si, después de todo, Él realmente nos ama. Y tal vez comenzamos a desear que su «estado salvaje» fuera un poco más... digamos, seguro. Y escuchar a Dios sobre el «incondicional amor» de Dios en medio de esas circunstancias, en mi experiencia, no ayuda mucho.

Pero, ¿qué tal si viéramos su amor como *audaz*?

Richard J. Vincent, un conocido escritor de blog en la Internet, escribió que «el amor tierno y bondadoso de Dios no es del tipo tonto y sentimental... Al contrario, es un amor fuerte. Es un amor tenaz, una fuerza positiva que conquista el pecado, la maldad y la muerte. Es una pasión que arde para vencer al mal con bien. Es un compromiso inalterable por el bien de otro, aun cuando ese otro pueda ser tu enemigo. Es un amor que no se coloca ni a él mismo ni a las cosas en el centro de la vida, sino que se entrega a sí mismo con alegría. Es un amor tan arraigado en los demás, que entrega su vida por otros, solo para encontrarla otra vez».[21]

Echa otro vistazo al versículo más famoso en la Biblia: Juan 3.16.

Si algún versículo parece «seguro», tiene que ser este. ¿Acaso no es el que les enseñan a los niños antes de que siquiera se hayan aprendido el abecedario?

Todos los que tenemos algún trasfondo cristiano, conocemos este versículo tan bien y lo citamos tan a menudo que bien podría estar inscrito en plástico. Se siente tan seguro y familiar como nuestra bata de baño favorita o un viejo par de zapatillas. Como resultado, tendemos a olvidar la profundidad de la pasión divina que refleja.

Porque de tal manera amó Dios al mundo, escribió Juan, *que ha dado a su Hijo unigénito*.

Detente aquí por un momento. ¿Cómo fue que Dios «dio» a este Hijo unigénito? Él lo dio, no como un regalo reluciente debajo del árbol, sino como un indefenso ser humano que vino a la tierra a morir. Dios nos dio a Jesús sabiendo que le íbamos a escupir, a abofetear, a burlarnos de Él, a arrancar sus barbas, a desgarrar su espalda con pedazos puntiagudos de hueso y metal, a enterrarle una corona de espinas en su frente, a clavar una lanza en su cuerpo inerte. Esto no es amor «incondicional»; este es un amor tenaz, escrito en letras elevadas más allá de nuestra capacidad de leer o comprender a cabalidad.

Si todavía dudas de la magnitud del apasionado y tenaz amor de Dios, entonces vuelve a leer lo que Él piensa de aquellos que desechan el hecho de que fue capaz de hacer lo imposible para que así pudiéramos ser salvos:

> Pues todo el que rehusaba obedecer la ley de Moisés era ejecutado sin compasión por el testimonio de dos o tres testigos. Piensen, pues, cuánto mayor será el castigo para quienes han pisoteado al Hijo de Dios y han considerado la sangre del pacto —la cual nos hizo santos— como si fuera algo vulgar e inmundo, y han insultado y despreciado al Espíritu Santo que nos trae la misericordia de Dios. Pues conocemos al que dijo: «Yo tomaré venganza. Yo les pagaré lo que se merecen». También dijo: «El SEÑOR juzgará a su propio pueblo». ¡Es algo aterrador caer en manos del Dios vivo! (Hebreos 10.28–31, NTV)

Este no es un pasaje para tomar a la ligera. Estas no son palabras que reflejan a una deidad distante e insensible. Al contrario esta porción bíblica se hace eco del corazón de un Dios que ama tenazmente a los suyos, y que hará lo indecible para darles la forma de seres humanos que se parezcan a su amado Hijo.

Y todo esto nos lleva a hacer una pregunta muy difícil.

Y es la siguiente: ¿Acaso suponemos que el Dios viviente —Aquel al que el escritor de Hebreos luego llama «un fuego consumidor»— ama a su único Hijo *menos* que a nosotros?

No —dices—, seguro que no.

Pero si Dios ama a su Hijo más de lo que podemos concebir, y aun así su amor tenaz lo movió a sacrificar a ese Hijo amado en nuestro favor, entonces, ¿qué implica esto para *nosotros*? ¿Qué podría pedirnos a *nosotros* ese mismo amor tenaz para proclamarles al mundo y a los ángeles que Dios mismo es el mayor de todos los tesoros? ¿Podemos decir de manera definitiva que el dolor, las pruebas, las dificultades o las tragedias que enfrentamos simplemente se pasan de la raya, son demasiado... y por lo tanto significan que Dios *realmente* no nos ama?

La cruz grita: «¡No!»

La verdad es que simplemente no podemos saber en un particular qué, a fin de cuentas, es lo que tiene Dios entre manos, de la misma manera que tampoco lo sabían los tres árboles de la fábula.

¿Pueden ir mal las cosas?

Sí.

¿Pueden empeorar?

Sí.

¿Significa eso que el amor tenaz de Dios por nosotros ha desaparecido?

No, no, no.

El autor y maestro Steve Brown sabe muy bien de qué estoy hablando. Él posee un maravilloso sentido del humor y, me parece, que una profunda comprensión del amor tenaz de Dios. En su libro *A Scandalous Freedom* [Libertad escandalosa], Steve termina un capítulo titulado «El dolor que evitamos... y la realidad que nos libera» con una historia sobre pérdida. Si bien es cierto que la cuenta en su típico estilo algo irónico, al final hace una importante aplicación.

Steve describe cómo sobrevivió al Huracán Andrew, en 1992, una de las tormentas más destructivas en la historia de Estados Unidos. Él y su esposa intentaron esperar la llegada del huracán en su casa, pero como casi todo el mundo, no se percataron del poder de ese furioso monstruo. Aunque habían hecho todo lo posible para protegerse, él admite, «ni siquiera nos acercamos a lo que era necesario».

Mientras Steve y su esposa estaban de cuclillas en el clóset de su cuarto, se dieron cuenta que podían morir. Escucharon árboles estrellándose contra su casa, el techo se fue volando y, al final, el resto de la casa se desmoronó a su alrededor. «Fue realmente terrible», escribe Steve, «pero todavía hay más».

Luego de perder muchas de sus posesiones en el huracán, un contratista deshonesto les robó $60,000, y otros contratistas pusieron gravámenes por $15,000 sobre lo que quedaba de su casa... $75,000 que ellos no tenían. «Fue realmente terrible», escribe Steve, «pero todavía hay más».

En el ínterin, se quedaron en un pequeño apartamento y, un día, cuando Steve salió al estacionamiento descubrió que alguien se había robado su auto. «Fue realmente terrible», escribe Steve, «pero todavía hay más». (¿Puedes ver el patrón en esto?)

Para aquel mismo tiempo, unos doctores le dijeron a Steve que a su mamá le quedaba muy poco tiempo de vida. Como los Browns ya no tenían casa, no podían traerla a vivir con ellos, así que se mudaron a la casa de su mamá en las montañas de Carolina del Norte para cuidar de ella hasta que falleciera. Steve se llevó una pequeña grabadora y preparaba su transmisión radial diaria desde el pórtico trasero de la casa de su anciana madre.

Hasta aquel momento en su vida, Steve decía, había disfrutado de una vida relativamente fácil y nunca había tenido que enfrentar una tragedia devastadora. Aunque sí predicaba en ocasiones sobre el dolor y el sufrimiento, sentía que sus palabras sonaban vacías. Y aunque Steve llamaba a todo el complejo de eventos «una experiencia terrible», decía que había sido «también maravilloso». Su madre cristiana pudo despedirse de sus amistades y familia, dar consejos a sus nietos, orar muchísimo y hasta contar chistes. «¡Ah, sí!», escribe, «hubo lágrimas, dolor y temor».

> Pero en medio de toda esta tragedia, Dios vino. Y al enfrentar todo aquello, descubrimos una libertad y una alegría inmensurables y emocionantes que nunca antes habíamos conocido.
>
> No era la libertad del cristiano que pretende que todo está bien cuando no lo está. Era la libertad que solo conocen los creyentes que han encarado el dolor y la tragedia. Era la libertad de Jesús que, cuando lo hemos perdido todo, nos invita a reír, a bailar, a cantar en su presencia, sabiendo que nada jamás nos separará de Él y de su amor.

Ya esto es suficientemente bueno. Pero entonces Steve añade una perla de sabiduría final: «El dolor no es algo que le gusta a la mayoría de la gente. Por eso es que nos alejamos de él lo más rápido posible. Y es también por eso que no somos libres. Jesús difícilmente va a esos lugares a los que huimos».[22]

¿Estás huyendo? ¿El dolor te tiene huyendo a... sabrás Dios dónde? No puedo explicar por qué Dios ha permitido esa circunstancia difícil en tu vida. No estoy segura si te ayudaría el que lo supiera y te lo dijera.

Pero de lo que sí estoy segura es que Dios te ama con una ferocidad que desafía cualquier descripción. No es un amor del tipo que «dora la píldora». No es un tipo de amor romántico ni de novela. Ni siquiera es el tipo de amor llamado «incondicional». Su amor es *tenaz*, feroz.

Y ese amor tenaz —un amor obstinado que arde en las puertas mismas del Edén— te llevará de vuelta a casa.

La gracia de la espada encendida

Los últimos versículos de Génesis 3 han tenido un profundo impacto en mi vida. Solía leerlos como una especie de juicio, pero ahora los veo como unos versículos llenos de gracia de parte de un Dios que nos ama tenazmente. Titulé este libro *Dios ama a las personas rotas* porque ese es el tema en mi vida y la experiencia de mi corazón. Solía ver el quebranto como una mala noticia, pero ahora debido a la extravagante gracia de Dios, lo veo como un profundo y asombroso regalo. Y Génesis 3.22–24 me enseña esta verdad:

> Y dijo Jehová Dios: He aquí el hombre es como uno de nosotros, sabiendo el bien y el mal; ahora, pues, que no alargue su mano, y tome también del árbol de la vida, y coma, y viva para siempre. Y lo sacó Jehová del huerto del Edén, para que labrase la tierra de que fue tomado. Echó, pues, fuera al hombre, y puso al oriente del huerto de Edén querubines, y una espada encendida que se revolvía por todos lados, para guardar el camino del árbol de la vida.

¿Puedes ver la gracia en este pasaje?

«Bueno, Sheila», tal vez respondas, «no exactamente. ¿Cómo estos querubines centinelas y una espada de fuego ardiente pueden mostrar gracia?»

La respuesta está ahí, en ese versículo: *Ahora, pues, que no alargue su mano, y tome también del árbol de la vida, y coma, y viva para siempre.*

¿Te puedes imaginar que habría pasado si Dios les hubiera permitido a nuestros primeros padres caídos quedarse en el jardín y comer del árbol de la vida? Sí, habrían vivido para siempre... para siempre rotos. Eternamente miserables. Arruinados por la culpa. Temerosos. Y vacíos... oh, sí, muy vacíos. Su «vida» eterna se hubiera convertido en un infierno eterno, lleno de pena, vergüenza, amargura y remordimiento. Y a medida que pasaran los siglos y los milenios, se hubieran seguido escondiendo de Dios y culpándose entre sí por su dolor.

Luego piensa, ¿cómo se habrían sentido al ver a sus hijos, nietos y tatara-tatara-tatara nietos siguiendo el ejemplo de ellos y caer en pecado y corrupción? ¡Habría sido la historia de Caín y Abel repitiéndose una y otra vez, un billón de veces!

¿La muerte física, un regalo de gracia? ¡Seguro que sí! ¿Si no mueres, entonces cómo podrías nacer otra vez?

Le llamo a este tipo de gracia, «gracia de noche de brujas», porque está vestida con un disfraz imprevisto. (¡Te estabas preguntando cómo iba a explicar esa, ¿ah?!) Mientras escribo esto, el calendario me indica que es el 1 de noviembre, el Día de todos los santos, lo que significa que ayer era 31 de octubre, la noche de brujas. Anoche, muchos niños alrededor de todos los Estados Unidos salieron de sus casas, tocaron en la puerta de los vecinos, o tocaron los timbres, y gritaron: *Trick or treat* [Travesura o dulce], y esperaron a que le llenaran con dulces sus bolsas. Y casi todos vestían algún tipo de disfraz, desde princesas hasta superhéroes. Ahora bien, con el pasar de los años me he dado cuenta que el disfraz exterior no me da necesariamente una pista del tipo de niño en el interior.

La gracia también puede ser así.

Verás, a Dios le gusta todo tipo de gracia. Él no se conforma con una gracia del tipo talla única. ¿Recuerdas cómo habló Pedro «de la multiforme gracia de Dios» (1 Pedro 4.10)? Otras versiones traducen la frase, «la gracia de Dios en sus diversas formas» (NVI), o «gran variedad de dones espirituales» (NTV). Algunos de estos distintos tipos de gracia los reconocemos inmediatamente. Al principio, su gracia nos justificó de nuestros pecados (Romanos 3.24). En ocasiones, su gracia nos da «consolación eterna y buena esperanza» (1 Tesalonicenses 2.16). En otros momentos, nos instruye para desarrollar una imagen propia adecuada, no una inflada (Romanos 12.3). Pero en cada caso su gracia lleva un disfraz levemente distinto.

Recuerda esto: no siempre la gracia tiene la apariencia que esperamos.

El apóstol Juan dijo que Jesús vino a nosotros del Padre «lleno de gracia y de verdad» (Juan 1.14). Él no quiso decir que algunas veces Jesús tenía mucha gracia y poca verdad, y en otras ocasiones tenía toneladas de verdad, pero poca gracia. Ni Jesús ni Dios cambian de esa manera. Lo que Él es, lo es *siempre*. Así que, Él siempre dice la verdad. Y siempre viene con gracia.

Pero, ¡la gracia que trae puede lucir *muy* diferente, entre una situación y otra!

Echa un vistazo a algunas de las declaraciones que Jesús hizo durante su ministerio terrenal y nota lo diferente que suenan entre sí. Ten en mente, sin embargo, que en cada caso habló como un hombre «lleno de gracia y de verdad».

- «Ve, y como creíste, te sea hecho» (Mateo 8.13).
- «Deja que los muertos entierren a sus muertos» (Mateo 8.22).
- «Venid a mí todos los que estáis trabajados y cargados, y yo os haré descansar» (Mateo 11.28).
- «¿Tampoco ustedes entienden?» (Mateo 15.16, NTV).
- «¡Bendito seas, Pedro hijo de Jonás! Porque no sabes esto por tu propia cuenta, sino que te lo enseñó mi Padre que está en el cielo» (Mateo 16.17, NTV).
- «¡Quítate de delante de mí, Satanás!; me eres tropiezo, porque no pones la mira en las cosas de Dios, sino en las de los hombres (Mateo 16.23).

¿Acaso crees que «Bendito seas» y «¡Quítate de delante de mí, Satanás!» están en la misma categoría de gracia? Para la mayoría de nosotros, no *suena* ni siquiera al mismo nivel de gracia. Sin embargo, Jesús, el hombre al que Juan llamó «lleno de gracia y de verdad» le hace estas dos declaraciones a Pedro. De hecho, hizo la segunda declaración justo después de la primera. Así que no es que la primera esté cubierta de gracia, mientras que la segunda no. No, es simplemente un asunto de dos situaciones diferentes necesitando dos tipos de gracia diferentes. Pero, igualmente, fue gracia.

He dedicado algo de tiempo a este asunto porque a las personas rotas algunas veces les da trabajo reconocer la gracia de noche de brujas cuando esta se presenta. El disfraz les confunde. O hasta les asusta. Así que a veces, con la gracia justo delante de sus ojos, imaginan que a Dios se le ha agotado la gracia para ellos. Sé lo fácil que es hacer esto, pues yo misma lo he hecho.

Más de una vez.

¿Cómo luce la gracia de noche de brujas? No puedo darte una descripción porque Dios tiene un clóset de disfraces bastante grande. Pero creo que puedo ofrecerte algunos ejemplos bíblicos:

- Cuando Dios le dislocó la cadera a Jacob y lo dejó con una cojera dolorosa y permanente
- Cuando una aflicción indeterminada ayudó a que el salmista aprendiera la ley de Dios
- Cuando Jesús causó un leve pánico entre los discípulos al decirles que alimentaran a una multitud hambrienta... sin tener provisiones
- Cuando el Señor se negó tres veces a sanar a Pablo, diciéndole repetidamente al apóstol que debía conservar el molestoso «aguijón en mi carne».[23]

No sé qué tipo de gracia de noche de brujas pueda el Señor estar obrando en tu vida en este momento. Pero si has colocado tu fe en Jesús, entonces Jesús vive en ti... lo que significa que esa gracia y verdad también viven ahí.

El truco está en buscar los dulces... y mirar más allá del disfraz.

Un sueño diferente

En nuestra cultura apuntamos a los mejores y más brillantes, tal como los vemos: al rico, al poderoso, al exitoso, al organizado, al talentoso, al atractivo, al bronceado, al que está en forma, al que está perfectamente «montado». Y sin embargo, nuestros ojos ven muy poco.

Si la belleza, el éxito y el dinero *realmente* trajeran felicidad, entonces Hollywood, California, sería «el lugar más feliz en la tierra» (no Disneylandia). Pero sabemos que no es así. Las vidas de los ricos y famosos con frecuencia exhiben las cicatrices del suicidio, la depresión, la adicción a las drogas y el alcohol, una infelicidad casi desesperada y la rutina de la desintegración en las relaciones (mientras escribo esto, un «matrimonio de celebridades» duró un total de setenta y dos días). Estos hombres y mujeres con fama pueden lucir radiantes y con glamour en las páginas de la prensa amarilla, pero la realidad usualmente está bastante lejos de la fantasía.

Así que, ¿cuál es la realidad? La realidad, para los seres humanos rotos como yo, toma su forma de 1 Pedro 5.10 (NTV). El apóstol escribió: «En su bondad, Dios los llamó a ustedes a que participen de su gloria eterna por medio de Cristo Jesús. Entonces, después de que hayan sufrido un poco de tiempo, él los restaurará, los sostendrá, los fortalecerá y los afirmará sobre un fundamento sólido». No acostumbro citar porciones largas de ningún comentario, pero la perspectiva de William Barclay sobre este versículo alienta a mi corazón. Y creo que le hará lo mismo al tuyo. Así que te invito a leer cuidadosamente lo que sigue (y dondequiera que Barclay habla sobre lo que Dios quiere hacer en el «hombre», entiende que de igual manera, Dios quiere hacerlo en la «mujer»):

> Cada una de las palabras que Pedro usa tiene un cuadro vívido que la respalda. Cada una nos dice algo sobre lo que el sufrimiento diseñado por Dios debe hacer en el hombre.
>
> Primero, a través del sufrimiento Dios *restaurará* al hombre.
>
> La palabra para *restaurar* es difícil de traducir en este caso. Es *kartarizein*, usada comúnmente para reparar una fractura; la misma empleada en Marcos 1.19 para remendar las redes. Significa que suple lo que falta, arregla lo que está roto. Así que el sufrimiento, si se acepta con humildad, confianza y amor, puede reparar las debilidades en el carácter de un hombre y añade la grandeza que, hasta el momento, falta. Se dice que Sir Edward Elgar (un querido compositor inglés, reconocido principalmente por sus obras orquestales, tales como *Enigma Variations* y *Pomp and Circumstance Marches*) una vez escuchó a una niñita cantando el solo de una de sus obras. Ella poseía una voz con pureza, claridad y registro excepcionales, y una técnica casi perfecta.
>
> Cuando hubo terminado, Sir Edward dijo suavemente: «Ella actuará de manera asombrosa cuando algo le rompa el corazón». J. M. Barrie (autor de *Peter Pan*) cuenta cómo su madre perdió a su hijo favorito, y luego dice: «Por eso es que mi madre tiene sus ojos tan dulces, y por eso es que otras madres corren a ella cuando han perdido a un hijo». El sufrimiento ha hecho algo por ella que una

> circunstancia fácil jamás habría podido hacer. A través del sufrimiento, Dios tiene la intención de añadir notas de gracia a la vida.
>
> Segundo, a través del sufrimiento Dios *sostendrá* al hombre.
>
> La palabra aquí es *sterixein*, y significa hacerlo tan sólido como el *granito*. El sufrimiento del cuerpo y el dolor del corazón provocan en el hombre una de dos cosas. O pueden hacerlo colapsar o puede resultar en una solidez de carácter que no hubiera podido ganar de ninguna otra forma. Si los enfrenta con una confianza continua en Cristo, entonces emerge como hierro endurecido que ha sido templado en el fuego.
>
> Tercero, a través del sufrimiento Dios *fortalecerá* al hombre.
>
> El griego es *sthenoun*, que significa *llenar con fuerzas*. He aquí el mismo sentido otra vez. Una vida sin esfuerzo ni disciplina casi inevitablemente se convierte en una existencia débil. Nadie sabe lo que la fe significa realmente para él hasta que haya sido probada en el horno de la aflicción. Hay algo doblemente precioso en una fe que ha salido victoriosa luego de pasar por el dolor, la tristeza y la desilusión. El viento extinguirá una llama débil, pero avivará una llama intensa hasta convertirla en una llamarada más ardiente. Lo mismo ocurre con la fe.
>
> Finalmente, a través del sufrimiento Dios *afirmará* al hombre.
>
> El griego es *themelioun*, lo que significa *asentar los fundamentos*. Cuando hemos enfrentado el dolor y el sufrimiento somos llevados al fundamento mismo de la fe. Es entonces cuando descubrimos que hay cosas que no pueden ser conmovidas. Es en el tiempo de prueba que descubrimos las grandes verdades sobre las que se fundamenta la vida real.[24]

Dios quiere llevarte a un lugar donde la oscuridad ya no se sienta tan oscura, pero esto nunca ocurre fácilmente.

Detrás de la cortina

En el capítulo 4 escribí sobre Aaron, Holly McRae y su hijita Rae, que padecía de un tumor cerebral maligno.

Como les dije, durante más de un año después de enterarme de esta noticia a través de Twitter, no hice otra cosa sino orar y escribir notitas en su página en CaringBridge.

Sin embargo, cuando en mi agenda de viajes se me presentó la oportunidad de hacer una corta parada en su ciudad, les pregunté si podía visitarles. Aaron respondió diciéndome que les encantaría, pero Kate estaba en el Hospital Infantil otra vez, recibiendo otra ronda de quimioterapia, así que tendría que visitarles allí.

Mientras subía en el elevador al piso de Oncología Pediátrica, todo dentro de mí gritaba que no debía existir un lugar como aquel. Ningún niño debía ser atacado por una bestia tan feroz. Una enfermera me mostró cómo lavarme las manos, me entregó una máscara y me acompañó al cuarto de Kate. Toqué suavemente a la puerta y un joven respondió. Aaron me abrazó y me invitó a entrar.

La pequeña Kate estaba profundamente dormida, conectada a monitores y al suero intravenoso. Se veía diminuta en aquella cama. Había visto fotos de ella antes del tratamiento, con sus hermosos rizos de cabello dorado que antes le llegaban hasta los hombros. Ahora ya no estaban allí.

Aaron me dijo que Holly se había marchado para tomar una siesta, pero que le enviaría un mensaje de texto para avisarle que yo había llegado. Le supliqué que la dejara descansar, pero él me dijo: «Ella quiere estar aquí».

Cuando Holly llegó al cuarto, nos abrazamos por un largo rato. Hablamos. Nos reímos. Lloramos. Observamos a Kate.

Aaron, que es pastor, me habló del abismo que a veces existe para él entre lo que cree y lo que ve. El fuego por el que está caminando ha quemado cualquier sentimiento fácilmente ganado en su alma, pero en su lugar existen un amor tenaz por Cristo y una profunda gratitud por la gracia que todos han conocido.

De la misma manera que Toto rasgó la cortina que reveló que el Gran Oz no era sino un hombrecito asustado, muchos de nosotros nos confundimos cuando la tragedia arranca el enchapado de una fe cómoda. No obstante, me parece que cuando esa cortina desaparece, descubrimos —a diferencia de Doroty y sus compañeros de travesía—, que detrás de nuestro bonito cuadro de un Dios tranquilo ruge un León cuyo amor tenaz quema con más intensidad y esplendor que cualquier cosa que jamás podamos imaginar.

NUEVE

NADA QUE PROTEGER, NADA QUE PERDER

Tres decisiones para cuando el sufrimiento te lleva del balcón al escenario

En la vida hay muchas cosas sobre las que no tenemos ningún control. Sin embargo, en medio de las circunstancias inesperadas, nos topamos con una misteriosa y poderosa decisión, que resulta nuestra amiga o nuestra enemiga. Las implicaciones de algunas decisiones son mínimas... ¿vamos a cenar carne o pollo esta noche? Otras, sin embargo, tienen el poder de cambiar nuestro destino.

Un ejemplar reciente del periódico *Dallas Morning News* publicó una corta, pero trágica historia sobre asesinato, crianza y las decisiones que todos tomamos.

A finales de octubre, un hombre llamado Eric Franklin murió cuando otro lo apuñaló en la garganta con un cuchillo de carnicero. Cuando la policía atrapó al sospechoso poco después del asesinato, el hombre les dio el nombre de su hermano. La treta no funcionó, sin embargo, porque la policía recién había conversado con el hermano del sospechoso.

Su gemelo.

Resulta que aunque el sospechoso de cuarenta años tenía una lista larga de arrestos previos, su gemelo tenía lo que la policía llama «un récord intachable».

¿Cómo es esto posible? ¿Cómo dos gemelos, criados en la misma casa, que responden a los mismos padres, que van a las mismas escuelas, que juegan con el mismo perro, que comen el mismo cereal en el desayuno y que están sujetos, en gran medida, al mismo ambiente, pueden resultar tan diferentes?

Si bien no quiero simplificar demasiado los factores complejos que con frecuencia llevan a tales diferencias tan marcadas, sí quiero enfocarme en un factor que claramente jugó un papel importante.

Decisión.

La forma en que *decidimos* responder a los retos, adversidades y tragedias de la vida, marca una tremenda diferencia, no solo en nuestra propia experiencia, sino también en la de aquellos que viajan por la vida con nosotros.

¡Decide!

El sufrimiento y el dolor nos ocurren a todos. Esto es tan universal como la lluvia en Seattle. Pero la forma en que respondemos a ese sufrimiento y dolor —lo que decidimos cuando estamos atravesando por ellos— contribuye muchísimo a determinar la calidad de nuestras vidas. Como escribió el comentarista William Barclay: «El sufrimiento... bien puede llevar a un hombre a la amargura y a la desesperación; y también puede llevarse la fe que pueda tener. Pero si es aceptado con la certeza confiable de que la mano de un padre jamás le causará al hijo una lágrima innecesaria, entonces del sufrimiento resultan cosas que el camino fácil jamás trae».[25]

Dios desea sacar a relucir tesoros inusuales e inesperados de *tus* días de sufrimiento, cosas que el camino fácil no puede traer.

No me estoy refiriendo aquí al sufrimiento en sí mismo. Por ellas mismas, ni las pruebas, ni las dificultades ni las angustias tienen el poder para hacer bien en nuestras vidas. Todos hemos sido testigos de cómo el sufrimiento puede transformar a una persona (como dice el cliché) en un ser humano amargado más que en un buen individuo. El poder del sufrimiento para crear belleza en tu vida depende completamente de ti; de cómo decides reaccionar ante las dificultades, y hasta las catástrofes, que invaden tu vida. Hasta cierto punto, los ángeles contienen el aliento para ver cómo vas a responder... y qué vas a decidir.

Una y otra vez en la Biblia, Dios insta a su pueblo a escoger su dirección en la vida. Esto quiere decir que *es* una decisión. Él no nos pediría decidir a menos que verdaderamente tengamos opciones reales delante de nosotros. Escucha solo algunas de sus instrucciones sobre el tema de elegir y decidir bien:

- Hoy te he dado a elegir entre la vida y la muerte, entre bendiciones y maldiciones. Ahora pongo al cielo y a la tierra como testigos de la decisión que tomes. ¡Ay, *si eligieras la vida*, para que tú y tus descendientes puedan vivir! Puedes elegir esa opción al amar, al obedecer y al comprometerte firmemente con el Señor tu Dios. Esa es la clave para tu vida (Deuteronomio 30.19–20, NTV).

- *Escogeos hoy a quién sirváis*; si a los dioses a quienes sirvieron vuestros padres, cuando estuvieron al otro lado del río, o a los dioses de los amorreos en cuya tierra habitáis; pero yo y mi casa serviremos a Jehová (Josué 24.15).
- No envidies al hombre injusto, ni *escojas* ninguno de sus caminos (Proverbios 3.31).
- La sabiduría y el entendimiento valen más que el oro y la plata (Proverbios 16.16, NTV).
- Baste ya el tiempo pasado para haber hecho lo que agrada a los gentiles, andando en lascivias, concupiscencias, embriagueces, orgías, disipación y abominables idolatrías (1 Pedro 4.3, énfasis añadido en los pasajes citados arriba).

Entonces, ¿cuál debe ser nuestra elección ante la adversidad y las dificultades? ¿Qué decisiones podemos tomar cuando la vida nos confronta con opciones que ni nos gustan, ni esperábamos, ni anticipábamos? Otra vez, la Biblia sobreabunda en buenos consejos sobre esto, pero considera solo algunas de las decisiones que podemos tomar, independientemente de las pruebas que se abran paso a codazos en nuestras vidas.

- No nos cansemos, pues, de hacer bien; porque a su tiempo segaremos, si no desmayamos (Gálatas 6.9).
- Dejen que la paz de Cristo gobierne sus corazones, y sean agradecidos (Colosenses 3.15, TLA).
- Así que acerquémonos con toda confianza al trono de la gracia de nuestro Dios. Allí recibiremos su misericordia y encontraremos la gracia que nos ayudará cuando más la necesitemos (Hebreos 4.16, NTV).
- Mantengámonos firmes sin titubear en la esperanza que afirmamos, porque se puede confiar en que Dios cumplirá su promesa (Hebreos 10.23, NTV).
- Así que, ofrezcamos siempre a Dios, por medio de él, sacrificio de alabanza, es decir, fruto de labios que confiesan su nombre (Hebreos 13.15).

Cada uno de estos versículos dice que tenemos que *decidir* hacer estas cosas.

En condiciones normales, bajo un cielo azul, despejado y sin nubes, quizás es fácil tomar estas decisiones. Pero, ¿y qué cuando la tormenta se acerca y la oscuridad desciende? ¿Qué hacemos entonces?

En ese momento, tal vez no podemos tomar decisiones tan fácilmente.

Las personas que sufren de depresión, por ejemplo, saben que dos de las cosas que más necesitan son precisamente las que menos desean. Cuando la depresión se acomoda en tu corazón como una sábana fría y húmeda, lo que realmente quieres hacer es esconderte en tu habitación y escapar bajo tus frazadas. Lo que no quieres hacer, lo que sientes que *no* puedes hacer, es buscar ayuda en otras personas y salir a hacer algo de ejercicio.

Cuando siento que la neblina de la depresión me está rodeando, sé que tengo que pelear contra ella, con todas mis fuerzas. Pero, nunca *quiero* pelear. Me quiero rendir a ella. Quiero desaparecer en ella, como desaparecería en la densa neblina de un pantano. Siempre me siento como si, de alguna manera, hubiera perdido mi voz y estuviera cayendo en un pozo que no tiene fondo.

Aunque parezca extraño, esta es una de las razones por las que tengo perros.

Esto no le pasa a Tink. Si es tiempo de salir a pasear, Tink me mira. Si la ignoro, me ladra. Si la sigo ignorando, ella busca su collar, lo deja caer en mi pecho y se sienta con su nariz a dos pulgadas de la mía. Si se me ocurre seguir ignorándola, entonces me da golpecitos en mi brazo con su pata.

A Tink no le importa si estoy preocupada o si tengo algún problema. ¿Depresión? ¿Melancolía? ¿Qué significa eso para ella? Afuera hay ardillas por perseguir y olores atrayentes que explorar con su nariz. Y por complacer a Tink, no por mí, me arrastro fuera de la cama, murmurando palabras que nunca encontrarás en el Nuevo Testamento. Pero entonces, una vez estoy afuera, respirando aire fresco, bajo un cielo azul, recuerdo: «Esto también pasará».

La forma en que decidimos responder ante nuestros tiempos oscuros tiene más implicaciones y consecuencias de las podría mencionar aquí, pero en mi experiencia, nuestro sufrimiento tiene por lo menos tres efectos importantes.

Del balcón al escenario

Primero, el sufrimiento nos mueve del balcón al escenario. Si bien podemos aprender algunas lecciones sobre el sufrimiento viendo a otros pasar por él, cuando perseveramos a través de nuestro propio sufrimiento, alcanzamos todo un nuevo nivel de comprensión (¡y hasta pericia!).

¿Recuerdas cómo en el capítulo anterior exploramos los distintos disfraces de la gracia? Dios tiene muchas variedades de gracia. He escuchado a mi amiga Jennifer Rothschild llamar a dos de ellas la gracia *espectadora* y la gracia *partícipe*.

Y definitivamente no son iguales.

Por ejemplo, cuando el mundo del patriarca Job se vino abajo, él se benefició claramente de la gracia partícipe. Simplemente no puedes pasar por lo que él pasó —la pérdida de todos sus hijos, de su fortuna y, al final, de su salud— y aun así pronunciar palabras como: «Jehová dio, y Jehová quitó; sea el nombre de Jehová bendito» o «¿Recibiremos de Dios el bien, y el mal no lo recibiremos?», sin una buena dosis de gracia partícipe (véanse Job 1.21; 2.10).

Sin embargo, cuando sufres algo tan catastrófico como le ocurrió a Job, también necesitas una buena dosis de gracia espectadora cubriendo a tus amigos y familia.

En esto, sin embargo, Job se quedó un poco corto.

¡Y esto es un gran eufemismo!

Si bien es cierto que sus amigos tal vez tenían buenas intenciones (de lo que no estoy muy convencida tampoco), sus palabras hicieron más daño que bien. Sí, ellos se sentaron en silencio con su amigo durante siete días, sintiendo su dolor. Pero luego deshicieron todo el bien que habían logrado cuando lo atacaron con largas y críticas peroratas.

Lamentablemente, los amigos de Job soltaron una ristra de clichés religiosos y pronunciaron un fastuoso sermón teológico, luego, con sabiduría terrenal intentaron explicar lo que le había ocurrido a su devastado amigo. Y principalmente, no culparon al atacante, Satanás, sino a la víctima, Job. Ellos trajeron sus elevados argumentos, que sonaban muy espirituales, y los apuntaron derecho a su amigo herido.

«Este sufrimiento es tu culpa; tiene que ser. Tienes que haber cometido un pecado imperdonable. Atrajiste este mal a ti». Uno tras otro, dispararon sus acusaciones y dejaron a Job tambaleándose.

¿Te puedes identificar con esto? Cuando estás en tu punto más bajo, en medio de tus pruebas más dolorosas, ¿alguien te ha dicho cosas hirientes como esas? ¿Alguien ha pronunciado palabras vacías y carentes de consuelo, o te ha ofrecido consejos inútiles y sin sentido?

Yo sí me puedo identificar.

Antes de terminar en un hospital con un diagnóstico de depresión clínica, conocía muy poco sobre esta condición. Tampoco sabía nada del estigma que existe dentro de la iglesia con respecto a cualquier tipo de enfermedad mental. De inmediato aprendí sobre ambas.

Casi no podía creer la embestida de llamadas telefónicas y cartas llenas de odio que recibí de personas que había considerado amigas. Parecía como si tuvieran la obligación de dejarme saber exactamente lo enojadas y desilusionadas que estaban conmigo. Me había tomado demasiado tiempo admitir que necesitaba ayuda, pero cuando finalmente intenté buscar esa ayuda, lo que recibí fue condenación. Hubo personas de quienes había esperado un apoyo cariñoso que hicieron afirmaciones como:

«Tiene que haber algún tipo de pecado en tu vida».

«¡No tienes suficiente fe!»

«Eres una vergüenza para el ministerio».

«Los cristianos no deben tener necesidad de tomar medicamentos».

Una persona muy querida a la que conocía por más de veinte años, me llamó y me dijo: «Ya no somos amigos. Ya no quiero tener nada que ver contigo». Intenté muchas veces explicarle a esa persona que yo no había escogido a propósito enfermarme mentalmente, ni sentirme abrumada por la depresión y la desesperanza. Sin importar la razón para mi condición, lo necesitaba más que nunca.

Pero él simplemente cerró la puerta. O no quiso o no pudo escucharme.

Derramé muchísimas lágrimas de amargura debido a esos ataques. Algunos críticos simplemente no entendían la naturaleza de la depresión clínica e hicieron sus crueles comentarios por ignorancia. Otros aparentemente me veían como un ejemplo y no pudieron soportar el verme de otra manera —ciertamente no podían verme como un ser humano débil, frágil e imperfecto.

En un abrir y cerrar de ojos descubrí que tenía muchos más enemigos que solo Satanás. Gente con la que había trabajado mano a mano en el ministerio, ahora parecían hasta celebrar mi fracaso. Todavía recuerdo la noche en que una amiga me llamó para decirme algunas de las crueldades que estaban diciendo. Recuerdo exactamente dónde estaba parada. Lo recuerdo porque caí de rodillas al suelo y lloré. Sinceramente pensé que me iba a morir. No podía hacer nada. Me sentía rota, vacía y extenuada. Ni siquiera tenía las fuerzas necesarias para tratar de defenderme.

Cuando la traición llega de la mano de alguien en quien confías —o peor aun, de quien amas— penetra hasta tus tuétanos. Y cuando me encontré en este insoportable y solitario lugar, vi con claridad que solo tenía dos alternativas:

1. Podía someterme al fuego del Alfarero, creyendo que Dios tiene el control sin importar cómo luzcan las circunstancias; o,
2. Podía dejar que me tiraran de un lado para otro en el caldero del atormentador; revuelta como el mar, tratando de apagar incendios, tratando de defenderme.

Tenía que plantearme una pregunta fundamental, tal como haces cuando las palabras o las acciones de una amiga te hieren: ¿tiene Dios el control? Sin importar quién sostiene la espada: ¿es Dios todavía soberano?

Mi lucha con esa pregunta ha sido una de las batallas que más profundamente ha cambiado mi vida. Todo en mi interior gritaba: «Pero, Dios, ¡esto no es justo! ¡No merezco esto! ¡Ellos no entienden!» Y después de luchar con Dios hasta quedarme sin una gota de aliento, logré entender algo muy profundo a medida que se asentaba el polvorín de mi autodefensa.

Lo justo no vive aquí, pero Jesús sí.

No solo eso, sino también que Dios es bueno y se puede confiar en él el cien por ciento de las veces.

Cuando podemos emitir un «¡sí!» absoluto ante esa pregunta —la pregunta sobre el control y la soberanía de Dios— entonces nos podemos someter a él ante cualquier circunstancia. Cuando somos liberados de la necesidad de que nos vean como personas adecuadas, entonces podemos darnos el permiso de hundir nuestros rostros en la melena del León de Judá y allí ser amados.

¡Qué maravillosa expresión de compasión, de gracia espectadora! ¡Que podamos elegir amar y apoyar —aun en silencio— en lugar de dar rienda suelta a nuestros recelos y críticas!

Nuestra perspectiva de Dios y de los demás

Segundo, el sufrimiento tiende a cambiar nuestra forma de ver a Dios y a los demás. Para ser sincera, no siempre entiendo qué es lo que Dios está pensando, ni lo que está haciendo o lo que no está haciendo, ni el porqué. Mi diminuto cerebro tratando de entender su mente es como usar un rayo para encender la bombilla de una linterna. Pero sí he aprendido que el sufrimiento y el dolor remueven las capas de nuestra fe y nos presentan una alternativa que cambia nuestra vida: ¿Nos volvemos personas amargadas, que culpamos a Dios y a los demás por nuestro dolor, y descargamos nuestro sufrimiento, ira y frustración con aquellos a quienes consideramos responsables? ¿Nos hundimos en la autocompasión? ¿Huimos y nos escondemos? ¿Resistimos?

O...

¿Escogemos ver la mano de Dios en medio de nuestro dolor y sufrimiento? ¿Aceptamos su voluntad para nosotros? ¿Afirmamos nuestra confianza en Él y nos postramos a sus pies en adoración? ¿Le traemos los pedazos rotos de nuestras vidas y le permitimos que los use para crear algo hermoso, algo que pueda glorificarlo?

Más aun, ¿decidiremos usar nuestro dolor y quebrantamiento para ayudar a otros que también están viajando por este aterrador camino? ¿Decidiremos alentarles, enseñarles, escucharles, apoyarles y, con gentileza, llevarlos a Jesús, aun cuando puedan pensar que Él los ha abandonado? ¿Y qué decidiremos hacer con 2 Corintios 1.3–7, que tiene muchísimo que decir a quienes pertenecemos a esta fraternidad de seres humanos rotos?

> Toda la alabanza sea para Dios, el Padre de nuestro Señor Jesucristo. Dios es nuestro Padre misericordioso y la fuente de todo consuelo. Él nos consuela en todas nuestras dificultades para que nosotros podamos consolar a otros. Cuando otros pasen por dificultades, podremos ofrecerles el mismo consuelo que Dios nos ha dado a nosotros. Pues, cuanto más sufrimos por Cristo, tanto más Dios nos colmará de su consuelo por medio de Cristo. Aun cuando estamos abrumados por dificultades, ¡es para el consuelo y la salvación de ustedes! Pues, cuando nosotros somos consolados, ciertamente los consolaremos a ustedes.

> Entonces podrán soportar con paciencia los mismos sufrimientos que nosotros. Tenemos la plena confianza de que, al participar ustedes de nuestros sufrimientos, también tendrán parte del consuelo que Dios nos da. (NTV)

¡Esto es *enorme*! ¿Somos realmente víctimas indefensas en este mundo quebrantado o somos hijos amados, a quienes en momentos se nos ha confiado el sufrimiento, por razones que no comprendemos, por un Padre que nos ama profundamente y que nunca aparta sus ojos de nosotros?

He vivido —he acampado— en el valle del sufrimiento y del dolor, y puedo decirte con todo lo que hay en mí que ¡doy gracias a Dios por ese lugar!

Tal vez dices: «Pero, Sheila, ¿cómo puedes dar gracias a Dios por algo que casi te destruye?»

Tengo una respuesta sencilla: porque me liberó. Me liberó del temor a los hombres, me liberó del temor a lo que los demás puedan decir de mí o hacer conmigo, del miedo a abrirme, a ser vulnerable, el miedo a que me conozcan tal cual soy.

No cambiaría ni un solo minuto porque ese desaliento y esa desesperanza me condujeron a un lugar donde encontré una esperanza verdadera y eterna. Cuando no me quedaban fuerzas ni un lugar adonde ir, aprendí una de las lecciones más importantes de mi vida:

> «El Señor es mi roca, mi fortaleza y mi salvador; mi Dios, mi roca, en quien encuentro protección. Él es mi escudo, el poder que me salva y mi lugar seguro». (2 Samuel 22.3, NTV)

Dios es *tu* roca, *tu* fortaleza, *tu* escudo. En tus momentos más oscuros, descubrirás que está allí. Él está contigo. Él te defiende. Nada te puede ocurrir a menos que Dios lo permita, y si Él lo permite, Él te promete la gracia y la fortaleza para pasar por ello, aun cuando te obligue a caer de rodillas.

Sé que esto luce difícil.

Porque debe ser así.

Porque es así.

Por demasiado tiempo nos hemos tragado una versión diluida y filtrada de la fe cristiana, una que solo trata de nosotros. Una fe que reclama que la vida siempre va a resultar bien. Una fe que promete familias dignas de una fotografía perfecta, de cuentas de banco enormes e informes satisfactorios cuando nos hacemos nuestro chequeo médico anual.

¡Pero esa no es la vida cristiana normal que describe la Biblia!

Jesús les dijo a sus discípulos, a sus más queridos amigos aquí en la tierra, que el mundo los odiaría por culpa de Él. Les dijo que esperaran todo tipo de pruebas y tribulaciones. «Les digo estas cosas para que estén unidos a mí y así sean felices de verdad. Pero tengan valor: yo he vencido a los poderes que gobiernan este mundo» (Juan 16.33, TLA).

La realidad, por supuesto, es que vivimos en un mundo roto. Y nosotros mismos estamos rotos, desde el principio. Podemos intentar ocultar nuestro quebrantamiento o huir de él. Podemos negar nuestro quebrantamiento o resistirlo. O, podemos aceptar nuestro propio quebrantamiento y traérselo a Dios. Si nos humillamos y le traemos nuestro quebrantamiento, nos maravillaremos —hasta quedarnos boquiabiertos— con lo que Él puede hacer:

> Dios usa las cosas rotas. Se necesita romper el terreno para poder cosechar, nubes rotas para tener lluvia, granos rotos para hacer pan, un pan roto para producir fuerza. Es del cofre roto de alabastro que sale el perfume. Es Pedro, llorando amargamente, quien regresa a un poder mucho mayor que el anterior.[26]

Lo más importante

Tercero, el sufrimiento cambia lo que es más importante para nosotros. Antes del sufrimiento, tal vez valoramos, sobre todas las cosas, una casa nueva, un buen trabajo, una buena reputación en la comunidad, una sólida cuenta bancaria, un cuerpo saludable o una familia feliz. Después de padecer una temporada de sufrimiento, no es que estas cosas pierdan importancia... es que simplemente se deslizan por la montaña de escombros esparcidos y llegan a su justo lugar, a un punto muy por debajo de la cima.

Pero, otra vez, tenemos que decidir. Las dificultades y el sufrimiento, por sí solos, no nos enseñarán lo que debemos valorar preeminentemente. La adversidad simplemente permite que entendamos esa decisión y que nos impacte como ninguna otra cosa conocida por el ser humano.

Pienso aquí en el inmenso abismo que existe entre los primeros dos reyes del antiguo Israel. Saúl y David. Ellos tenían mucho en común. El profeta Samuel los ungió a ambos para servir como reyes. Ambos comenzaron muy bien. Ambos ganaron, por lo menos durante un tiempo, el apoyo popular. Ambos dirigieron a sus ejércitos a obtener grandes victorias en batalla. Ambos enfrentaron situaciones difíciles y hasta aterradoras. Ambos tomaron decisiones que sirvieron de marco a sus respectivos reinados. Pero aunque las decisiones de uno lo condenaron, las del otro lo elevaron.

Todo se redujo a esto: mientras que David temía a Dios, Saúl temía a todo lo demás.

En la historia de Saúl, de principio a fin, vemos lo que ocurre cuando el miedo domina a una persona. Después de que Samuel le dijo a Saúl, en privado, que Dios lo convertiría en rey, hubieras esperado que el joven tomara al toro por los cuernos. Pero cuando llegó el momento de ser coronado, Saúl se escondió «entre el bagaje», temeroso de su llamado (1 Samuel 10.22).

El miedo también jugó un papel importante en dos incidentes que le costaron el trono a Saúl. En el segundo año de su reinado, Saúl y su recién formado ejército se preparaban para pelear contra el enorme y bien entrenado ejército de los filisteos. Muchos de los hombres de Saúl huyeron antes de comenzar la pelea. Samuel le envió un mensaje a Saúl, diciéndole que no tuviera miedo. Dentro de los siguientes siete días, el profeta llegaría y ofrecería sacrificios al Señor, y entonces obtendrían la victoria.

Instrucciones muy sencillas. ¡No estaba hablando de ingeniería astronáutica! «No hagas nada, Saúl. Quédate ahí, con los hombres que todavía tienes y espera por mí». Pero Saúl, en lugar de lanzarse a los brazos de la misericordia de Dios, estaba haciendo cálculos en su cabeza. Mientras más larga fuera la espera, más hombres desertarían. En su preocupación e impaciencia, pensó que tenía una mejor solución. Así que, aunque Saúl no era sacerdote y Samuel le había prohibido que lo hiciera, ofreció los sacrificios por sí mismo.

Cuando, finalmente, Samuel llegó y vio lo que Saúl había hecho, declaró que la rebelión y la desobediencia del rey le costarían su reinado. Saúl presentó sus disculpas y sus excusas. Pero cuando miras más allá de la palabrería, es evidente que él permitió que su temor lo condujera a la desobediencia.

Un poco más adelante, Dios le dijo a Saúl que destruyera a los amalecitas como castigo a los pecados de ellos contra Israel. Pero el rey desobediente dejó con vida a Agag, el rey de los amalecitas, así como a lo mejor de las ovejas, del ganado, de los animales engordados y de los carneros, y todo lo que a él le pareció que era bueno. Saúl destruyó solo lo que consideró «vil y despreciable» (1 Samuel 15.9).

Cuando, otra vez, Samuel confrontó a Saúl con su maldad, el resentido rey finalmente admitió lo que le había impulsado todo el tiempo: «temí al pueblo y consentí a la voz de ellos» (1 Samuel 15.24). El intento de Saúl de encubrir con tradición religiosa su pecado motivado por el miedo no impresionó a Samuel ni un poquito, así que contestó: «¿Qué es lo que más le agrada al Señor: tus ofrendas quemadas y sacrificios, o que obedezcas a su voz? ¡Escucha! La obediencia es mejor que el sacrificio, y la sumisión es mejor que ofrecer la grasa de carneros» (1 Samuel 15.22, NTV).

Toda su vida Saúl tuvo temor de todo, menos del Señor.

A la larga, ese temor le costó su reinado y su vida.

Y tú... ¿a qué es lo que más le temes? ¿Bancarrota? ¿Cáncer? ¿Parálisis? ¿Pérdida de un cónyuge o una relación? ¿El revelar un pecado oculto? ¿Humillación? ¿Desprecio? ¿Cuáles son los miedos que te llevarían a cometer los mismos errores fatales que destruyeron a Saúl?

La adversidad, las dificultades y el temor no tienen que condenarte a la destrucción. David también enfrentó muchas adversidades y dificultades, y sin embargo, uno de sus temores —el temor a Jehová— lo convirtió en uno de los reyes más queridos de Israel.

El Salmo 111.10 declara: «El principio de la sabiduría es el temor de Jehová; buen entendimiento tienen todos los que practican sus mandamientos; su loor permanece para siempre».

Temer a Dios, por supuesto, no significa vivir teniéndole miedo. Conozco a algunas personas que viven aterradas por lo que Dios pudiera hacerles, pedirles o exigirles. No se acercan a Dios con disposición por miedo a que pueda consumirlos tan pronto se tambaleen. Esto *no* es a lo que la Biblia se refiere con la frase «el temor de Dios».

Y sin embargo, al mismo tiempo, temer a Dios significa mucho más que reverenciarle o tenerle mucho respeto. ¿Recuerdas lo que ocurrió poco después de la fundación de la iglesia? Dos miembros de la iglesia, el equipo de esposo y esposa —Ananías y Safira—, decidieron mentir al Espíritu Santo en el asunto de presentar una ofrenda. Dios los mató al instante debido a su engaño. La historia termina con esta anotación al margen: «Y vino gran temor sobre toda la iglesia, y sobre todos los que oyeron estas cosas» (Hechos 5.11).

Temer a Dios significa que nunca olvidas quién creó el universo (con una palabra) ni quien se describe a sí mismo como «fuego consumidor» (Hebreos 12.29). Pero también quiere decir que crees su promesa de que nunca dejará ni abandonará a aquellos que ponen su confianza en Él (véase Deuteronomio 31.6, 8). Y, por lo tanto, aun en medio de tu sufrimiento, escuchas y atesoras las palabras del profeta:

> *¿Quién hay entre vosotros que teme a Jehová,*
> *y oye la voz de su siervo?*
> *El que anda en tinieblas y carece de luz,*
> *confíe en el nombre de Jehová,*
> *y apóyese en su Dios.*
>
> (Isaías 50.10)

David tenía ese tipo de temor al Señor. Su temor y confianza en Dios le capacitaron para matar al gigante Goliat (siendo un niño), para tomar a Jerusalén como su nueva capital (siendo un rey joven), y para sentar las bases para la construcción del templo (siendo un anciano). A pesar de que pecó terriblemente, como en su adulterio con Betsabé, el temor al Señor finalmente venció su lujuria y su arrogancia. Tal como escribiría luego de admitir y arrepentirse de su grave pecado: «Los sacrificios de Dios son el espíritu quebrantado; al corazón contrito y humillado no despreciarás tú, oh Dios» (Salmo 51.17).

En un marcado contraste con Saúl, David aceptó y reconoció su quebranto. Y por esa razón pudo escribir:

> *Purifícame con hisopo, y seré limpio;*
> *Lávame, y seré más blanco que la nieve.*
> *Hazme oír gozo y alegría,*
> *Y se recrearán los huesos que has abatido.*
>
> (Salmo 51.7–8)

La Biblia dice que David fue un hombre conforme al corazón de Dios,[27] y no porque no haya pecado —pues pecó en formas espantosas y desgarradoras—sino porque entendió hasta el tuétano que era un pecador quebrantado y que su única esperanza era cobijarse en el perdón y la restauración de Dios. Si bien es cierto que estaba lejos, muy lejos, de ser perfecto, toda su vida mantuvo su pasión en el Dios que le amaba.

De alguna manera, David entendió que el quebrantamiento no es una barrera entre nosotros y Dios, a menos que nosotros la convirtamos en eso, negándonos a aceptarlo y reconocerlo. Si, por el contrario, podemos aceptar nuestro quebrantamiento —el hecho de que somos personas rotas—, descubriremos que eso se convertirá en una senda, en lugar de una barrera, para llevarnos a una relación más profunda, rica y plena con Dios.

Cuando el sufrimiento profundo revienta como una carga explosiva en nuestras vidas y decidimos responder a él —aun después de una larga lucha—, poniendo nuestra confianza en Dios, comenzamos a ver, con mayor claridad que nunca antes, lo que es verdaderamente importante en la vida. Y es entonces cuando podemos unirnos felizmente a Asaf, en una de las más claras expresiones de verdadera fe en toda la Biblia:

¿A quién tengo yo en los cielos sino a ti?
Y fuera de ti nada deseo en la tierra.
Mi carne y mi corazón desfallecen;
Mas la roca de mi corazón y mi porción es Dios para siempre.

(SALMO 73.25–26)

Nada que proteger, nada que perder

¿Cómo nos cambia el quebranto? Para resumirlo, tal vez puedo decirlo así: las personas rotas no tienen nada que proteger ni nada que perder.

No temen al sufrimiento porque han decidido usarlo para que les lleve a los amantes brazos del Señor.

No temen a los hombres porque saben que el que vive en su interior es mayor que cualquiera que se les pare de frente.

No temen a la muerte porque saben quién y qué les espera al otro lado.

Sí, el estar rotos nos cambia. ¡Le doy gracias a Dios porque me ha cambiado! Y algún día en el cielo, cuando ya no esté rota, continuaré adorando el santo nombre de Dios por el quebrantamiento que operó en mí de este lado del cielo. Y cantaré:

> *Aclamad a Jehová, porque él es bueno;*
> *Porque su misericordia es eterna.*
>
> (1 CRÓNICAS 16.34)

DIEZ

LLAMADO PARA ALGO MÁS GRANDE

Permite que Dios use tu dolor para los impresionantes propósitos del cielo

Desde cinco mil pies de altura, Manila lucía como un hormiguero al que han molestado. Una ciudad bulliciosa, agitada, casi frenética con vida.

Había hecho algo de investigación antes del viaje y descubrí que esta capital de las Filipinas es la ciudad más densamente poblada en el mundo, donde casi dos millones de almas abarrotan sus veintitrés millas cuadradas [37 kilómetros cuadrados]. Estaba de visita allí, junto al ministerio Operation Blessing [Operación Bendición], para distribuir alimentos, frazadas y suministros médicos básicos para muchas de las personas más pobres del mundo.

Parte de nuestro itinerario incluía una visita al vertedero de la ciudad. No íbamos allí a botar nada, sino a ayudar a rescatar preciadas vidas humanas del borde desesperado de la pobreza. Nuestra tarea real sería distribuir frazadas a treinta mil personas que escarbaban una forma de supervivencia buscando entre las enormes pilas de basura que llegaban allí todos los días.

Es simplemente algo difícil de entender este tipo de vida. Estas personas —hombres, mujeres y niños— se levantan antes del amanecer, con lámparas y canastas en mano, y esperan por el primer camión que llega cerca de las 4:00 a.m. Durante las siguientes diecisiete horas, más de 430 camiones llegan allí para depositar más de mil toneladas de basura. Estas personas recogen la basura en sus canastas y la examinan para ver qué pueden recuperar y vender.

A la mañana siguiente nuestro equipo también se levantó bien temprano. Nos subimos a nuestros *jeeps* antes del amanecer y nos cubrimos con repelente para mosquitos, de alto octanaje. Nos dijeron: «Vístanse con medias largas, botas y camisetas de manga larga». A principio, aquello nos parecía una locura porque el ambiente se torna asfixiante tan pronto comienza a salir el sol. Pero muy pronto descubrí la sabiduría detrás de este código de vestimenta extraoficial. Las fotos pueden prepararte —un poco— para la escena, pero *nada* te prepara para el olor y el ruido que salen de una montaña literal de basura ni de las nubes de moscas y mosquitos que sobrevuelan el lugar (la perfecta explicación para necesitar medias largas, botas y camisetas de manga larga).

Nuestros choferes encontraron un lugar para estacionarse y nos permitieron salir, mientras que se estacionaba también el camión con los suministros de la Operación Bendición. Sentí que algo me rozaba la pierna y, esperando ver a un perro, me arrodillé para verlo mejor. Pero no fue un perro lo que me devolvió la mirada, sino un hambriento buitre que pasó corriendo a mi lado. Una multitud de estas aves carroñeras plagaban el área donde estábamos. Como había visto antes en televisión los programas de *National Geographic* que mostraban la malevolencia de estas criaturas, me sentí aterrada... inicialmente. Luego me di cuenta que tenían muy poco interés en nosotros. Los buitres se estaban alineando para rebuscar entre la basura, igual que todo el mundo.

Un voluntario filipino de la Operación Bendición hizo un anuncio con un megáfono de que estábamos allí para regalar frazadas y agua. Les pidió a las personas que hicieran una fila para así comenzar el proceso de distribución. Permanecí sentada en la parte trasera de uno de los camiones, con las frazadas en mano, esperando una estampida... pero no llegó ninguna. Lo que vi allí aquel día me maravilló. Estas personas, desesperadamente pobres, hicieron una fila muy ordenada y luego, los que estaban al frente, comenzaron a pasarles frazadas a los ancianos y a las personas con impedimentos. Solo cuando aquellos que no podían hacer físicamente la fila tuvieron sus frazadas, entonces los demás tomaron algo para ellos.

También distribuimos unas copias pequeñas del Nuevo Testamento, en filipino, los cuales recibieron como si fueran barras de oro.

Un pastor local que nos estaba ayudando aquel día notó las lágrimas que corrían por mi rostro.

«¿Estás bien?», me preguntó.

«Aunque este lugar es un enorme vertedero, puedo sentir la presencia de Dios profundamente», le dije.

«Sí», me dijo afirmando con su cabeza. «Dios está muy cerca de los pobres y los desamparados».

Jamás olvidaré aquellos rostros y las enormes sonrisas que apenas podían ocultar los dientes podridos. Apretones de manos cálidos. Corazones agradecidos.

Aquella noche, ya de vuelta a la comodidad de mi habitación en el hotel, me sentí sobrecogida por la emoción. Gemí al darme cuenta que, también, la noche ya había caído sobre el vertedero, y aquellas personas continuaban haciendo lo posible para proveer a ellos y a sus familias. Había orado por la protección de Dios con cada frazada que repartí, pero lo que habíamos llevado parecía insignificante ante la enorme necesidad en aquel lugar. Gemí al pensar que aquella era la única vida que estos niños habían conocido y probablemente la única que conocerían, y lo duro que sus madres y padres trabajaban, solo para ganar menos de dos dólares al día.

Gemí, también, porque me pareció que en aquella montaña de basura, Dios me había permitido echarle un vistazo a la manera en que luciría el cuerpo de Cristo: el fuerte sirviendo al débil, el joven ayudando al anciano, nadie quedándose atrás. Y todo hecho en un espíritu de gratitud. Para mí, la fragancia del amor cubrió el mal olor, aun de una montaña de basura.

Ese día me conmovió más de lo que puedo describir.

Fue un día terrible en mi vida.

También fue maravilloso.

La divina perspectiva de lo «grande»

Las personas rotas con frecuencia piensan que «les ha llegado el final». El final de la alegría. El final de la relevancia. El final de la esperanza. Rara vez se dan cuenta de que, desde la perspectiva de Dios, el quebrantamiento en realidad les lleva a un «final» completamente distinto: la muerte del egoísmo, del orgullo y la indiferencia.

En su ministerio terrenal, Jesús solo clasifica la fe de dos personas como «grande». Y resulta que esos dos individuos se acercaron a Jesús en nombre de otra persona.

No solo eso, sino que se acercaron como forasteros, marginados, como chusma gentil.

No solo eso, sino que ambos le buscaron en medio de un gran dolor y angustia.

No solo eso, sino que ambos se presentaron como personas rotas, necesitadas.

Sin embargo, Él describió la fe de ambos como «grande».

Interesante, ¿no te parece? Nunca leemos que Jesús describa como «grande» la fe de Pedro, ¡aunque fue el segundo hombre en la historia en caminar sobre el agua! Hasta donde sabemos, Jesús nunca le hizo esa distinción a Juan, ni a Santiago ni a ninguno de los otros discípulos. Usualmente cuando, en algún momento, mencionó la fe de ellos lo hizo para señalar la *poca* fe que exhibían. En ninguna ocasión se refirió a la fe de los líderes religiosos o de los eruditos judíos como «grande». Ni siquiera dijo que su propia madre tuviera una fe «grande».

Pero cuando dos forasteros gentiles se le acercaron para pedirle misericordia en nombre de sus seres queridos quebrantados, Jesús declaró que en ellos había hallado una fe «grande». Y todavía, dos mil años más tarde, nosotros estamos leyendo sobre esa fe.

El primer caso ocurrió cuando un centurión romano (lo mencioné brevemente en el capítulo 4 como alguien que maravilló a Jesús con su fe), un líder de los odiados extranjeros que habían conquistado y ocupado a Israel, le pidió a Jesús que sanara a un criado muy querido que estaba en su casa, paralítico y sufriendo terriblemente. Jesús aceptó visitar la casa del centurión, pero el soldado lo detuvo.

«Respondió el centurión y dijo: Señor, no soy digno de que entres bajo mi techo; solamente di la palabra, y mi criado sanará. Porque también yo soy hombre bajo autoridad, y tengo bajo mis órdenes soldados; y digo a éste: Ve, y va; y al otro: Ven, y viene; y a mi siervo: Haz esto, y lo hace» (Mateo 8.8–9).

No es con mucha frecuencia que alguien «maravilla» al Señor, pero eso fue lo que hizo este centurión. La Traducción en Lenguaje Actual dice que Jesús «quedó admirado» en ese momento (v. 10). Mateo nos dice que Jesús se volvió hacia los que le seguían y dijo: «De cierto os digo, que ni aun en Israel he hallado tanta fe» (v. 10). Y «en aquella misma hora» el criado fue sanado.

El segundo caso de una «fe grande» me parece todavía más sorprendente. En esta ocasión, la persona resaltada para esta designación fue una afligida mujer cananea de la región pagana de Tiro y de Sidón. Ella se acercó a Jesús para pedirle que liberara a su hija del aterrador tormento de una posesión demoniaca.

Y al principio, Jesús la ignoró.

Cuando ella clamó: «¡Señor, Hijo de David, ten misericordia de mí! Mi hija es gravemente atormentada por un demonio», Mateo dice, que «Jesús no le respondió palabra» (15.22–23).

Sin embargo, ¡esta mujer se negó a aceptar el silencio como respuesta! El amor la impulsó a seguir buscando, a seguir tocando, a seguir pidiendo. Ella se mantuvo siguiendo al Señor y a su grupo, rogando por misericordia, hasta el punto que los discípulos finalmente le pidieron a Jesús que tomara medidas más severas y la despidiera. Así que Jesús se volvió hacia la mujer y le dijo: «No soy enviado sino a las ovejas perdidas de la casa de Israel», una clara referencia a que ella no era judía (v. 24).

Pero ni siquiera este aparente rechazo la disuadió.

Ella se aproximó a Jesús, se postró ante Él y humildemente dijo: «¡Señor, socórreme!» (v. 25). ¡Ni siquiera con esto recibió un «sí»! Lo que recibió fue más bien una cachetada: «No está bien tomar el pan de los hijos, y echarlo a los perrillos» (v. 26).

¿Qué habrías respondido si hubieras acudido a Jesús buscando ayuda y recibieras una respuesta así de fría? Pero eso no persuadió a esa angustiada madre en su misión. «Sí, Señor; pero aun los perrillos comen de las migajas que caen de la mesa de sus amos» (v. 27).

A esta mujer rota le importó un bledo lo que pensaran los demás de ella. Las miradas hostiles, los ceños fruncidos y el aparente rechazo simplemente le resbalaron. Ella aceptó su quebrantamiento completamente —una mujer en una cultura dominada por hombres, una cananea en una sociedad judía, una forastera en una región ajena, una madre con una hija poseída por un espíritu demoniaco— y su fe resplandeció *en nombre de otra persona*.

Jesús la miró y respondió: «Oh mujer, grande [griego, *megale*] es tu fe; hágase contigo como quieres» (v. 28). Y una vez más, Jesús sanó a la distancia. En algún lugar —tal vez a muchos kilómetros de distancia—, una niñita sintió que algo salía de ella, y una paz como ninguna otra que hubiera experimentado antes se asentó en lo más profundo de su corazón.

¡Me encantan las historias como estas! Me recuerdan una y otra vez cuánto se deleita Dios en hombres y mujeres que van más allá de sí mismos para hacer «grandes» cosas por otros. Él llama a la gente rota no solo a poner su fe en Él, a pesar de la oscuridad, sino también a atreverse a ir más allá de ellos mismos, por medio de la fe, para traer la sanidad y el toque amoroso de Cristo a otros hombres y mujeres que también sufren.

Este último relato en particular, también me recuerda que acudir en fe al Dios viviente no siempre va a ser fácil. Tal vez tengamos que luchar durante periodos de silencio inexplicables. Quizás nos toque perseverar ante unos rechazos divinos aparentes. Es posible que tengamos que buscar muy en lo profundo para acceder a nuestra fe; una fe que Dios mismo ya colocó allí y que al fin prevalece.

Dios nos llama —a los quebrantados, a los heridos, a los que damos traspiés, a los débiles, a los discriminados, y sí, hasta a los tontos— a hacer algo más grande, algo que vaya más allá de nuestra comodidad. Él nos llama a ser la iglesia para otros.

Un tiempo para crecer

Para ser la iglesia para otros necesitamos tener una fe que sea profundamente nuestra, una fe que se aparte de nuestra formación. En su libro *Cambios que sanan*, el doctor Henry Cloud escribe: «Cuando la gente comienza a razonar como adultos, y ya no como niños que piensan en blanco y negro, el misterio y la ambigüedad se vuelven más aceptables, y el amor se torna más importante».[28]

Vi como esto sucedía recientemente con nuestro hijo de diecinueve años. Christian ha sido un muchacho muy compasivo desde que era muy pequeño. A los cinco años de edad me pidió que orara con él porque quería comenzar una relación personal con Cristo. Ha sido hermoso ver cómo ha madurado su fe en los pasados años, particularmente en lo que concierne a ser el corazón y las manos de Jesús para aquellos que te rodean. Este año comenzó la escuela superior y ha hecho algunos nuevos amigos.

Un día, mientras Christian, Barry y yo manejábamos de regreso a casa, Barry le dijo a Christian que pensaba que debía mantener algo de distancia de un muchacho que parecía tener problemas y que no se estaba comportando bien en la escuela. Christian estuvo de acuerdo con que el muchacho estaba atravesando por momentos difíciles puesto que su mamá y su papá estaban peleando un complicado divorcio. «Simplemente pienso que debes mantener algo de distancia por un tiempo», le dijo Barry, como el padre protector que siempre ha sido.

«Papá», le contestó Christian, «no quiero llevarte la contraria, pero me parece que se *supone* que sea su amigo. Si simplemente me alejo, ¿cómo cuadra eso con Dios?»

Uao.

Eso es tener una fe que te pertenece, una fe que es real y profunda. Crecer en Cristo significa deshacernos de nuestra necesidad de entender y controlarlo todo, y también deshacernos de nuestra necesidad de aprobación. Mientras más nos acercamos al corazón de Cristo, menos se trata nuestra fe de *nosotros*, y de lo que nos hace sentir bien a *nosotros*, y más comienza a tratarse de los demás.

Nunca llegaremos a ser la iglesia para otros si primero no maduramos en Cristo. Los creyentes maduros llegan a ser más «como Cristo». Hasta el nombre «cristiano» significa «pequeño Cristo».

¿Y cómo llegamos a ser más como Cristo?

Tal vez no te guste la respuesta bíblica.

Por lo que veo en las Escrituras, el *sufrimiento* parece estar bastante involucrado en esto. Pero claro, ¿por qué debería sorprendernos? Se nos dice, después de todo, que «Dios —para quien y por medio de quien todo fue hecho— eligió llevar a muchos hijos a la gloria. Convenía a Dios que, mediante el sufrimiento, hiciera a Jesús un líder perfecto, apto para llevarlos a la salvación» (Hebreos 2.10, NTV). ¡El mismo Cristo tuvo que sufrir para ser hecho «perfecto»!

Sí, ¿pero qué realmente significa esto?

La palabra traducida como «perfecto» en este pasaje juega un papel tan importante en el libro de los Hechos que el autor la usa en nueve ocasiones. Un comentarista escribe que, aunque el texto no tiene ninguna *im*perfección en lo que respecta a Jesús, «existe una perfección que resulta de haber sufrido realmente y que esto es diferente de la perfección de estar listos para sufrir. El capullo puede ser perfecto, pero existe una diferencia entre su perfección y la que posee la flor».[29]

Entonces, si Jesús mismo tuvo que sufrir para llegar a ser «perfecto» como nuestro Salvador, ¿cómo podemos imaginar que nosotros no tenemos que sufrir, si nuestra meta es llegar a ser como Él?

¿Puedes imaginarte al apóstol Pablo asintiendo con su cabeza a este pensamiento? Mientras estuvo encarcelado en una prisión romana, él escribió estas palabras: «A fin de conocerle [a Cristo], y el poder de su resurrección, y la participación de sus padecimientos, llegando a ser semejante a él en su muerte» (Filipenses 3.10).

Es evidente que Santiago también tenía esto en mente: «Hermanos míos, tened por sumo gozo cuando os halléis en diversas pruebas, sabiendo que la prueba de vuestra fe produce paciencia. Mas tenga la paciencia su obra completa, para que seáis perfectos y cabales, sin que os falte cosa alguna» (Santiago 1.2–4). Nos guste o no, lo aceptemos o no, la madurez viene, por lo menos en parte, a través de la respuesta divina al sufrimiento.

El sufrimiento que nos ayuda a ser más como Cristo también nos capacita y nos motiva para convertirnos en siervos mejores y más dispuestos. ¡Y esto es muy cierto! Y, a su vez, el servicio juega un papel importante en ayudarnos a madurar. Pablo nos dice que Dios le dio a la iglesia varios líderes para «perfeccionar a los santos para la obra del ministerio». ¿Por qué razón? El servicio no solo edifica a la iglesia, alienta a la unidad y nos ayuda a conocer a Cristo, sino que también nos equipa para alcanzar la madurez, de modo que podamos alcanzar «la medida de la estatura de la plenitud de Cristo» (Efesios 4.11–13).

Dios usa tanto el sufrimiento como el servicio para capacitarnos a fin de alcanzar esa medida de la plenitud de Cristo. Sin embargo, pienso que hay un tercer elemento que juega un papel importante.

Las Escrituras.

Maduraremos en Cristo a través del sufrimiento y del servicio solo cuando la Palabra de Dios se entrelaza por medio de nuestras experiencias, y nuestras mentes se vuelven más como la mente de Cristo. Si bien es cierto que escuchar buenos sermones puede ser increíblemente útil, y la lectura de sólidos libros cristianos o sintonizar transmisiones radiales con buena base bíblica puede alentarnos en el proceso, nada ayuda más que leer y estudiar la Palabra de Dios y pedirle al Espíritu Santo que nos enseñe.

Y es aquí, me parece, donde muchos de nosotros resbalamos un poco.

Indaga por ti mismo

Cuando creces en la costa oeste de Escocia, parece que ves ovejas por todas partes. De hecho, si aterrizas en el aeropuerto de Glasgow y manejas treinta millas [48 kilómetros] hacia el suroeste, hasta Ayr, mi pueblo natal, vas a pasar un campo tras otro repleto de enormes ovejas con hermosa lana blanca.

Con frecuencia he escuchado a turistas estadounidenses comentar sobre lo blancas que lucen las ovejas. ¿Sabes por qué nuestras ovejas se ven tan blancas? Sencillo: ¡siempre está lloviendo! Cualquier lodo o sucio que puedan tener, rápidamente se lava en la lluvia.

En el invierno del 2010, sin embargo, todo cambió. El excepcionalmente severo invierno de ese año en Gran Bretaña trajo consigo una nueva realidad para las ovejas, una con la que no podían lidiar porque habían perdido las destrezas necesarias. Leí sobre esto en un periódico inglés, en un artículo titulado: «Historias sobre nieve: Las ovejas han olvidado cómo lidiar con la nieve».[30]

Veinticinco años de inviernos más templados implicaba que los rebaños habían perdido la práctica de buscar refugios en las cimas de las montañas y los pastores habían perdido la práctica de proveérselos. El artículo citaba a Malcolm Corbett, que cultiva en el parque nacional Northumberland. Corbett explicaba que en el pasado, durante los inviernos muy crudos, los pastores reunían a sus rebaños en refugios abiertos y circulares donde podían encontrar forraje que se dejaba allí para ellas. «Las ovejas jóvenes aprendían de las más viejas a venir a los refugios durante el mal tiempo, pero eso no es algo que hayan tenido que hacer recientemente».

Aparentemente, aun sin refugios construidos por el hombre, las ovejas pueden sobrevivir por largos periodos de tiempo si cavan una madriguera en la nieve y encuentran alguna fuente de alimento. Corbett continuó: «Los animales evolucionan, y así también las costumbres que los mantienen y sostienen en su medio ambiente, por lo que este tipo de refugio bajo la nieve es algo que no han necesitado».

Así que en el invierno del 2010, cuando cuatro pies [121 centímetros] de nieve cayeron en las colinas, muchas ovejas murieron. Ellas no sabían que si usaban sus pezuñas, diseñadas para excavar, habrían podido escavar profundo y encontrar lo necesario para sobrevivir todo el invierno.

No pude evitar verme a mí y a muchos otros dentro del cuerpo de Cristo en esta historia. Nos hemos acostumbrado tanto y tanto a que nos ofrezcan con la mano la Palabra de Dios, que hemos olvidado cómo escavar aunque sea un poco y buscar alimento por nosotros mismos. Entonces la vida se torna difícil y el viento sopla y la nieve cae sobre nuestros corazones... y descubrimos que no recordamos cómo escavar profundamente en la Palabra de Dios para alimentarnos. Así que comenzamos a pasar hambre, a pesar de que todo lo que necesitamos está ahí, esperando por nosotros.

En una lectura devocional a la que llamó «Saquea la Biblia en oración», John Piper insiste que para «poder entender la Palabra de Dios, y deleitarnos en el Dios de la Palabra, y poder ser cambiados de adentro hacia fuera, tenemos que orar: "Abre mis ojos, y miraré las maravillas de tu ley" (Salmo 119.18)».[31] Pero nunca debemos enfrentar a la oración y el estudio de la Biblia como si tuviéramos que escoger entre los dos.

Piper ofrece cuatro sugerencias sobre cómo indagar en la Palabra.

Primero, *ora y lee*. En Efesios 3.3–4 Pablo escribió: «Tal como antes les escribí brevemente, Dios mismo me reveló su misterioso plan. *Cuando lean* esto que les escribo, entenderán la percepción que tengo de este plan acerca de Cristo» (NTV, énfasis añadido). Piper resalta: «¡Cuando *leas*! Dios deseaba que los misterios más grandes de la vida fueran revelados por medio de la lectura... la oración no puede reemplazar la lectura. La oración puede tornar la lectura en una oportunidad para ver. Pero si no leemos, no veremos. El Espíritu Santo es enviado para glorificar a Jesús, y la gloria de Jesús es descrita en la Palabra. Así que lee».

Segundo, *ora y estudia*. No podemos manejar con precisión la Palabra de verdad sin pasar tiempo con ella, meditando en ella, estudiándola (véase 2 Timoteo 2.15). Si queremos recibir lo más posible de la Palabra de Dios —si queremos alcanzar el alimento que necesitamos cuando los montones de nieve se acumulan— entonces debemos trabajar en la Palabra.

Tercero, *ora y saquea*. Piper sugiere que abordemos la Biblia «como un avaro en la fiebre del oro, o una novia que ha perdido su anillo de compromiso en algún lugar de la casa. Ella saquea la casa. Esa es la manera en que buscamos a Dios en la Biblia». Proverbios 2.3–5 nos dice: «Pide con todas tus fuerzas inteligencia y buen juicio; entrégate por completo a buscarlos, cual si buscaras plata o un tesoro escondido. Entonces sabrás lo que es honrar al Señor; ¡descubrirás lo que es conocer a Dios!» (DHH).

¿Creemos verdaderamente que la Biblia contiene tesoros escondidos? Si es así, debemos actuar como tal. Y debemos recordar que Dios promete dar a todo aquel que lo busca con todo su corazón (véase Jeremías 29.13).

Cuarto, *ora y piensa*. La traducción de Piper de 2 Timoteo 2.7 lee: «Reflexiona en lo que digo, y el Señor te dará entendimiento en todo». A pesar de que Dios nos «da» entendimiento, usualmente no lo hace a menos que primero pasemos el trabajo de pensar. «Dios ha ordenado que la *obra reveladora de su Espíritu* siempre se combine con la *obra informativa de su Palabra*», escribe Piper. «Su meta es que veamos y reflejemos la gloria de Dios. Así que abre nuestros ojos cuando estamos buscando la gloria de Dios en la Palabra».

Si el alimento se encuentra debajo de las pezuñas de las ovejas en el invierno, ¡cuánto más estará el tesoro al alcance de nuestros dedos en la Palabra de Dios! Pero para beneficiarnos de ese tesoro tenemos que leerlo, reflexionar en él, estudiarlo y orar por él. Solo así recibiremos el sustento que nos mantiene con vida cuando aúllan los vientos glaciales del invierno y el hielo cubre nuestro camino como una frazada. Amy Carmichael escribió en una ocasión:

Antes de que cesen los vientos,
Enséñame a habitar en tu calma;
Antes de que el dolor haya pasado en calma,
Permíteme, Dios mío, cantar un salmo.
Permite que no pierda la oportunidad de probar
La plenitud de un amor que me capacita.
Oh, amor de Dios, haz esto por mí:
Mantén una constante victoria.[32]

Por el techo

Los creativos jóvenes que describe Marcos 2 hicieron lo imposible para ayudar a su amigo enfermo. Ellos decidieron traerlo a Jesús, costara lo que costara, para que pudiera ser sanado.

Cuando vieron a la inmensa multitud congregada alrededor de Jesús, pudieron haberse rendido y decir: «Bueno, mejor lo tratamos en otro momento, en otro lugar, otro día». ¿No lo habrías hecho tú? Me parece que yo sí. ¿Cómo podrían llevar a un pobre hombre, que no podía caminar, ni siquiera arrastrarse, a través de una muchedumbre como aquella?

Sin embargo, en su amor por él, encontraron una manera.

Como suele hacer el amor.

La casa galilea típica tenía un techo plano con una escalera o escalinata exterior que conducía a él. El techo —construido con lodo, juncos y ramas—, pasaría por un proceso de remodelación cada otoño, antes de que comenzaran las lluvias del invierno.

No tengo idea de cómo aquellos hombres se las ingeniaron para subir por la escalera a su amigo paralítico, en su lecho, pero lo hicieron. Y después de colocarlo sobre el techo (¿te imaginas la intensidad con la que este hombre incapacitado debía haber estado orando en aquel momento?), comenzaron a hacer una abertura. Imagínate que hubieras estado sentado adentro aquel día, escuchando a Jesús, cuando de repente, ¡pedacitos de lodo y de juncos comenzaran a caerte en la cabeza! Los amigos deben hacer hecho un agujero bastante grande porque pudieron bajar al hombre en su lecho hasta dentro de la casa.

Tampoco tuvieron problema con su puntería. Bajaron a su amigo justo al frente de Jesús.

Me parece fascinante ver la manera en que Cristo respondió. Él no mostró enojo —ni siquiera un destello de molestia— porque esos hombres habían interrumpido su sermón. (La Biblia no nos dice cómo se sintió la *esposa* de Pedro cuando vio que habían removido la mitad de su techo en medio del sermón.) Al contrario leemos que Él «vio su fe». Otros podrían haber visto el desorden o el inconveniente o el atrevimiento.

Pero Jesús no.

Jesús vio su fe... y la recompensó. Aquel día, sus amigos regresaron a casa física y espiritualmente satisfechos.

Ciertamente, en aquel tiempo, muchos necesitaban sanidad: ciegos, cojos, mutilados, lisiados, poseídos y paralíticos. Todos se arremolinaban en las calles, suplicando por ayuda. Lo que distingue a este hombre (¡y lo pone en la Palabra de Dios por toda la eternidad!) fue que tenía cuatro amigos que simplemente no se rindieron con él.

Me los puedo imaginar aquella mañana, mirando a los ojos de su amigo paralítico. «No te preocupes», tal vez le dijeron. «De una forma u otra, te vamos a llevar a Jesús. ¡Ya verás!»

Ellos ejemplificaron la enseñanza de Jesús: «Les doy un mandamiento nuevo: Ámense unos a otros. Ustedes deben amarse de la misma manera que yo los amo. Si se aman de verdad, entonces todos sabrán que ustedes son mis seguidores» (Juan 13.34–35, TLA). Ellos habían aceptado el llamado de Dios para algo más grande, a ser la iglesia para otros.

¿Has aceptado tú este llamado? ¿Lo he aceptado yo?

A medida que viajo por todo el mundo, veo a muchísimas personas solas y desamparadas dentro de la iglesia que anhelan tener el tipo de amigos que tuvo el paralítico; amigos que simplemente se niegan a rendirse con ellos. Amigos que los carguen, si pueden, o los arrastren, si es necesario, hasta el trono de la misericordia. No permitamos que nuestra cultura egoísta y engreída, o nuestras vidas atestadas y estresadas, nos roben la simple alegría de preocuparnos los unos por los otros.

A pesar de nuestro dolor individual, seamos la iglesia para otros.

A pesar de nuestros problemas personales, respondamos al llamado para algo más grande.

Estar rotos cambia la manera en que vemos a los demás. Aquellos que entienden que todos cojeamos, se convierten en mejores compañeros de viaje.

Y luego, contemplemos maravillados a Dios hacer lo que solo Él puede hacer.

Once

Solo el herido puede servir

¿Qué tal si tus heridas te capacitan para su servicio?

Hace unos años, compré una copia de *The Collected Short Plays of Thornton Wilder* [Colección de piezas teatrales cortas de Thornton Wilder] en una librería en Seattle, Washington.

No conocía mucho sobre el trabajo de Wilder, excepto la pieza *Nuestro pueblo*, pero mientras revisaba la tabla de contenido, una sección en particular captó mi atención.

El ángel que agitaba las aguas y otras piezas: Obras de tres minutos para tres personas.

Asumí que Wilder había basado el título de la pieza en la historia que se encuentra en Juan 5.1–9, sobre el paralítico que había esperado por años junto a un estanque en Jerusalén, anhelando un toque de sanidad divina a manos de un mensajero angelical. Así que, por curiosidad, compré el libro, preguntándome qué podría hacer el afamado dramaturgo estadounidense con esta poderosa historia... ¡en solo tres minutos!

No tenía idea —aunque estoy segura que Dios sí la tenía— del gran impacto que tendría en mi vida.

Los tres personajes en la obra, libremente basados en el evangelio de Juan, incluyen al Recién Llegado, el Inválido Equivocado y el Ángel. Cuando comienza la obra, el Ángel camina inadvertidamente entre los enfermos, el ciego y el paralítico. Solo los gemidos de los adoloridos interrumpen el silencio. Uno de los enfermos, el Inválido Equivocado, de repente despierta de una pesadilla. Pensando que el Ángel ya había agitado las aguas, corre hacia el estanque, solo para darse cuenta de su error, por lo que se arrastra fuera del agua, otra vez decepcionado.

El Inválido Equivocado regresa y ve al Recién Llegado parado a su lado. Él reconoce al hombre como el doctor de sus hijos y, como no veía lo que estaba mal con él, le dice bruscamente: «Regresa a tu trabajo y deja estos milagros para nosotros los que en realidad los necesitamos».

El Recién Llegado ignora al Inválido, y sigue orando en voz baja, rogándole a Dios que lo sane. De repente, el Ángel se hace visible al Recién Llegado y le pide que salga del agua. El Recién Llegado le suplica que tenga misericordia, porque aunque parece estar bien en el exterior, seguramente el Ángel puede ver lo magullado y roto que está en el interior. El Ángel reconoce el quebranto del Recién Llegado, pero le dice que la sanidad no es para él.

En este punto de la obra, ya me sentía cautivada por la redacción e intrigada con el diálogo. Pero las siguientes líneas traspasaron mi corazón:

> Ni los mismos ángeles pueden persuadir a los hijos miserables y que andan a tropezones en la tierra como puede hacerlo un ser humano que ha sido roto en las ruedas de la vida. En servicio del amor solo los soldados heridos pueden servir. Retírate.[33]

En servicio del amor solo los soldados heridos pueden servir. ¡Qué declaración tan poderosa!

¿Qué tal si el quebranto es un regalo divino, un misterio que solo podemos entender completamente y apreciar verdaderamente en la eternidad?

¿Qué tal si nuestras heridas más profundas son justo lo que Dios necesita para que su misericordia fluya a otros?

¿Qué tal si en lugar de tratar de arreglarnos a nosotros mismos, nos presentamos rotos e imperfectos como somos, para ser usados como Él quiera, para su gloria y nuestro beneficio?

A medida que se acerca el final de la obra de Wilder, el Inválido Equivocado ve al Ángel agitando las aguas y entra primero al estanque. Cuando emerge sanado e íntegro, le suplica al Recién Llegado que vaya con él a su casa: «Mi hijo está perdido en medio de unos pensamientos muy oscuros, yo... yo no lo entiendo, tú eres la única persona que ha podido levantar su ánimo».[34]

¿Qué tal si el quebranto que le pedimos a Dios que repare es, de hecho, un regalo? ¿Qué tal si las heridas que le imploramos a Dios que sane, las cargas que le suplicamos que remueva, son justo las circunstancias que nos capacitan para su servicio?

¿Será que nuestro quebranto es una bendición?

Rotos para servir

No conozco los compromisos espirituales que Thornton Wilder pueda haber hecho a lo largo de su vida, pero al momento de su muerte en 1975, había ganado tres Premios Pulitzer y un «National Book Award», entre otros reconocimientos, y varias de sus obras se enfocan en algún aspecto de la espiritualidad. Mientras su padre servía como Cónsul General de los Estados Unidos en China, Wilder estudió en una escuela de la Misión al Interior de China. Más adelante, conoció al existencialista Jean-Paul Sartre y hasta llegó a traducir al inglés algunos de sus trabajos, pero Wilder rechazó el ateísmo de Sartre.

Aunque la mayoría de los críticos consideran *El ángel que perturbó las aguas* como la primera obra dramática exitosa de Wilder (1928), unos pocos años después (1935) escribiría *Heaven's My Destination* [El cielo es mi destino], una historia enmarcada en la era de la Depresión sobre un vendedor itinerante de libros religiosos. Y la novela por la que ganó el Premio Pulitzer, *El puente de San Luis Rey* (1927) explora el «problema del mal» y por qué les ocurren cosas malas a personas aparentemente inocentes. Es obvio que Wilder al menos conocía algunos aspectos de las Escrituras y muchos de sus temas más importantes le impulsaron a escribir.

No puedo dejar de pensar en esa idea cada vez que reflexiono sobre *El ángel que perturbó las aguas*. No es posible escribir una obra como esa sin conocer la Biblia, y no escribes una línea como «en servicio del amor, solo los soldados heridos pueden servir» a menos que sepas personalmente algo sobre estar roto. Wilder sirvió tanto en la Primera como en la Segunda Guerra Mundial, y sin duda vio a muchísimas personas rotas en esos terribles conflictos.

¿Acaso Wilder reconoció también el poder del quebranto en la mayoría de los grandes héroes bíblicos?

Si tuvieras que nombrar a dos individuos en la Biblia, aparte del Señor mismo, que ofrecieron a otros el servicio más profundo e impactante, ¿a quién escogerías?

Mi selección probablemente no sorprendería a nadie. Del Antiguo Testamento, escogería a Moisés, y del Nuevo Testamento seleccionaría a Pablo. Sin intención de ofender a Abraham, David, Pedro o Juan, creo que Moisés y Pablo sirvieron a otros «por encima» de todo el mundo en sus respectivos testamentos.

Y ambos estaban seriamente rotos.

Aunque Moisés creció en la privilegiada corte egipcia, nunca llegó a conocer a sus padres biológicos como mamá y papá. Ellos tuvieron que entregarlo cuando era bebé para salvarle la vida, y una separación así de forzada casi siempre deja cicatrices. ¿Provocó eso que albergara ira? Es posible. Es obvio que tenía un fuerte temperamento: a los cuarenta años tuvo que huir de Egipto luego de que, en un arranque de coraje, asesinara a un egipcio que estaba maltratando a unos esclavos hebreos. Un tartamudeo notable le acompañó desde la infancia hasta la adultez, una incapacidad física que le avergonzaba y que él pensaba que le descalificaba para servir a Dios. ¡Moisés tenía serios problemas de autoestima![35]

Y, sin embargo, Dios tomó a ese refugiado huérfano, tartamudo y asesino, y lo convirtió en el legislador de Israel, un hombre que 3,500 años después todavía evoca admiración, y hasta respeto reverencial, tanto de los judíos como de los cristianos. Por medio de Moisés, Dios nos da cinco libros del Antiguo Testamento y un salmo (90).

En servicio del amor, ciertamente Moisés califica como soldado herido.

Un milenio y medio después de la muerte de Moisés, un hombre que se llamó a sí mismo «hebreo de hebreos» (Filipenses 3.5), también se sumó a los siervos sufrientes de Dios. Pablo, también, se convirtió en un mejor siervo divino solo después de haber sufrido tremendamente.

No obstante, a diferencia de Moisés, Pablo creció con sus dos padres, quienes aparentemente tenían o las conexiones o el dinero para conferirle a su hijo la ciudadanía romana al momento de su nacimiento. Lo enviaron a los mejores colegios, y con el tiempo, estudió bajo la tutela de Gamaliel, el erudito judío más reconocido del momento. El celo de Pablo por Dios al final lo llevó a perseguir a los primeros cristianos, encarcelándoles y asesinándoles en un frenético esfuerzo por erradicar a la incipiente iglesia.

Pero algo muy gracioso le ocurrió a Pablo cuando iba en camino a provocar un mayor caos.

Se encontró con la última persona con la que esperaba encontrarse.

El Señor Jesús resucitado lo paró en seco, usó un resplandor de luz para tirarlo de su caballo y así trajo a este hombre violento y blasfemo a la fe salvadora en Cristo.

¿Cómo te hubiera parecido ser Ananías, el aterrorizado cristiano al que Dios usó para traer a Pablo a la fe? ¡Ananías no quería involucrarse para *nada* con *esa* tarea! Debió haber sido como recibir un emplazamiento divino para llevar un tratado de evangelismo a Hitler en su búnker en Berlín.

El Señor, sin embargo, le dejó saber a Ananías que estaba hablando muy en serio. Y luego le dijo algo muy interesante sobre Pablo: «porque yo le mostraré cuánto le es necesario padecer por mi nombre» (Hechos 9.16).

No se trata de que Pablo simplemente sufriera por el nombre de Cristo. El Señor le dijo a Ananías que tenía la intención de *mostrarle* a Pablo cuánto sufriría, antes de que el sufrimiento realmente le alcanzara. Y a medida que seguimos la trayectoria misionera de Pablo a lo largo del libro de los Hechos, vemos al Señor cumpliendo su palabra. En cierto punto, años más tarde, Pablo les dice a algunos amigos preocupados: «salvo que el Espíritu Santo por todas las ciudades me da testimonio, diciendo que me esperan prisiones y tribulaciones» (Hechos 20.23).

Podemos captar una perspectiva más profunda sobre la extensión del sufrimiento de Pablo por Cristo en sus propias cartas. En Gálatas, por ejemplo, él escribe: «Pues vosotros sabéis que a causa de una enfermedad del cuerpo os anuncié el evangelio al principio». De hecho, era una enfermedad tan severa que la llama «prueba» ante los gálatas. En otras palabras, cualquiera hubiera sido la enfermedad de Pablo, pudo haber provocado que estos creyentes le trataran con desdén o desprecio (4.13–14). En Filipenses, también cuenta cómo sus testigos cristiano le enviaron encadenado a prisión (1.13), y en la ciudad de Éfeso recuerda haber batallado contra fieras por la causa de Jesús (1 Corintios 15.32). Sin embargo, vemos la descripción más gráfica de su sufrimiento y quebranto en la segunda carta que escribió a la iglesia de Corintio. Escucha este maravilloso recital según la Traducción en Lenguaje Actual de la Biblia:

> Yo he trabajado más que ellos, he estado preso más veces, me han azotado con látigos más que a ellos, y he estado más veces que ellos en peligro de muerte.
>
> Cinco veces las autoridades judías me han dado treinta y nueve azotes con un látigo. Tres veces las autoridades romanas me han golpeado con varas. Una vez me tiraron piedras.

> En tres ocasiones se hundió el barco en que yo viajaba. Una vez pasé una noche y un día en alta mar, hasta que me rescataron. He viajado mucho. He cruzado ríos arriesgando mi vida, he estado a punto de ser asaltado, me he visto en peligro entre la gente de mi pueblo y entre los extranjeros, en la ciudad y en el campo, en el mar y entre falsos hermanos de la iglesia. He trabajado mucho, y he tenido dificultades. Muchas noches las he pasado sin dormir. He sufrido hambre y sed, y por falta de ropa he pasado frío.
>
> Por si esto fuera poco, nunca dejo de preocuparme por todas las iglesias.
>
> Cuando estuve en Damasco, el gobernador nombrado por el rey Aretas puso guardias en la ciudad para arrestarme. Pero pude escapar porque unos amigos me pusieron en un canasto, y me bajaron por una ventana de la muralla de la ciudad. (2 Corintios 11.23–28, 32–33)

Pablo no era masoquista. No le *gustaba* el sufrimiento más que a nosotros. Así que nos dice que hizo un concertado esfuerzo en oración pidiéndole a Dios que quitara de él un problema anónimo, a lo que llamó «un aguijón en mi carne, un mensajero de Satanás»; algo que constantemente lo atormentaba (2 Corintios 12.7).

Pablo oró fervientemente... y Dios dijo no.

Como resultado, el asolado apóstol aprendió a aceptar su continuo quebrantamiento como un don de Dios, diseñado para ayudarlo a servir a personas heridas de manera más efectiva.

Cuando su vida llegó a su fin (a través del filo de la espada de un verdugo), Pablo había fundado innumerables iglesias por todo el Mediterráneo y había redactado no menos de trece libros del Nuevo Testamento. Él sirvió, sirvió y sirvió... y mientras tanto, estaba desesperadamente roto, quebrantado.

Su vida evidencia que en servicio del amor, solo los soldados heridos pueden servir.

¡Pero es que estoy demasiado roto!

Algunos de nosotros hemos padecido tanta angustia, sufrido tanta tragedia y tolerado un dolor tan implacable que pensamos: *¡estoy demasiado roto* *para servir! Apenas puedo levantarme en las mañanas. Casi no puedo ni hablar sin sollozar. ¿Cómo puedes esperar que sirva?*

Créeme, no te estoy empujando a que hagas algo que pueda provocar que te sientas que pierdes el control. Yo, también, he caminado ese camino angosto justo al borde del acantilado; yo también he sentido el vértigo de esos lugares altos y solitarios.

Y, sin embargo...

Una antigua fábula chica cuenta de una mujer que tenía solo un hijo, un niñito. Cuando su hijo murió a temprana edad, una profunda tristeza se apoderó de ella que amenazaba con destruirla. Un día, en absoluto tormento, visitó a un hombre sabio en busca de ayuda. El hombre le dijo: «Sí, puedo ayudarte. Tengo una poción mágica que tiene el poder de aliviar tu tristeza. Pero tienes que hacer lo que diga. Ve de casa en casa en tu aldea y procura un grano de mostaza de una familia que nunca haya sentido el aguijón de la tristeza profunda».

Tan pronto la mujer concluyó su visita con el hombre sabio, regresó a su casa y comenzó a visitar a una familia tras otra. En toda su aldea, no encontró ni una sola familia que hubiera podido evitar la tristeza, así que no pudo obtener su grano de mostaza mágico. Pero a medida que sus vecinos le hablaban de corazón sobre sus angustias, tragedias y pérdidas, ella escuchaba... y la experiencia cambió su vida. De algún modo, ella comenzó a ministrarles. A la larga, la mujer comenzó a darse cuenta de que por lo menos un tanto de su tristeza se volvía menos agudo cuando estaba sirviendo a otros. Según comenzó a ayudar a otros a lidiar con su tristeza, su estado de ánimo comenzó a elevarse.

Mi amigo, mi amiga, no estoy escribiendo este capítulo para coaccionarte a hacer *nada*.

No tengo ningún deseo de empujarte, ni de avergonzarte ni provocarte cargos de conciencia para que trates de alcanzar a las personas heridas que te rodean. He escrito este libro para ayudarte a abordar tu quebranto, para que puedas una vez más ver la luz de Dios derramándose en tu oscurecido mundo. Ni siquiera pensaría en cargarte con otro «tienes que hacer esto o aquello», que solo añadiría más al gran peso que llevas ahora sobre tus hombros. Esa nunca ha sido mi intención, desde la primera página.

Pero también sé que las cargas pueden ser de más de un tipo. Y pienso que es importante para nosotros, las personas rotas, que entendemos qué tipo de cargas nos confrontan.

Demasiada carga

Uno de los primeros versículos que me aprendí de memoria cuando era una joven creyente fue Gálatas 6.2: «Ayúdense unos a otros a llevar sus cargas, y así cumplirán la ley de Cristo» (NVI).

No sé cómo explicarlo, pero siempre me sentí atraída a este llamado comunitario, estar presente para otros. Me encantaba la idea de que no tenemos que llevar solos nuestras angustias.

Y realmente suena muy sencillo, ¿no te parece? *Ayudémonos mutuamente a cargar nuestros asuntos porque la vida es dura. Es lo que Jesús haría, ¿cierto?* El problema es que si eres blando de corazón o malinterpretas el texto, es muy probable que pases el resto de tu vida tratando de ayudar a alguien a llevar su carga, sin nunca ver que esa persona se vuelve ni un poquito más fuerte. En lugar de esto, el individuo a quien te has dedicado a ayudar, podría tornarse más y más débil, y día a día, dependa más de ti.

Quizás estás ahí en este momento. Quieres hacer lo que es correcto, pero te sientes cada vez más drenado. ¿Crees que *realmente* Pablo nos llama a hacer esto?

Pero, si seguimos leyendo hasta Gálatas 6.4–5, nos topamos con esto: «Así que, cada uno someta a prueba su propia obra, y entonces tendrá motivo de gloriarse sólo respecto de sí mismo, y no en otro; porque cada uno llevará su propia carga».

¿Qué? ¿Es esto una contradicción? ¿Por qué la Biblia diría «ayúdense unos a otros a llevar sus cargas» y luego dar un giro y decir, «cada uno llevará su propia carga»?

En el idioma original, la palabra traducida como «carga» describía todo el cargamento de un barco; en otras palabras, lo que le resultaría a cualquier hombre o mujer demasiado difícil de cargar por sí mismo. Sin embargo, la palabra que se traduce como «responsabilidad» en la Nueva Versión Internacional se refiere a ese «peso» que carga un solo individuo, la cantidad de trabajo que hace una sola persona. ¿Puedes ver la importante diferencia entre ambos términos?

Es la diferencia entre cargar un enorme piano sobre tus espaldas o echarte a los hombros una mochila de cinco libras.

Hay momentos en la vida en los que pasamos por situaciones que resultan demasiado pesadas para que cualquiera de nosotros las lleve solos: la muerte de un hijo, el final de un matrimonio, la pérdida de una casa. En esos momentos, Dios nos llama a ayudarnos unos a otros a llevar la carga, pues, ¿quién podría llevar solo todo el cargamento de un barco? No obstante, cada uno de nosotros recibe una responsabilidad diaria que debemos cargar. Sin embargo, aún ahí, Él promete ayudarnos, pues no nos pedirá que llevemos más de lo que podemos llevar.

Recuerda estas reconfortantes palabras de Cristo: «Vengan a mí todos ustedes que están cansados y agobiados, y yo les daré descanso. Carguen con mi yugo y aprendan de mí, pues yo soy apacible y humilde de corazón, y encontrarán descanso para su alma. Porque mi yugo es suave y mi carga es liviana» (Mateo 11.28–30, NVI). Me gusta mucho también la manera en que lo dice la Traducción en Lenguaje Actual: «Ustedes viven siempre angustiados y preocupados. Vengan a mí, y yo los haré descansar. Obedezcan mis mandamientos y aprendan de mí, pues yo soy paciente y humilde de verdad. Conmigo podrán descansar. Lo que yo les impongo no es difícil de cumplir, ni es pesada la carga que les hago llevar».

Siento una gran *libertad* al tener una mayor comprensión de este texto, ¿no te parece?

Dios no nos está llamando a intervenir en la vida de alguien y que carguemos la cruz diaria que Jesús quiere que él o ella lleven a medida que lo siguen. No, pues eso sería hasta perjudicial para ese hombre o esa mujer. ¿Cómo podría fortalecer su fe si seguimos haciendo eso *por* esa persona? Jesús no nos pide que seamos alcahuetes ni codependientes. ¡Para nada! Por el contrario, el Señor nos llama a cada uno de nosotros a cargar lo que Él nos ha dado. Sin embargo, en esos momentos cuando nuestros hermanos o hermanas se sienten abrumados por un peso aplastante que no pueden llevar solos, entonces intervenimos en sus vidas en el nombre de Jesús y les ayudamos hasta que puedan pararse otra vez sobre sus propios pies.

Una gracia peculiar

Al mismo tiempo en que reconozco que Dios nos llama a cada uno a llevar nuestra propia carga, también creo que en el reino de Dios algunos reciben lo que llamo una gracia peculiar —a través del quebranto— que les marca de por vida y que atrae hacia ellos a otras personas. Puedo pensar en muchas personas así en mi propia vida, una lista de gente que ha sufrido muchísimo, pero que en lugar de centrarse en ellas mismas y en su dolor, se convirtieron en faros en la noche de otros. Y aunque ni por un momento tengo la intención de añadir mi nombre a esa lista, tuve un encuentro inusual en uno de los peores momentos en mi vida que me ayudó a ver un aspecto de la gracia que no había anticipado.

Luego del largo mes en que estuve internada en el hospital siquiátrico, no tenía la más mínima idea de qué haría con el resto de mi vida. A los treinta y seis años de edad, todo lo que había conocido era el ministerio público, ya fuera como cantante o como conductora de televisión. Y, por lo que sabía en ese momento, esos días habían terminado para siempre. Lo había escuchado de uno de los miembros del personal en la «Christian Broadcasting Network» quien me dijo: «Una vez la gente se entere dónde has estado, nadie jamás confiará en ti otra vez».

Asumí que él tenía razón.

Tomé sus palabras como ciertas.

Como resultado, decidí regresar al seminario, sin ninguna intención de prepararme para el ministerio. Después de todo, había soltado todo aquello. Me inscribí solo para el bien de mi alma, para enriquecimiento personal. Me mudé de Virginia Beach, en la costa este de los Estados Unidos, a California, en la costa oeste, y allí me matriculé en el Seminario Teológico Fuller.

Justo había comenzado a establecerme, cuando algunas amistades me preguntaron si quería asistir a un seminario intensivo de cuatro días sobre la vida cristiana. Me parece que les respondí que prefería meter mi mano en una licuadora. Me sentía agotada y triste, y no tenía ningún deseo de interactuar con nadie, excepto con mis compañeros estudiantes. Pero mis amistades insistieron, diciéndome que habían asistido antes y que había cambiado sus vidas.

«¿Cambiar mi vida?»

¿Acaso no había tenido suficiente de eso para un siglo o dos?

Otra vez, les respondí que no. Y una vez más, mis amigos se negaron a aceptar un no como respuesta. Uno de ellos me dijo: «Bien. Escúchame, ya yo *pagué* para que asistas. Ve el primer día, si no te gusta, no regreses».

A la larga acepté ir, pero solo porque sabía que ellos estaban preocupados por mí. Un día en esa actividad será suficiente y más que suficiente. Luego de eso, daría mis excusas y me iría.

Terminé, sin embargo, quedándome todo el fin de semana.

Cerca de cuarenta personas pasamos por varios ejercicios para mostrarnos quiénes éramos en realidad y en qué creíamos verdaderamente.

Tuve sentimientos encontrados sobre gran parte del fin de semana, puesto que no soy fanática de las situaciones demasiado emotivas combinadas con poco contenido bíblico. Algunos de los ejercicios parecían estar diseñados para revolcar el dolor pasado sin el ambiente adecuado para lidiar tiernamente con él. Pero aun así, Dios usó un momento en particular para hablar profundamente a mi corazón.

Los organizadores nos entregaron a cada uno un palillo de madera y luego explicaron el resto del ejercicio. Teníamos que imaginarnos que estábamos en un barco que se estaba hundiendo, pero nuestro bote salvavidas carecía de sillas suficientes para salvar a todo el mundo. Cada uno de nosotros tenía que confiarle su palillo a la persona que creíamos le diría a nuestros seres queridos lo mucho que significaban para nosotros; a la persona que viviría para marcar una diferencia en el mundo. Le entregué mi palillo a un hombre que había dicho que su único propósito para haber asistido era aprender a amar mejor a su esposa e hijas. Lo había visto reconocer los errores que había cometido y llorar lágrimas muy amargas, pero también lo había visto comprometerse a ser un hombre diferente, con la ayuda de Dios.

Le creía.

Hasta el mero pensamiento de «marcar una diferencia» me parecía abrumador en aquel momento, así que me arrodillé en el suelo con los ojos cerrados, a pesar de que nos habían pedido que nos paráramos formando un círculo. Mientras la música sonaba en el fondo, me parecía como si estuviera viendo una película de todos mis años en el ministerio público, tratando de hacer todo bien, de ser fuerte y ahora estaba allí, en aquel lugar, profundamente quebrantada, rota, y sintiéndome imposiblemente débil.

«¿Puedes ver lo que está ocurriendo?», me susurró un facilitador al oído. Abrí mis ojos para ver de lo que estaba hablando... y allí, a mis pies, vi un montón de palillos de madera. Parecía como si todo el mundo me hubiera dado a *mí* su palillo.

«¡No los quiero!», dije entre lágrimas. «No me queda nada que dar».

«Todos aquí parecen sentir algo distinto al respecto», me dijo.

Todavía conservo cada uno de aquellos palillos. Los tengo en una jarra de cristal en mi oficina. No los conservo para recordarme que votaron por mí para que ocupara un lugar en el bote. Los conservo para recordarme que, en lugar de una maldición, en las manos rotas de Cristo, el quebranto es un don, un honor... una gracia peculiar.

La compañía del quebranto

Hace unos años, recibí una carta de parte de un líder ministerial preguntándome si podía reunirme en privado con su esposa. Él sabía que yo iba a estar de visita en su ciudad en un evento para mujeres y me escribió: «Un grupo de mujeres de mi iglesia va a asistir, pero mi esposa no es una de ellas. Ella está luchando con una gran tristeza de su pasado que la mantiene en el suelo». Me dijo que ella realmente creía que si alguien descubría sus luchas, se afectarían la reputación y el ministerio de él. Era evidente que él *no* lo creía, pero se sentía impotente para convencerla.

Hice los arreglos pertinentes para separar un lugar privado para nuestra reunión, y le dije que si ella estaba dispuesta a reunirse conmigo, con gusto lo haría.

Al principio, ella ni siquiera hizo contacto visual conmigo, así que le dije: «No tienes que contarme nada acerca de tu vida. Pero, me gustaría contarte un poco de la mía».

Le hablé sobre la vergüenza que había sentido.

Le dije que creía que le había fallado a Dios y a todo el mundo.

Le dije que había mojado la alfombra con mis lágrimas una noche tras otra, tras otra y tras otra.

Le dije que creía que la oscuridad nunca iba a pasar y que había orado pidiendo la muerte.

Y le conté acerca de la esperanza que había encontrado.

Le dije que todavía tomo medicamentos y que cada mañana me tomo esa pastillita acompañada con una oración de agradecimiento porque Dios ha hecho una senda para aquellos que sufrimos de esta manera en este planeta tan quebrantado. Y le dije que en los momentos más oscuros de mi vida, descubrí que Dios vive muy cerca del suelo, pegadito de aquellos que estamos rotos.

Mientras viva, jamás olvidaré la mirada en sus ojos, cuando finalmente alzó su vista y me miró a la cara. ¡No es coincidencia que Dios haya puesto nuestros conductos lacrimales en nuestros ojos! El dolor debe ser visto. Con lágrimas corriéndole por las mejillas, se lanzó a mis brazos y sollozamos juntas por un largo tiempo. El tiempo de las palabras había pasado. Habíamos encontrado una profundidad de entendimiento, de compañía, que iba mucho más allá de lo que cualquiera de las dos pudiera decir. Oré por ella antes de irse y mientras corría a los brazos de su esposo. Estaba en camino a la sanidad, tal vez no se estaba despojando de su aflicción, pero sí estaba sintiendo la aceptación de Dios en medio de ella.

El servir en medio de nuestro quebranto es un hermoso regalo de gracia. No todo el mundo lo entiende. No todo el mundo está dispuesto a que le rompan. Pero cuando te encuentras roto en las manos del Maestro, nunca jamás volverás a vivir la ilusión de que estás, en tu propia fuerza, «entero».

DOCE

EL DOLOR SAGRADO

Cómo transforma Dios tu dolor en algo sagrado

Hace más de veinte años, Jerry Sittser y su familia regresaban a casa en su minivan, luego de haber pasado un día muy divertido aprendiendo sobre la cultura y la historia de los indígenas nativos de Estados Unidos.

Jerry recuerda haber echado un vistazo a la autopista y ver un auto a la distancia, acercándose muy de prisa, cruzando la línea divisoria de los carriles. A medida que se acercaba a una curva, Jerry tocó el pedal de los frenos, con la idea de alejarse lo más posible de aquel enloquecido conductor.

No lo logró.

Con un conductor intoxicado detrás del volante, el auto saltó los carriles y, a una velocidad de ochenta millas por hora (120 Km/h), impactó de frente la minivan de los Sittsers.

Un instante después, la esposa de Jerry, Lynda; su hija de cuatro añitos, Diana Jane, y la mamá de Jerry, Grace, estaban muertas.

¡Tres generaciones... desaparecidas en un instante!

Eso fue lo que Jerry escribió en un irresistible y conmovedor libro titulado *Recibir la gracia escondida: Cómo mantenernos en pie en el dolor y la pérdida.*[36]

El libro de Jerry ha ayudado a miles de lectores desde su publicación en 1995, y su edición expandida nueve años más tarde ha ayudado a muchos más. Pero el autor insiste en que no escribió ese libro «para ayudar a nadie a superar ni a comprender la experiencia de una pérdida catastrófica».

¿Por qué diría algo así? Porque Jerry Sittser cree «que "recuperarse" de una pérdida así es irrealista y hasta una expectativa perjudicial, si por "recuperarse" queremos decir que vamos a volver a la manera en que vivimos y sentimos antes de la pérdida». Entonces, ¿por qué escribió el libro? Lo hizo para «mostrar cómo es posible convivir y ser ensanchado por la pérdida, aun cuando continuamos experimentándola. ... Mi meta no es proveer soluciones rápidas e indoloras, sino señalar el camino hacia una jornada de crecimiento que dura toda la vida».[37]

Luce que Jerry tiene en mente lo que llamo «el dolor sagrado».

Una transformación sobrenatural

En un mundo caído como este, el dolor y el sufrimiento nos tocan a todos. La tragedia golpea, los accidentes ocurren, la enfermedad azota, la pérdida se entromete, lo inimaginable —de alguna manera—, se convierte en realidad. Aun para los cristianos. Aun para los seguidores de Jesucristo obedientes, llenos del Espíritu, fieles y entusiastas.

Steven Brown lo describe así: «Nunca he podido entender cómo los cristianos que dicen seguir a Aquel que terminó colgado despatarrado en medio del montón de basura de la ciudad, entre dos ladrones, pueden inventar la idea de que la vida es fácil, que no sufriremos, y que el propósito principal de Dios en el mundo es hacernos felices y darnos una buena vida».[38]

Amén, Steve. Tú y yo sabemos que los dolores de este mundo nos alcanzan a todos.

Pero, ¿el dolor *sagrado*? Esa es una historia totalmente diferente.

El dolor es solo dolor. Pero cuando decidimos tomar ese dolor y presentarlo a Dios para su uso soberano, entonces ese dolor se convierte en *sagrado*. Sí, todos tenemos que lidiar con el dolor en el transcurso de nuestras vidas: dolor físico, emocional y espiritual. Pero si permitimos que Dios tenga acceso a ese dolor, pidiéndole que lo transforme en algo que Él pueda usar... algo ocurre. Algo sobrenatural. Esta nueva, poderosa y celestial encomienda nos puede recordar un hogar que todavía no hemos visto, aun cuando nos mantiene enfocados en nuestro llamado aquí, en este atormentado planeta.

«La pérdida», dice Jerry Sittser, «es como una enfermedad terminal. No hay nada que podamos hacer para evitar padecer de tal enfermedad, excepto, tal vez, retrasarla por algún tiempo. Pero hay otra enfermedad que sí podemos sanar: la de nuestras almas. En asuntos del alma, no quiero tratar los síntomas, sino curar la enfermedad. Si encaramos la pérdida de frente y respondemos a ella sabiamente, en realidad nos convertimos en personas más saludables, aun cuando nos vamos acercando a la muerte física. Descubriremos que nuestras almas han sido sanadas, pues solo pueden ser sanadas a través del sufrimiento».[39]

Ten presente que estas palabras nos llegan de un hombre que perdió a su esposa, a su hija y a su madre en un horrendo instante, sin él tener ninguna culpa. En las páginas de su libro, describe cómo la agonía de su pérdida casi lo consume. La depresión lo abrumó, y por algún tiempo pensó que seguramente perdería la cordura. Su vida, antes perfectamente ordenada, se convirtió en caos.

Lloró sin parar durante cuarenta días seguidos luego del accidente.

Y luego... su luto se convirtió en algo demasiado profundo para las lágrimas.

Jerry ciertamente le hubiera dado la bienvenida a las lágrimas como un respiro para el inexorable y abismal dolor que lo arropaba desde el momento en que abría los ojos en la mañana.

Sí, le hubiera gustado llorar, pero no le llegaban las lágrimas. Todas se le habían secado.

Con el tiempo, sin embargo, Jerry aprendió a llevar su dolor ante Dios. Eso no hizo que su aflicción desapareciera. *Todavía* no ha desaparecido, aunque ya han pasado dos décadas.

No obstante, puede escribir: «El dolor y la muerte no tienen la última palabra; Dios sí». ¿Y qué le dice esa final y divina palabra a un hombre roto como Jerry? ¿Qué de «bueno» podría crear en una vida tan quebrantada? Jerry escribe:

> Con frecuencia me sorprendo pensando en el cielo. La vida en la tierra es real y buena. Una vez la disfruté junto a los seres amados que perdí y todavía la disfruto sin ellos. Pero la vida aquí no es el final. La realidad es más de lo que pensamos que es. Existe una realidad diferente y mejor que envuelve a esta terrenal. La tierra no está fuera del cielo, tal como escribió el filósofo Peter Kreeft; es el taller del cielo, el vientre del cielo. Mis seres amados han entrado a ese cielo y se han unido a aquellos que murieron antes que ellas. Ellas están ahora en el cielo porque creyeron en Jesús, que sufrió, murió y resucitó por el bien de ellas. Ellas viven en la presencia de Dios en una realidad a la que anhelo entrar, pero

solo en el tiempo de Dios... El cielo es nuestro verdadero hogar, donde siempre hemos anhelado estar.[40]

El *anhelo* es el aspecto clave del dolor sagrado. Llámalo el acompañante agridulce de la esperanza. Anhelamos lo que todavía no tenemos, recordando lo que una vez tuvimos. Jerry Sittser admite que todavía lo desconcierta el accidente que les quitó la vida a las tres amadas miembros de su familia. Aunque algo bueno resultó de él, jamás llamará bueno al accidente. Para él, este le recuerda lo horrible, trágico y maligno. Él no cree tampoco que el accidente ocurrió para que así pudiera convertirse en una mejor persona, pudiera criar a tres hijos saludables ni pudiera escribir un libro éxito en ventas.

No, hasta el día de hoy, todavía anhela que sus seres queridos regresen.

Él dice que siempre será así, independientemente de lo bueno que sus muertes puedan traer, ya sea ahora o en el futuro.

«Sin embargo, el dolor que siento es tanto dulce como amargo», escribe. «Todavía tengo el alma triste; no obstante, me levanto alegre cada mañana, deseoso de ver lo que traerá el nuevo día. Nunca he sentido tanto dolor como en los pasados tres años; aunque tampoco he experimentado tanto placer en el simple hecho de estar vivo, y de vivir una vida común y corriente. Nunca me he sentido tan roto; ni jamás me he sentido tan completo. Nunca he estado tan consciente de mi debilidad y vulnerabilidad; ni tampoco he estado tan contento ni me he sentido tan fuerte. Mi alma nunca ha estado tan muerta; ni tampoco tan viva».[41]

Estas palabras que se pelean entre sí nos ofrecen un retrato memorable del dolor sagrado. No es de extrañar que Jerry diga que su alma está «distendida». Pero sobre todo, él dice, que ha tomado conciencia del poder de la gracia de Dios y de su necesidad de ella: «Mi alma ha crecido porque ha despertado a la bondad y al amor de Dios. Dios ha estado presente en mi vida durante estos pasados tres años, y hasta misteriosamente en el accidente. Dios seguirá estando presente hasta el final de mi vida y a través de toda la eternidad. Dios está creciendo en mi alma, haciéndola más grande, y llenándola con sí mismo. Mi vida ha sido transformada. Si bien he soportado dolor, creo que el desenlace será maravilloso».[42]

Ahí puedes escuchar la esencia del poder del dolor sagrado.

Sí, el dolor persiste. Y a veces resuena como un viejo fragmento de proyectil incrustado en un hueso. Y a veces su efecto repercute a lo largo de los días, los meses, los años, y hasta décadas. Pero aunque un mero dolor pulveriza el alma, y hasta la convierte en nada, el dolor sagrado —de alguna manera— amplía el alma y la hace más grande para acomodar más de Dios.

Y más de Dios, sin importar qué sea, es bueno.

¿Cómo es todo esto posible? No lo sé.

Pero sé que es verdad.

No se olvida ni una lágrima

En medio de nuestro dolor y nuestra angustia —y especialmente al principio— podemos imaginar que Dios nos ha abandonado, nos ha olvidado, nos ha descartado o simplemente nos ha ignorado. No somos los primeros habitantes de este planeta quebrantado que nos hemos sentido así, ni tampoco seremos los últimos. Hasta un rápido paseo por los Salmos nos revela la frecuencia con la que los pensamientos humanos han vagado por ese sombrío camino:

- «Mi alma también está muy turbada; y tú, Jehová, ¿hasta cuándo?» (Salmo 6.3).
- «¿Hasta cuándo, Jehová? ¿Me olvidarás para siempre? ¿Hasta cuándo esconderás tu rostro de mí? ¿Hasta cuándo pondré consejos en mi alma, con tristezas en mi corazón cada día? ¿Hasta cuándo será enaltecido mi enemigo sobre mí?» (Salmo 13.1–2).
- «¿Hasta cuándo, oh Jehová? ¿Te esconderás para siempre? ¿Arderá tu ira como el fuego? Recuerda cuán breve es mi tiempo; ¿por qué habrás creado en vano a todo hijo de hombre?» (Salmo 89.46–47).
- «Vuélvete, oh Jehová; ¿hasta cuándo? Y aplácate para con tus siervos. De mañana sácianos de tu misericordia, y cantaremos y nos alegraremos todos nuestros días. Alégranos conforme a los días que nos afligiste, y los años en que vimos el mal» (Salmo 90.13–15).

El profeta Habacuc también reacciona y clama: «¿Hasta cuándo, oh Jehová, clamaré, y no oirás; y daré voces a ti a causa de la violencia, y no salvarás?» (1.2).

Así es como nosotros nos *sentimos* y Dios no parece tener ningún problema con que se lo expresemos. Así que cuando clamas al Señor, preguntándole tu propia versión de «¿hasta cuándo?», reconoce que estás en buena compañía.

Pero, por favor, no lo dejes ahí. No permitas que tu dolor se quede meramente en el dolor. Recuerda la verdad y permite que la verdad se filtre en tu mente agitada, para que tu dolor comience a transformarse en algo sagrado. ¿Recuerdas lo que David le susurró a Dios, justo después de otra experiencia cercana a la muerte?

Tú llevas la cuenta de todas mis angustias
y has juntado todas mis lágrimas en tu frasco;
has registrado cada una de ellas en tu libro.

(Salmo 56.8, ntv)

¿Por qué haría eso? ¿Por qué llevará la cuenta de todas nuestras angustias? ¿Por qué juntará todas nuestras lágrimas en un frasco? ¿Por qué el Señor registrará cada angustia, cada dolor, cada tristeza en algún tipo de diario divino inscrito con tinta celestial?

Porque tiene planes para esas cosas.

Porque no desperdicia *nada*.

Porque tiene la intención que llenar nuestras penas y lágrimas con su amor expansivo. Esta era la gloriosa expectativa tanto de los profetas como de los apóstoles cuando dijeron acerca de Dios:

> ¡Él devorará a la muerte para siempre! El Señor Soberano secará todas las lágrimas. (Isaías 25.8, ntv)

> Él secará sus lágrimas, y no morirán jamás. Tampoco volverán a llorar, ni a lamentarse, ni sentirán ningún dolor, porque lo que antes existía ha dejado de existir. (Apocalipsis 21.4, tla)

Cuando recordamos esto —cuando nos acordamos de que Dios *en realidad* nota nuestra angustia, que junta cada lágrima de manera que algún día pueda reemplazar cada una de ellas con un océano de amor divino— entonces nuestras almas dejan de achicarse y comienzan a expandirse. El pequeño mundo de nuestro dolor cede el paso a algo infinito... más allá de cualquier medida... más allá de lo que podemos imaginar.

El incomprensible amor de Dios.

Esta es la verdad bíblica. Esta es la esperanza cristiana. Y esto es el dolor sagrado.

Tanto belleza como esperanza

¿Sabías que este dolor sagrado puede ser tanto bello como esperanzador? Por esto es que tantos escriben sobre este regalo inesperado. Lo que he descubierto en mi propia vida es que algunos de los regalos más profundos de Dios vienen en cajas que hacen que nuestras manos sangren mientras las abrimos pero cuando miramos dentro de la caja, encontramos algo que hemos anhelado toda nuestra vida. Leigh McLeroy escribe sobre este fenómeno en su libro *The Beautiful Ache: Finding the God Who Satisfies When Life Does Not* [El dolor hermoso: Cómo encontrar al Dios que satisface cuando la vida no lo hace]. Leigh escribe:

> El dolor hermoso es esa punzada efímera que nos recuerda el hogar. No el que hemos conocido siempre, sino el que jamás hemos visto. El dolor traspasa y abre forzadamente el corazón pero ni siquiera se acerca a satisfacerlo. Despierta el apetito pero ni siquiera comienza a saciarlo. Desenmascara la belleza, pero no completamente. Huele a verdad pero no llega a decirla.
>
> Difícilmente pasa un día en que no lo sienta. El truco es aprender a permitirle al dolor que me lleve adonde quiere ir, es enseñar y provocar mis sentidos más adormecidos con su nítida puntería de rayo láser. El reto es no matarlo antes de que llegue completamente ni desecharlo antes de que esté listo para marcharse.[43]

De hecho, dice Leigh: «el dolor bello nos hace ver más allá. No se supone que lo ignoremos. Así que cuando llegue —y llegará— ¿por qué no nos acercamos a él y le preguntamos cuáles secretos ciertos y terribles conoce y anhela decirnos? No lo lamentarás».[44]

Kari Lundberg conoce muy bien esos «secretos ciertos y terribles» que ese dolor sagrado y bello ha escondido de nuestra vista. Conocí a Kari hace como treinta años atrás, cuando serví junto a su esposo, Ake

Lundberg, durante una campaña de evangelismo con Luis Palau que cubrió varias ciudades del Reino Unido. Mientras yo cantaba y Ake tomaba fotos, Kari peleaba sus guerras espirituales personales, lejos de las luces resplandecientes del escenario.

Dave y Jan Dravecky delinearon la historia de Kari en su libro *Portraits in Courage* [Retratos de valor], una colección de relatos profundamente conmovedores que describe a personas comunes y corrientes luchando heroicamente contra dolores impresionantes. Kari ha sufrido intensamente por más de cuarenta años debido a una gran variedad de enfermedades. Ella comenta: «En el mundo occidental, nos sentimos ofendidos ante la realidad del sufrimiento. Pensamos: *Dios tiene, sin duda alguna, que asegurarse que nada terrible me suceda.* Y nuestro continuo lamento es: ¿por qué a mí? En mis décadas de intenso dolor y sufrimiento, he descubierto que mi única satisfacción se encuentra en las palabras de Job 19.25: "Yo sé que mi Redentor vive"».[45]

Kari ha vivido un tiempo difícil desde su nacimiento. Ella nació en Oslo durante la ocupación alemana de Noruega en la Segunda Guerra Mundial. Aquella noche cayó nieve y también las bombas del Luftwaffe. Cada noche, ella y su familia se acostaban a dormir vestidos, listos para huir a toda prisa y en cualquier momento hacia el refugio contra bombas. Cuando tenía cuatro años, contrajo tuberculosis, y rápidamente contagió a su madre. Los doctores las enviaron a dos instalaciones médicas distintas durante cuatro largos meses, lo que Kari recuerda como una experiencia mucho más difícil que luchar contra la enfermedad. «Sin embargo, a esa temprana edad, ya había sido expuesta a la fe de mis padres. Me habían enseñado que, sin importar nuestras circunstancias, Cristo mismo nos sostendría. Tal vez podemos encontrarnos en medio de circunstancias desesperantes, pero Dios proveerá los medios a través de los cuales seremos, a fin de cuentas, redimidos».[46]

Cuando la guerra terminó, Kari se involucró activamente con el Ejército de Salvación. Se graduó de la universidad muy joven y poco tiempo después, recibió una llamada de una iglesia noruega en Brooklyn, preguntándole si quería unirse a su cuerpo ministerial. Se mudó a Estados Unidos y allí conoció a Ake; se casaron y tuvieron un hijo, Sven. Un día, cuando se inclinó sobre la cuna para tomar en brazos al bebé, Kari emitió un gritó espeluznante. Luego de una cirugía que duró cinco horas, los doctores descubrieron que tenía una condición degenerativa en sus discos. Después de esto, Kari estuvo acostada en la cama del hospital muchas semanas. Un día, se levantó con un terrible dolor de cabeza, lo que trajo un nuevo diagnóstico, en esta ocasión: encefalitis y meningitis espinal. Luego entró en coma.

Los doctores no tenían buenas noticias para Ake: «Váyase a casa y comience a preparar el funeral», le dijeron. Al cuarto día de estar en coma, los estudiantes y el personal del seminario en el que Kari y Ake estudiaban, celebraron una vigilia de oración que duró toda la noche. Comenzaron a las once de la noche y terminaron a las once de la mañana del otro día. A los quince minutos de haber terminado la vigilia, Kari se sentó en la cama y pidió desayuno; dos días más tarde, salió del hospital caminando sin ayuda.

¿Un milagro? Muy probable. Pero aun los milagros pueden inclinarse ante el poder de los dolores sagrados.

Cuando Ake obtuvo un trabajo como fotógrafo con la revista *Decision* del ministerio de Billy Graham, los Lundbergs se mudaron a Minneapolis, Minnesota. Un año más tarde, Kari fue sometida a otra cirugía de la espalda, seguida por tres más, y varias cirugías adicionales no relacionadas con su espalda. Algunos «cristianos insensibles» (un término de Kari) intensificaron su sufrimiento diciéndole: «Seguramente estás sufriendo porque tienes muy poca fe», o «Debe haber algún tipo de pecado oculto en sus vidas; de otra manera, serías sanada». Kari recuerda: «La oscuridad de la noche casi me consumió y no tenía nada en las manos para poder defenderme».[47] A pesar de eso, ella dice: «Creía que Dios es amor, y aunque mi fe se tambaleó, no se fue al piso. Dios es el dador de toda buena dádiva, y yo sabía que él no ataca a alguien simplemente porque no tenga nada mejor que hacer».[48]

En 1998, cuando Kari escribió su capítulo para *Portraits*, ya había sido sometida a ocho cirugías de la espalda y siete cirugías adicionales, además había sufrido varios fallos renales. Además, sufría de artritis, fibromialgia, síndrome de fatiga crónica y décadas de dolor crónico y debilitante. Con el tiempo le implantaron en el cuerpo un sistema de bombeo de narcóticos automático para ayudarla a lidiar con el dolor.

En dos ocasiones los Lundbergs han llegado al máximo de cobertura de su seguro médico. Sin embargo, Kari afirma que en innumerables ocasiones ha recibido el recordatorio de que su Redentor vive. Y cita a Job: «Y después de deshecha esta mi piel, en mi carne he de ver a Dios; al cual veré por mí mismo, y mis ojos lo verán, y no otro» (Job 19.26–27).

Una conversación telefónica con Kari, hace apenas unos días, me puso al tanto de sus luchas. Desde su artículo en el 1998, ha sido sometida a otras cirugías, ha desarrollado una condición cardiaca y padece de herpes. Ella cuenta: «Hace cuatro años, me rompí el cuello, y ahora paso la mayoría del tiempo en mi silla de ruedas. Pero mi corazón y mi alma están bien. Necesitamos aprender a admitir el sufrimiento y ser sinceros. Pero para mí, me ha llevado a una vida de oración mucho más profunda. Y Dios me ha ayudado a desarrollar un mayor sentido de gratitud por lo que sí tengo, y no mirar tanto a lo que me falta. Todos vamos a morir, y encarar el temor a la muerte es esencial. Tendemos a sentir miedo; y aunque mucho de esto *sí* es desagradable, no tiene que traducirse en temor. No existen atajos para alcanzar una fe profunda. ¡Nuestro Redentor todavía vive!»

Kari enfrenta días de profundo desaliento, especialmente cuando su cuerpo falla y el dolor se intensifica. Pero ella insiste: «Aunque el maligno susurre palabras de desaliento en nuestros corazones, debemos reprenderlo en el nombre de Jesucristo y de su vida sacrificada por medio de la muerte en la cruz. He aprendido a no tenerle miedo al silencio, pues es ahí donde Dios realmente nos habla. Guarda silencio. Clama a Dios hasta que encuentres su consuelo. ¡No estamos solos! Llora cuando tengas que hacerlo».

Como muchas otras personas que conozco que se han unido al grupo del dolor sagrado, Kari dice algo asombroso, que tal vez hasta sacuda a alguna gente: «Si bien es cierto que la sanidad pudiera ser algo bueno, cuando reflexiono, podría no querer cambiarla por la intimidad que tengo con Jesús. Medito y puedo ver la presencia sanadora de Dios más clara que nunca. Mi corazón está en paz y eso solo puede provenir de Dios».

Aunque jamás he escuchado a Kari usar el término *dolor sagrado*, estoy muy segura que conoce de él mucho más que yo. Aceptar ese dolor sagrado, le ha evitado muchos extremos, desde la tonta negación de que «¡todo está bien!», hasta la satánica mentira de que «¡todo terminó!» Su vida, llena de dolor y sufrimiento como sigue estando, demuestra que el dolor sagrado también tiene su lado bonito. Tal vez no pienses así si miras al cuerpo devastado de Kari, pero si te concentras en eso, tengo que decirte que escogiste el lugar equivocado. Debes mirar su alma, su espíritu semejante a Cristo. Pues es allí donde encontrarás belleza y mucho más, todos los días.

Esa es la obra del dolor sagrado.

Un recordatorio de lo que está por venir

En un epílogo escrito doce años después del trágico accidente que les quitó la vida a tres miembros de su familia, Jerry Sittser contaba que ha cambiado en tres maneras.

Primero, interiormente, despojándose de algo del egoísmo, la ambición y la impaciencia que le habían plagado antes. Aunque todavía se cataloga a sí mismo como «el típico prototipo de una personalidad "tipo A"», ahora vive con más trascendencia, libertad y jovialidad.

Segundo, ha cambiado el *desempeño* de la tarea de ser padre por *ser* padre, y ha cosechado los beneficios teniendo una relación mucho más cercana con los tres hijos sobrevivientes.[49]

El tercer cambio es tal vez el más abarcador. Él descubrió que «nuestras vidas son parte de una historia más grande. Lo que en un momento parecía caótico y al azar, como un juego de barajas lanzadas al aire, ha comenzado a parecerse a la trama de una historia maravillosa. Todavía no está completamente claro cuál va a ser el desenlace. Pero he vivido esta historia el tiempo suficiente para saber que algo extraordinario está ocurriendo, como si fuera un poema épico que provocaría que Homero sude tinta».[50]

Y luego Jerry hace una declaración que creo que solo alguien que ha vivido con el dolor sagrado puede verdaderamente pronunciar:

> Veo la trayectoria que ha tomado mi vida como si estuviera sentado en la cima de un puerto montañoso que me provee una vista clara de dónde vengo y hacia dónde voy. Tal vez no siempre es así. Pero tengo la certeza de que la historia que Dios ha comenzado a escribir, la terminará. Y esa historia va a ser buena. El accidente sigue siendo, y siempre será, una experiencia horrible que nos causó muchísimo daño a nosotros y muchas otras personas. Fue y seguirá siendo un capítulo terrible. Pero el todo de mi vida se está convirtiendo en lo que parece ser un libro muy bueno.[51]

Los dolores sagrados tienen una manera muy peculiar de ofrecernos una nueva y celestial perspectiva que transforma la manera en que vemos y experimentamos la vida. Tal como Pablo escribió a la iglesia en Roma: «Pues su Espíritu se une a nuestro espíritu para confirmar que somos hijos de Dios. Así que como somos sus hijos, también somos sus herederos. De hecho, somos herederos junto con Cristo de la gloria de Dios; pero si vamos a participar de su gloria, también debemos participar de su sufrimiento» (Romanos 8.16–18, NTV).

Nuestro sufrimiento, rendido a Dios, transforma lo terrenal, lo común. Lo ha hecho por Jerry, lo ha hecho por Kari y lo ha hecho por mí.

Una visión de lo que siempre permanece real

Hace como dos años, estaba sentada en un estadio repleto con quince mil mujeres cantando, sin embargo, sentía una profunda pena, un dolor interior. Le pregunté al Señor: «¿Por qué me siento de esta manera en algunas ocasiones? ¿Cuándo pasará esto?»

Aunque no soy muy dada a las visiones ni a escuchar la voz audible de Dios, lo que me ocurrió aquel día fue un regalo que llevo conmigo adondequiera que voy. Mientras oraba, parecía como si me sintiera que estuviera en otro lugar. El estadio y la multitud desaparecieron, y estaba parada frente a la puerta abierta de una enorme habitación en un castillo. Sabía que la figura sentada en la silla era Cristo, que me hizo señas para que entrara. Me acerqué a Él, me arrodillé a sus pies y reposé mi cabeza en sus faldas. Él colocó una mano sobre mi cabeza y mantuvo la otra alzada, como para evitar que alguien más se acercara.

No recuerdo haber escuchado su voz, pero entendí claramente su mensaje. Este sagrado dolor que me atribulaba, no era algo para despreciar ni para huir de él, sino un recordatorio de dónde estoy en este momento y hacia dónde voy: como si el ADN del Edén —enterrado en lo profundo de mi interior— me recordara que nos espera *mucho* más, muchísimo más.

También sentí a Jesús decirme que cuando el dolor se vuelve demasiado pesado para que pueda llevarlo, debo buscarlo a Él en un lugar tranquilo, en que sin fallar encuentro un sitio donde reposar mi cabeza. Y Cristo mantendrá el mundo al margen.

Todas las palabras de este capítulo se reducen a esto: ¡Permite que Jesús transforme tu sufrimiento en un dolor sagrado! Permite que ensanche tu alma en vez de achicar tu vida. Y en esos días en los que el dolor se intensifica tanto que es difícil de soportar, permite que tu cabeza descanse sobre las faldas de tu Salvador, Jesucristo, el buen Pastor.

Recuerda, es tarea del Pastor —no nuestra— el llevarnos a casa.

TRECE

El Cristo partido

El Salvador que escogió el sufrimiento... por ti

¿Cuántas veces a lo largo de tu vida has participado de la Santa Cena? Tal vez la llames Comunión o quizás Eucaristía, pero, ¿con cuánta frecuencia has tomado el pan sagrado y lo has comido mientras escuchas las antiguas palabras: «Esto es mi cuerpo que por vosotros es partido»?

Desde que nací me he sentado en muchas iglesias alrededor de todo el mundo y he visto o he participado de esta santa rememoración, cuando Jesús preparó a sus discípulos por última vez para las agonías de la pasión que se aproximaba. No puedo contar las veces en las que he compartido el pan y el vino (o con mayor frecuencia, la galleta y el jugo de uva) en mis más de cinco décadas en este planeta.

Pero, a decir verdad, el saber cuántas veces he participado de esta cena no es una estadística realmente importante. Lo que en realidad cuenta no es la frecuencia, sino lo que han significado esos momentos de Comunión para mí... y para Dios. ¿Cuántas veces he recibido la Santa Cena mientras estoy *realmente* reflexionando en el significado de esas maravillosas palabras: «Esto es mi cuerpo que por vosotros es partido»? ¿Con cuánta frecuencia me he tragado el pan y bebido el vino mientras estoy pensando, *espero que el pollo que dejé en el horno esté listo cuando regrese*, o cualquier otro pensamiento igualmente superficial?

Pensaba en todo esto mientras me preparaba para escribir este capítulo final. Y me preguntaba si me ayudará a apreciar más profundamente el cuerpo partido de Cristo en mi favor si me imaginaba que Él nunca había venido. Ni siquiera es un recorrido mental placentero el permitir un desvío en esa dirección. Pero tal vez es algo que realmente necesito hacer. ¿Qué tal si viviera en un mundo doblemente maldito donde jamás hubiera existido ni Cristo ni la Navidad *pero donde alguien distinto se hubiera presentado*?

Algo así como la historia de la no-Navidad.
Y que también es una pesadilla.

Hace mucho, mucho tiempo, en un universo muy, muy lejano, un bebé recién nacido se despertó llorando en medio de la noche. Sus pecaminosamente ricos padres —y gobernantes sobre los más poderosos reyes de la tierra— les ordenaron a las ansiosas niñeras que lo envolvieran en la más fina de las sedas y lo colocaran en una cuna de oro sólido. Un coro de cien voces, cuidadosamente seleccionado para la ocasión, cantaba suavemente en el fondo, para calmar al bebé e intentar que se volviera a dormir, mientras un enorme contingente de esclavos trabajaba afanosamente echando carbón al horno del palacio para asegurarse que ninguna corriente de aire alcanzara a la criatura.

«Nadie se atreva a molestar al príncipe», les advirtieron los padres a los asustados esclavos. «Asegúrense de que todos entiendan las consecuencias por interrumpir su siesta». Nadie quería que *este* niño rico se despertara, y mucho menos que llorara. Los esclavos echaron un vistazo por la ventana y allí vieron las hileras de horcas erigidas a las afueras de los jardines del palacio, y les temblaron las piernas una vez más. Diez de sus compañeros habían sido ahorcados en la brisa como «ejemplos», y la lección no había pasado inadvertida.

Un extraño hueco en el cielo parecía estar suspendido en el aire justo encima del cuarto de cuna del niño, que parecía aspirar la luz de las estrellas, y sumía a todo el enclave real en una oscuridad tenebrosa, casi palpable. «Ya él gobierna la noche», dijo el padre riéndose entre dientes. «Ciertamente él es el Príncipe».

Mientras todavía estaba hablando, los sabios y poderosos de la tierra se acercaron apresuradamente al palacio para honrar al tan esperado Príncipe, trayendo regalos de rubíes, agua de rosas y monedas. En su prisa y temor, esparcieron a veintenas de campesino débiles a lo largo del camino, golpeándolos con látigos e insultándonos con gritos de: «Chusmas indeseables, ¡sálganse del camino! ¡Tenemos asuntos urgentes que tratar en Bet-Meihem!» Un grupo de pastores no se salió del camino lo suficientemente rápido, y quedó atrapado bajo los cascos de la caravana, repleta con exquisitos regalos. Los pedazos de sus cuerpos quedaron esparcidos por todas partes sobre la tierra. «¡Excelente! ¡Que nuestro poder sea conocido por todos los hombres!», se burló uno de los jinetes mientras galopaba hacia la oscuridad.

Mientras los gritos de los moribundos se iban apagando en el tenebroso silencio de la noche, ningún gozo vino al mundo, pues su Señor había venido. Y ni el cielo ni la naturaleza cantarían otra vez por mucho, mucho tiempo.

Me estremecí al pensar en un mundo así de horrendo, gobernado no por el Príncipe de Paz, sino por el Príncipe de las Tinieblas. ¿Acaso seguimos maravillándonos ante la realidad de que Cristo vino a nuestro mundo, no como un engreído miembro de la realeza, sino como el hijo pobre de un carpintero? ¿Se estremecen nuestras almas con alegría y gratitud profundas simplemente porque vino al mundo, porque escogió identificarse con los quebrantados, atribulados y los golpeados? Unos pastores muy emocionados siguieron instrucciones angelicales para adorar al infante en el pesebre, y una misteriosa «estrella» dirigió a unos dignatarios extranjeros a la casa del niño.

¿Acaso notamos que, justo desde el principio, este maravilloso Salvador nuestro que vino a los quebrantados —a los rotos, a los partidos—, sería completamente roto Él mismo?

El pastor y autor Tim Keller dijo: «Si crees en la Navidad —que Cristo tomó forma de ser humano— tienes capacidad para enfrentar el sufrimiento, un recurso que no tienen otras personas. A veces nos preguntamos por qué Dios simplemente no erradica el sufrimiento. Pero sabemos que, cualquiera sea la razón, no es ni por indiferencia ni distanciamiento. Dios detesta tanto el sufrimiento y la maldad que estuvo dispuesto a venir y enredarse en ellos».[52] Y Dorothy Sayers dijo de Jesús: «Él nació en pobreza y murió en desgracia, y pensó que bien valía la pena».[53]

¿En cuánto de esto meditamos cuando en la mañana de un domingo resplandeciente comemos el pan sagrado y escuchamos las familiares palabras: «Esto es mi cuerpo que por vosotros es partido»? ¿Qué se necesitará para que recordemos?

Comunión con nada

Hace como unos veinticinco años un hombre herido con un marcado acento se paró frente a la audiencia de un seminario y anunció que deseaba hablar de nada.

Richard Wurmbrand, un pastor luterano de descendencia judía, pasó catorce años atroces en una prisión rumana. En su famoso libro titulado *Torturado por Cristo*, él describe cómo pasó muchos de esos años casi diez metros bajo la superficie terrestre, confinado solo en una celda desnuda y gris. Él y otros cristianos se habían convertido en el blanco de los líderes comunistas de su país porque proclamaban las buenas nuevas del Cristo partido.

Aquel día les dijo a los jóvenes seminaristas que su encarcelamiento duró tanto tiempo que se olvidó que los colores realmente existían; no se podía imaginar otra cosa que no fuera el gris de su uniforme y de las paredes de la celda. Perdió la noción del tiempo, del día y la noche, de las estaciones. Durante catorce años no vio a ninguna mujer, a ningún niño, mariposa ni ave. Nunca recibió una sonrisa, ni siquiera que alguien asintiera con la cabeza en señal de afirmación.

«Estábamos en prisión y estábamos abandonados», dijo. «Estábamos hambrientos por alguna señal que nos indicara que éramos amados por alguien en el mundo».

Wurmbrand y sus amigos también enfrentaron el dolor del hambre física. «Hubo momentos en los que solo comíamos una rebanada de pan a la semana; aparte de eso nos daban cáscaras de papas mugrientas, coles sin lavar u otros platos exquisitos similares», le contó a la silenciosa audiencia. «Sufrimos golpizas, hubo torturas. Durante esos catorce años... nunca vimos una Biblia ni ningún otro libro. Nunca tuvimos ningún material impreso».

Ellos vivieron en un mundo absolutamente gris, totalmente solitario, completamente deprimente.

Algún tiempo más tarde, cuando él y los otros fueron transferidos a los campos para esclavos, vieron un pájaro atrapado en unos alambres de púas. «Posiblemente estaba volando; era un pájaro joven, y no estaba prestando atención, por lo que quedó atrapado en los alambres», recuerda Wurmbrand. «¡Y pueden creer que otras aves vinieron y la liberaron de los alambres de púa! Algunas halaron desde abajo, otras empujaron desde arriba, y liberaron a aquella ave de los alambres. Y nosotros estábamos atrapados detrás de alambre de púa y nadie vino a liberarnos. Teníamos la sensación de que todos nos habían olvidado y abandonado».

Aunque los prisioneros confinados en sus celdas subterráneas no podían verse entre sí ni hablar directamente entre ellos, sí conocían de la existencia de unos y otros. De alguna manera se enseñaron mutuamente el código Morse y se comunicaban entre ellos golpeando levemente las cañerías de la prisión. De esta manera descubrieron que muchos de ellos sentían un hambre intensa por algo más.

«Existía otro tipo de hambre de la que no se conoce en América», dijo Wurmbrand, «el hambre por la Santa Comunión. Habían pasado años y no habíamos tomado la Santa Cena. Y conocíamos las palabras de nuestro Señor con respecto a la Santa Comunión: "Tomad, comed; esto es mi cuerpo que por vosotros es partido; haced esto en memoria de mí", llevábamos años sin la Santa Comunión».

¿Pero que podíamos hacer? En ese tiempo, recuerda Wurmbrand: «No teníamos pan. En lugar de pan, nos daban unas mugrientas tortas de arroz. No teníamos Biblia, ni himnarios, no teníamos nada. Y deseábamos tomar la Santa Cena. Pero, ¿cómo podíamos tomarla si no teníamos nada? ¡Nada! No teníamos nada, éramos nada. Nos tiraban al piso a la fuerza, abrían la boca de los cristianos, a la fuerza, y nos escupían en la boca. No voy a decir nada más, pero hacían cosas mucho peores que esa. Éramos nada. Y no teníamos nada».

¿Cómo podían estos hombres partidos —rotos—, satisfacer un anhelo tan santo *con nada*? Continuaban soñando con participar de la Cena del Señor, pero sin ninguna noción de cómo volver su sueño realidad. Por fin, un prisionero tuvo una idea... una idea peculiar, extraña e irracionalmente brillante.

«Bueno, a decir verdad, no somos pobres», el hombre dio golpecitos en Morse. «Tenemos algo. Tú mismo lo dijiste, en código Morse. No tenemos nada. Si nada realmente fuera nada, no podríamos tenerlo. Solo podemos tener algo. Por lo tanto, tenemos algo que se llama nada. Ahora bien, ¿cuál es el valor de nada?»

Wurmbrand pensó: *¿Qué quieres decir con cuál es el valor de nada?*

«Piensa en esta hermosa tierra», continuó el hombre, «con cinco billones de personas, y con bosques y océanos, animales y aves. ¿Y de qué hizo Dios este mundo? ¡De nada! Así que tenemos un material valioso, del cual fue hecho un mundo. ¡Nada es algo! Si alguien tratara de hacer un mundo como ese de oro o diamantes, no podría hacerlo. Pero de nada, se hizo un mundo así».

El hombre continuó: «En segundo lugar, está escrito en Job 26 que Dios colgó esta tierra, esta enorme esfera, sobre nada. Si él hubiera colgado la tierra sobre un cable de acero grueso, el cable de acero grueso se habría roto. Pero nada no se rompe. El mundo ha colgado sobre nada por millones de años. Así que tenemos un material muy valioso, y tenemos el material más resistente de todos».

De repente, otro hombre recordó lo que San Pablo les había escrito a los corintios: «En su tiempo había disputas en la iglesia. Algunos decía Pablo —él era insuperable. Otros decían: "Nada que ver. No has escuchado las predicaciones de Pedro. Pedro se mete a Pablo en el bolsillo". Y otros decían: "Es que tienes que escuchar a Apolos. Él es el verdadero". Y como los tres predicaban amor, en lugar de amarse unos a otros, discutían entre sí sobre cuál era el mejor predicador. Y entonces Pablo les escribe: "Nada soy". *Nada*.

»Ahora bien, hoy se considera a Billy Graham como uno de los predicadores que más almas ha ganado en este siglo. Y ciertamente merece respeto, él es un excelente predicador. Pero también estaría de acuerdo conmigo en que Pablo es un poco más grande que él. Y sobre Billy Graham se ha escrito que es un gran predicador; sobre Pablo, él tiene otro título: "Nada soy". Ser nada es algo más que ser un gran predicador. Así que tenemos este título: de ser nada, de no tener nada. ¿Por qué entonces no tomamos la Santa Comunión con nada?»

Luego Wurmbrand le explicó a su absorta audiencia que aunque él se oponía a cualquier tipo de innovación en teología —una vez que nuestro Señor ha traído una revelación, no necesitamos que nadie le añada ni la modifique— él y sus compañeros de prisión se encontraban bajo unas circunstancias excepcionales. Así que, un domingo, «se dio una señal desde un lado del pasillo hasta el otro extremo de las celdas, al unísono y en el mismo momento, cada cristiano tomó en sus manos nada. Juntos dimos gracias por el nada que teníamos, y luego bendijimos nada».

¿Bendijeron nada? ¿Qué significa eso?

«No tienes que tener ni una sola cosa para bendecir», explicó Wurmbrand. «Bendices porque las bendiciones fluyen de ti. La electricidad no necesita nada para electrificar. Es simplemente electricidad. Y las bendiciones fluyen de un hombre. Así que bendijimos nada».

Luego de la señal, todos los hombres partieron nada juntos. «¡Es tan fácil partir nada!», afirmó Wurmbrand. «Yo pertenezco a la iglesia luterana, y en la iglesia luterana no tomas la Santa Comunión con pan, sino con oblea, si sabes lo que es esa cosita redonda. Y cuando la partes, hace un sonido peculiar. La oblea pone resistencia. Pero nada no pone ninguna resistencia. "Como cordero fue llevado al matadero, y no se resistió". Comimos nada, y recordamos el cuerpo de nuestro Señor Jesucristo, que había sido partido por nosotros».

Con todo, otro dio una señal a los presos para que tomaran otro nada. «Los nada pueden ser de muchos tipos», dijo Wurmbrand con una sonrisa. «Un auto puede ser solo de una marca. Si es Toyota, no puede ser Volkswagen; y si es Volkswagen, definitivamente no es Rolls Royce. Es una marca específica. Pero los nadas puedes ser de muchísimas marcas distintas. Y tomamos un segundo nada, y le dimos gracias a Dios por el segundo nada. Bendijimos el segundo nada. Bebimos nada, y recordamos la sangre de nuestro Señor Jesucristo, que ha sido derramada por nosotros».

Mientras la extraordinaria historia de Wurmbrand se aproximaba a su final, su voz vibró de emoción y sus ojos se llenaron de lágrimas. «Este fue uno de los servicios de Santa Comunión más gloriosos y más hermosos del que jamás haya participado en toda mi vida», declaró. Y aunque ninguno de los estudiantes ni el personal del seminario había asistido a aquel «servicio de nada» muchos años antes, las miradas en sus rostros mostraban que su charla sobre nada había, tal vez, tenido en ellos un efecto más profundo que cualquier otra cosa.

Partido por ti

Si creciste leyendo la Versión Reina Valera 1960, como yo, las palabras exactas de la «institución de la Cena del Señor» dicen: «Tomad, comed; esto es mi cuerpo que por vosotros es partido; haced esto en memoria de mí» (1 Corintios 11.24).

Durante los pasados días he estado pensando mucho en la Cena del Señor y meditando en lo que significa, no solo en general, sino para mí personalmente. ¿Qué significa que yo, Sheila Walsh, una persona rota, tenga un Salvador que permitió que hombres malvados partieran su cuerpo *por mí*?

Mi mente regresa a la Última Cena del tiempo bíblico. Una vez que Jesús reunió a sus amigos más íntimos, *Él* tomó el pan y lo partió. El pan no vino prepartido ni perfectamente dividido, como viene con frecuencia el nuestro. Ni tampoco Jesús le pidió a Pedro ni a Juan ni a ninguno de los otros discípulos que partiera el pan por Él.

Lo hizo Él mismo, con sus dos manos, en su tiempo.

Por tanto, Jesús declara que, a diferencia de mí, Él *escogió* ser partido. Él, que existió desde el pasado eterno en un estado sin quebranto, escogió ser quebrantado, por mí. «Porque yo pongo mi vida, para volverla a tomar. Nadie me la quita, sino que yo de mí mismo la pongo» (Juan 10.17–18).

Mientras Jesús tomaba el pan en sus manos y lo partía, ¿cómo se sintió? ¿qué pensó? Si sabemos lo que dijo: «Tomad, comed; esto es mi cuerpo» (Mateo 26.26). A través de estas acciones simbólicas, nos enseñó que entregaría voluntariamente su vida por nosotros, para que así podamos vivir por medio de Él, a medida que nos convertimos en parte de Él. Cada vez que comemos el pan de la Comunión —su cuerpo partido—, plasmamos con cosas tangibles la confianza intangible que hemos puesto en Él para nuestra salvación eterna.

Pero tengo que hacer una confesión.

Ocurrió algo durante la Cena, de hecho, durante y luego de la crucifixión, que solía incomodarme. Tal vez no te parezca algo importante y tal vez no lo es. Sin embargo, de todas maneras, ha aguijoneado mi cerebro por muchos años. Me daba mucho trabajo reconciliar las palabras de Jesús sobre su cuerpo partido con una profecía que Juan hizo todo lo posible por resaltar.

Este es el pasaje que encuentro un poco, digamos, conflictivo:

> Entonces los judíos, por cuanto era la preparación de la pascua, a fin de que los cuerpos no quedasen en la cruz en el día de reposo (pues aquel día de reposo era de gran solemnidad), rogaron a Pilato que se les quebrasen las piernas, y fuesen quitados de allí. Vinieron, pues, los soldados, y quebraron las piernas al primero, y asimismo al otro que había sido crucificado con él. Más cuando llegaron a Jesús, como le vieron ya muerto, no le quebraron las piernas. Pero uno de los soldados le abrió el costado con una lanza, y al instante salió sangre y agua. Y el que lo

> vio da testimonio, y su testimonio es verdadero; y él sabe que dice verdad, para que vosotros también creáis. Porque estas cosas sucedieron para que se cumpliese la Escritura: No será quebrado hueso suyo. Y también otra Escritura dice: Mirarán al que traspasaron. (Juan 19.31–37)

Tal vez pienses que estoy siendo muy quisquillosa con respecto a las palabras usadas; sin embargo, me parece algo perturbador que mientras Jesús enfatiza su cuerpo partido, Juan enfatice sus huesos sin quebrantar. Estos cuadros, en mi opinión, no parecen estar en armonía. ¿Partido o sin quebrantar? ¿Cuál es?

Con los años, he entendido cómo el horrendo abuso cometido contra Jesús —la golpiza, la tortura, la ejecución— hacen más que calificarlo como «roto». Si viste la película *La Pasión de Cristo* (2004), sabes lo difícil que puede resultar borrar de tu mente esas espantosas imágenes de sufrimiento. Sí, ¡Jesús fue quebrantado, roto, partido! Como nadie podrá serlo nunca jamás.

Y, sin embargo, ¿por qué Juan quiso enfocarse en el hecho de que nuestro Señor murió con sus huesos intactos? ¿Por qué era esto tan importante para él? A pesar de lo tontos que hayan parecido mis antiguos recelos, no considero que esta sea una pregunta tonta. He descubierto tres razones por las que creo que Juan enfatizó este detalle.

La primera, y la más obvia, es la que provee Juan mismo: «Estas cosas sucedieron para que se cumpliese la Escritura». Juan tenía en mente un texto bíblico explícito y dos implícitos. La profecía explícita viene del Salmo 34.20, un pasaje que hasta comentaristas previos al Nuevo Testamento consideraban como un salmo mesiánico. El versículo dice: «El guarda todos sus huesos; ni uno de ellos será quebrantado». Los dos versículos implícitos vienen de Éxodo 12.46 y Números 9.12, pasajes que estipulan que el cordero de Pascua debe ser sacrificado sin que se quiebren ninguno de sus huesos. Como el Nuevo Testamento dice que Jesús es «nuestra pascua» (1 Corintios 5.7), a Juan le pareció crucial que ninguno de sus huesos fuera quebrado, y así fue.

Solía ver este punto meramente como una confirmación intelectual de que la profecía bíblica confirma a Jesús como el Mesías. Hoy lo veo como mucho más que eso. Las personas rotas necesitan estar seguras de que Dios cumple su palabra, hasta el más pequeño de los detalles. Muchos de nosotros hemos visto cómo la mentira ha destruido nuestros hogares y cómo las promesas incumplidas hacen trizas nuestras vidas. Sin embargo, esta garantía, aparentemente sin importancia, de que Dios no permitiría que nadie quebrara los huesos del Mesías me grita que puedo confiar en Él en todo, sin importar si es algo grande o pequeño. Y, por lo tanto, me glorío en las palabras de Pablo: «Porque todas las promesas de Dios son en él Sí» (2 Corintios 1.20). Como yo estoy «en Cristo», las promesas de la Biblia son todas «sí» para mí. ¡Y si tú estás en Cristo, entonces todas son «sí» para ti también!

La segunda razón es un poco más profunda. Tenemos que preguntarnos, *¿por qué* Dios les prohibió a los antiguos hebreos que quebraran los huesos del cordero de la Pascua? Parecen haber dos posibles razones. Primero, si no rompes ninguno de los huesos del cordero, entonces lo mantienes intacto, y todos los miembros de la familia claramente comen del mismo cordero. En el éxodo, Dios creó una sola nación, el pueblo escogido; y comer de un cordero intacto representaba su unidad. Segundo, Éxodo 12.5 estipulaba que el cordero de la Pascua tenía que ser macho, y sin defecto; un hueso quebrado lo descalificaría y lo haría defectuoso.

Como «nuestra pascua», Jesús nos conecta a Dios y los unos con los otros, por medio de su sacrificio puro, sin manchas y perfecto. La fe en Cristo te conecta de una manera viva a todo el cuerpo de Cristo, lo que significa que sin importar cómo te sientas en tus momentos de dolor más profundos, en realidad, *nunca* estás solo. Más que eso, como perteneces a Cristo por fe, Dios te ve de la misma manera en que ve a su propio Hijo intachable; te considera sin defecto, perfecto, y por lo tanto, te invita a entrar libremente en su santa presencia, sin temor y sin el menor vestigio de culpa.

Pedro declaró que hemos sido redimidos «con la sangre preciosa de Cristo, como de un cordero sin mancha y sin contaminación», y por lo tanto, ya no tenemos que permanecer estancados en la «vana manera de vivir» que otras personas rotas nos quieren imponer (1 Pedro 1.18–19). Nunca olvides que tal como Dios aceptó completamente el sacrificio perfecto de Cristo, en Cristo, ¡Él también te acepta completa y perfectamente! ¡Para siempre!

Es posible que la tercera razón sea todavía más profunda. Recuerda que, a medida que se acercaba el anochecer y el cuerpo de Jesús permanecía en la cruz, los romanos tenían la intención de quebrar sus piernas. Acostumbraban hacer esto para acelerar la muerte de los crucificados.

Cuando los soldados se acercaron a las tres cruces descritas en los evangelios, les quebraron las piernas a los dos ladrones crucificados a ambos lados de Jesús. Cuando llegaron a Jesús, ya estaba muerto. ¿Para qué pasar por el trabajo de quebrarle los huesos a un hombre muerto?

Para asegurarse que había muerto, le perforaron el costado con una lanza, e inmediatamente comenzó a salir sangre y agua, una segura señal de muerte, puesto que la sangre de los fallecidos comienza a separarse en sus componentes. Jesús había muerto cuando entregó su espíritu al cuidado de su Padre celestial (Lucas 23.46), comprobando así que hasta en la muerte, demostró tener el absoluto control.

¡Las personas rotas necesitamos recordar esto!

Cuando sufrimos, cuando la tragedia nos asedia o la tribulación nos consume, tendemos a pensar que esas circunstancias han provocado que Dios pierda el control, o que nuestro dolor es evidencia de que Él no nos ama, que nos ha olvidado o que nos está ignorando. No obstante, los huesos sin quebrar de Jesús me dicen que Dios permanece al control, aunque las circunstancias parezcan gritar otra cosa. Los romanos, los gobernantes indiscutibles del Mediterráneo, tuvieron la *intención* de quebrar las piernas de Jesús.

Pero no lo hicieron.

Y nunca lo harán.

Dios dijo: «De aquí no pasarás» (Job 38.11, NTV). Era como si declarara: «Sí, puedes quebrarle; pero no puedes romper sus huesos».

¿Recuerdas cuando Jesús les dijo a sus discípulos que, después de su muerte, los hombres pondrían las manos sobre ellos, los perseguirían, los encarcelarían, y hasta los matarían debido a su relación con Cristo? Y, sin embargo, Jesús dijo: «Pero ni un cabello de vuestra cabeza perecerá» (Lucas 21.18).

¡Qué pasaje tan raro! ¿No te parece? *Es posible que te encarcelen, te golpeen o te maten, pero no perderás ni un solo cabello.* ¿Qué rayos significa esto?

Ahora bien, también es posible leer este versículo de una manera que no ofrece ningún alivio. Digo, no parece un gran alivio saber que todos podemos morir con la cabeza cubierta de pelo (a menos que ya estés calvo, en cuyo caso *realmente* ya estás en apuros sin un cepillo). ¡Pero esto es realmente malinterpretar el versículo!

Jesús nos quiere decir dos cosas muy importantes con esta afirmación.

Primero, la vida eterna que Dios te ha dado está más allá del alcance del hombre, nadie la puede tocar.

Segundo, Dios mismo establece los límites en cuanto a la cantidad de quebranto que permite en la vida de cada creyente.

Si bien es cierto que cada caso es diferente, ninguno de ellos se sale de su control. *No importa* lo que Dios permita, Él siempre tiene el control. Él no te ha olvidado, ni ha perdido tu archivo, ni ha enviado tu clamor desesperado a una máquina de mensajes de voz, ni te ha prestado atención parcial mientras que su mente está en otra parte. No, nuestro quebranto tiene un límite estipulado divinamente: «De aquí no pasarás».

Cuando examino la hermosa cruz

En otoño del 2011, mientras terminaba de escribir este libro, también me estaba preparando para ir a un estudio en Nashville para grabar el disco, *Beauty from Ashes*. Con frecuencia, escribo canciones en colaboración con otros músicos que me conocen bien; pero a veces algo me recuerda un viejo himno o descubro una nueva canción compuesta por otra persona que simplemente se conecta con mi corazón y *tengo* que incluirla en un proyecto.

A medida que seleccionaba las canciones, se me hizo difícil ignorar que el libro y la música contaban la misma historia: que Dios ama a las personas rotas, y aun a aquellas que pretenden, o quisieran, no estarlo. Me faltaba seleccionar un tema para el disco, y escogí un himno que he cantando desde niña. Esta canción también me recordó uno de los servicios de Santa Cena más hermosos que jamás haya tenido el privilegio de dirigir.

Mi suegra, Eleanor, estaba muriendo. Barry, Christian y yo nos habíamos mudado a la casa de mis suegros en Charleston, Carolina del Sur, para ayudar a mi suegro, William, a cuidar de ella. Una noche, ya tarde, todos los varones se habían quedado dormidos. Antes de irse, la enfermera que ofrecía los servicios de hospicio me dijo que ella pensaba que era cuestión de unos pocos días más. Cerré la puerta cuando salió y regresé al cuarto de Eleanor.

Le pregunté si necesitaba algo. Me dijo que estaba bien, y me preguntó si Barry y William estaban durmiendo. Cuando le contesté que sí, me preguntó: «¿Sabes si William tomó la comunión antes de acostarse?» Me reí y le aseguré que sí. «Comunión», como él la llamaba, era la excusa de mi suegro para tomar vino muy barato y hacer que pareciera santo.

—¿Qué va a hacer cuando yo no esté? —preguntó.

—No te preocupes, mamá, nosotros lo vamos a cuidar —le aseguré. Y luego se me ocurrió algo.

—Mamá, ¿quieres compartir la Comunión? —pregunté.

—No pienso tomarme esa cosa —contestó.

—No, no me refiero a eso —le dije—. Quiero decir, compartir juntas lo que Cristo hizo por ti y por mí.

Ella sonrió.

Regresé con una galleta salada (todo lo que ella podía comer en ese momento) y un poco de gaseosa con sabor a gengibre. Me senté al borde de su cama, partí la galleta, y comimos y bebimos juntas. Fue la última Santa Cena que tomó. Estaba tan cerca de cruzar el río que podía ver el brillo de la eternidad reflejado en sus ojos mientras le cantaba:

La cruz excelsa al contemplar
Do Cristo allí por mí murió,
Nada se puede comparar
A las riquezas de su amor.

Yo no me quiero, Dios, gloriar
Mas que en la muerte del Señor.
Lo que más pueda ambicionar
Lo doy gozoso por su amor.

Ved en su rostro, manos, pies,
Las marcas vivas del dolor;
Es imposible comprender
Tal sufrimiento y tanto amor.

El mundo entero no será
Dádiva digna de ofrecer.
Amor tan grande sin igual,
En cambio exige todo el ser.[54]

Comunión con una galleta salada y gaseosa. Comunión con nada. ¿Qué importa? Mientras sea verdadera Comunión con el Cristo partido —partido por ti, partido por mí— nos deja cambiados, marcados por su sangre derramada por siempre.

Estar rotos es seguir tras las pisadas de Cristo. Pero aceptarlo, es seguir su corazón.

Epílogo
Anhela el Edén

> Si existe en mí un deseo que ninguna experiencia en este mundo pueda satisfacer, la explicación más probable es que fui creado para otro mundo.
>
> —C. S. Lewis, *Mero cristianismo*

Soñamos con el Edén —con el Paraíso— porque no lo tenemos aquí. No está en Hawaii, ni en Tahití, ni en Monte Carlo, ni en ninguno de los lugares más hermosos y espectaculares que jamás hayas visitado en este planeta.

De todos los seres humanos que jamás hayan vivido, solo dos experimentaron la absoluta paz y belleza del Edén, pero su desobediencia impidió que se quedaran allí por mucho tiempo.

Ese jardín se fue o, por lo menos, permanece escondido a nuestra vista hasta que todas las cosas sean renovadas.

Y, sin embargo, el deseo permanece.

En un sentido, gran parte de este libro se ha enfocado en un intento por equilibrar nuestro verdadero y legítimo deseo por el Paraíso (después de todo, Dios nos creó para él), con la contundente experiencia opuesta al Edén, en este pervertido planeta tan horriblemente desfigurado por la enfermedad del pecado.

No es un equilibrio fácil de encontrar.

¿Quién no anhela el Paraíso? Sin embargo, nuestros frenéticos intentos por conseguirlo *justo ahora*, en este mundo roto, inevitablemente nos expone a la desilusión, al desaliento, a la depresión y, con frecuencia, a sentimientos de profunda desolación.

Entonces, ¿qué tenemos que hacer? ¿Buscar refugio, hacernos un ovillo y simplemente esperar a que lleguen días mejores? ¿Pretender que las promesas de Dios para nuestro futuro ya han llegado y pegarnos un semblante feliz? ¿Automedicar nuestro dolor con un brebaje mágico de drogas, alcohol, sexo, consumo desenfrenado o cualquier otra cosa que parezca amortiguar el dolor por un momento? ¿Adoptar la antigua filosofía del *playboy*: «Comamos, bebamos y seamos felices, que mañana moriremos»?

Como supongo que habrás adivinado... eso no me parece.

Una fórmula mucho más productiva, saludable, optimista y satisfactoria viene de la pluma de Dag Hammasrkjöld, que sirvió como Secretario General para las Naciones Unidas desde el 1953 hasta el 1961. Luego de su muerte, a los cincuenta y seis años en un misterioso accidente de aviación en el Congo (donde se encontraba en otra misión de paz), unos investigadores encontraron una fascinante línea escrita en su diario personal.

Él le escribió la oración a Dios. Y esto es lo que dice:

Por todo lo que ha sido, gracias; y por todo lo que será, ¡sí!

Como Secretario General para las Naciones Unidas durante dos términos, Hammasrkjöld fue testigo de una inmensa cuota de dolor y sufrimiento en este mundo. No obstante, se esforzó incansablemente para aliviar tanto dolor como le fue posible, justo hasta el momento mismo de su muerte. Todavía él es la única persona que ha sido galardonado, luego de morir, con el Premio Nobel de la Paz. ¿Cómo seguía adelante?

Por todo lo que ha sido, gracias; y por todo lo que será, ¡sí!

Hammasrkjöld cultivó los hábitos mellizos del agradecimiento y de la sumisión a la agenda de Dios —sin importar lo que esta pudiera traer.

¿Podríamos hacer nosotros lo mismo? ¿Mientras vivimos en este mundo roto y anhelando el Paraíso, podemos, como Dag Hammasrkjöld, dar gracias a Dios por lo que ya ha hecho, mientras nos hacemos de la idea de aceptar alegremente lo que sea que traiga más adelante? No estoy diciendo que sea fácil. Aunque Hammasrkjöld no tenía manera alguna de saberlo, le dijo sí al accidente de aviación que, a fin de cuentas, le quitó la vida. Si pudieras entrevistarlo ahora, ¿crees que todavía diría que sí? Luego de leer mucho de lo que escribió sobre su jornada espiritual, creo que sí lo diría. Él no confiaba en eso a *lo que* podía estar diciéndole sí, ¡sino que confiaba en Aquel a quien le había dicho sí!

También sé que el apóstol Pablo hubiera respondido de la misma manera. En su última carta, antes de su ejecución, apenas cuatro versículos antes de la última oración que jamás escribió, el apóstol declaró: «Y el Señor me librará de toda obra mala, y me preservará para su reino celestial. A él sea gloria por los siglos de los siglos. Amén» (2 Timoteo 4.18). Pablo, también, anhelaba el Edén o algo aun mejor. Me pregunto cuántas veces habrá entonado las palabras del salmista:

Anhela mi alma y aun ardientemente desea los atrios de Jehová;
Mi corazón y mi carne cantan al Dios vivo.
Aun el gorrión halla casa,
Y la golondrina nido para sí, donde ponga sus polluelos,
Cerca de tus altares, oh Jehová de los ejércitos,
Rey mío, y Dios mío.

(Salmo 84.2–3)

Si tienes en tu corazón una canción como *esa*, entonces tienes en tu espíritu el tipo de poder y gracia que hicieron posible que Dag Hammasrkjöld y el apóstol Pablo escribieran las palabras que todavía ofrecen esperanza a las personas rotas como yo.

No, no es fácil.

Pero, en este mundo, ¿por qué tendría que serlo?

Después de todo, «tenemos este tesoro en vasos de barro, para que la excelencia del poder sea de Dios, y no de nosotros» (2 Corintios 4.7).

Nunca olvidaré la noche en que mi suegro William sufrió un fatal ataque cardiaco. Seguí ansiosamente la ambulancia que lo conducía al hospital. Cuando me dijeron que había fallecido, pedí que me dejaran ver su cuerpo; y vi de inmediato, con absoluta claridad, que todo lo que quedaba era el caparazón. El William verdadero ya no estaba allí, había dejado atrás solo el vaso de barro.

Me sorprendí pensando aquella noche: *¿Por qué invertimos tanto tiempo preocupándonos porque el vaso luzca presentable, cuando lo que realmente importa es el tesoro que contiene adentro?*

Eres un tesoro, lo sientas así o no.

Dios te ama y tiene algo mejor que el Paraíso planificado para ti, lo sientas o no.

Cuando colocas tu confianza en Jesús, tu historia terminará muy, *muy* bien, lo creas así en este momento o no.

Eso es lo que ha cambiado en mí durante esta jornada. Ahora me parece que es a través de la ventana de mi quebranto que veo el rostro de Dios. Acostumbraba a ver solo mi reflejo en el espejo; lo que estaba mal, lo feo, la debilidad. Pero cuando Dios, en su ardiente y apasionado amor permitió que se hicieran trizas las paredes de mi cueva de cristal... lo vi a Él. Fijar mi vista en Él ha cambiado todo. No es que me haya transformado en una creyente más fuerte sino que, en mi debilidad, Cristo ha probado una y otra vez lo fuerte que es. Así que, aunque seré un cordero inútil hasta el día que regrese a casa, sé a quién pertenezco y sé que el Pastor tiene el compromiso de llevarme, de llevarte, ¡de vuelta a casa!

Así que te invito a que te unas a mí en la oración de Dag Hammasrkjöld... y en la aventura y la promesa que sugiere:

Por todo lo que ha sido, gracias; y por todo lo que será, ¡sí!

Reconocimientos

En algunos momentos, la redacción de este libro me pareció una larga cartelera de boxeo, pero soy muy consciente de que no estaba sola dentro del cuadrilátero. Quiero agradecer a las personas que se mantuvieron hombro a hombro conmigo.

Brian Hampton, gracias por la gracia y el espacio para dejarnos ir adonde queríamos llegar. Pudiste haber parado esta pelea, pero nos permitiste continuar todos los asaltos necesarios.

Bryan Norman, ¿qué puedo decir? Sigues ofreciéndome un lugar para crecer, me animas cuando lo hago bien y me escuchas cuando algo suena mal. Eres mucho más que un gran editor. Eres un gran amigo.

Christian Ditchfield, gracias por exponerte a recibir algunos golpes en esta cartelera. Me ofreciste muchísimo apoyo en algunos momentos en los que tú también lo necesitabas. Tus acertadas perspectivas fueron muy valiosas, pero tu corazón lo fue aun más.

Lee Hough y Rick Christian, todo boxeador necesita un campeón, y ustedes entraron al ring cuando yo estaba en el suelo, esperando que me contaran hasta diez, y me levantaron. Estoy profundamente agradecida.

Steve Halliday, ¡qué bien la hemos pasado trabajando juntos! Me encanta tu ingenio, tu sabiduría, tu manera de usar las palabras y tu corazón, que no deja de asombrarse ante el ferviente amor de Dios. He aprendido muchísimo gracias a la oportunidad de trabajar junto a ti, ¡gracias!

Larry Libby, tienes un don asombroso para entender las sutilezas del idioma. ¡Pules las palabras hasta que resplandecen como la hebilla de la correa de un campeón!

Barry y Christian Walsh, el aliento y el amor que recibo de ustedes son implacables. Ustedes son mi ancla durante las temporadas inestables en mi vida. Los amo de todo corazón.

Estudio bíblico

Uno

No estoy saludando, ¡sino ahogándome!

Cuando las aguas profundas se encuentran con un amor todavía más profundo

Piezas rotas

1. Define en tus propias palabras lo que significa estar roto(a).
2. Si piensas en tu vida, ¿cuál de estas oraciones te describe mejor? Explica lo que esto significa debajo de la oración apropiada.

Me ha costado trabajo admitirme ante mí mismo y ante otros que estoy roto.

____

Sé que estoy roto, pero me ha costado trabajo lidiar con ello.

____

3. Sheila cita el poema de Stevie Smith: *Estuve demasiado lejos toda mi vida. No estoy saludando, sino ahogándome.* Escribe sobre tu experiencia personal en cuanto a sentirte que te estabas ahogando. ¿Cómo sobreviviste?

Vasijas restauradas

Podemos darnos cuenta de que estamos rotos en maneras muy distintas a lo largo de nuestra vida. A veces, es la convicción de pecado lo que nos hace trizas. En otros momentos, nos paralizamos al percatarnos de nuestras debilidades y carencias. Ambos tipos de quebrantamiento señalan nuestra necesidad de ayuda divina. Ambos escenarios prueban que nuestra condición humana nos limita.

A medida que estudiamos lo que la Biblia nos enseña sobre la condición de estar rotos, comencemos con la fuente más obvia: el pecado.

Desde la perspectiva bíblica, el pecado es algo que nos separa de Dios. Es el acto de maldad que rompe nuestra relación con Dios. Y cobramos conciencia de nuestra maldad cuando somos confrontados con un Dios santo.

Pablo usa la palabra griega *hamartia* para describir un pecado que no es simplemente deliberado, sino una enemistad debilitante con Dios. A lo largo de todas sus cartas a la iglesia, es evidente que Pablo entiende en un nivel muy profundo que la paga del pecado es muerte. El pecado también nos mantiene prisioneros y amenaza nuestra relación con Dios. Ninguno de nosotros está exento, tal como nos recuerda Romanos 3.23, donde dice que todos hemos pecado y estamos destituidos. Así que podemos consolarnos con esto: ¡todos necesitamos un Salvador!

Hamartia, en parte, también se deriva de la interpretación griega de la tragedia, lo que también está relacionado con *hubris*. La mayoría de nosotros interpreta *hubris* en términos de orgullo. En la cultura griega antigua, *hubris* equivalía a intentar llegar a la altura de los dioses, vivir como un superser humano. Por lo tanto, el pecado es un intento por elevarnos a un estado similar a un dios, por lo que tratamos de desafiar el pecado compensando excesivamente con nuestras capacidades y talentos.

Para los seguidores de Jesús, la interpretación fundamental del pecado es la incredulidad, la cual está muy asociada con la dureza de corazón. En ocasiones, somos demasiado tercos para abrir nuestros corazones al amor de Dios.

4. ¿Qué dicen los siguientes versículos sobre el pecado y sobre cómo responde el pueblo de Dios?

    Isaías 6.5
    Salmo 51.1–9
    Lucas 5.8

    Con frecuencia encuentro que la ira es más cómoda que el miedo. La ira me da la ilusión de que controlo, mientras que el miedo me deja desnuda y expuesta.

    —Sheila

5. Cuando tenemos que enfrentar un conflicto, es muy fácil que nuestra naturaleza pecaminosa reaccione. Tendemos a huir hacia nuestra zona de comodidad, ya sea respondiendo con ira u ocultándonos en la autocompasión. ¿Cómo luce tu «zona de comodidad» pecaminosa?

Lee el Salmo 88 (NTV).

Oh Señor, Dios de mi salvación,
a ti clamo de día.
A ti vengo de noche.
2 Oye ahora mi oración;
escucha mi clamor.

3 Mi vida está llena de dificultades,
y la muerte se acerca.
4 Estoy como muerto,
como un hombre vigoroso al que no le quedan fuerzas.
5 Me han dejado entre los muertos,
y estoy tendido como un cadáver en la tumba.
Soy olvidado,
estoy separado de tu cuidado.
6 Me arrojaste a la fosa más honda,
a las profundidades más oscuras.
7 Tu ira me oprime;
con una ola tras otra me has cercado.
Interludio

8 Alejaste a mis amigos
al hacerme repulsivo para ellos.
Estoy atrapado y no hay forma de escapar.
9 Los ojos se me cegaron de tantas lágrimas.
Cada día suplico tu ayuda, oh Señor;
levanto a ti mis manos para pedir misericordia.
10 ¿Acaso tus obras maravillosas sirven de algo a los muertos?
¿Se levantan ellos y te alaban?
Interludio

11 ¿Pueden anunciar tu amor inagotable los que están en la tumba?
¿Pueden proclamar tu fidelidad en el lugar de destrucción?
12 ¿Puede la oscuridad hablar de tus obras maravillosas?
¿Puede alguien en la tierra del olvido contar de tu justicia?

13 Oh Señor, a ti clamo;
seguiré rogando día tras día.
14 Oh Señor, ¿por qué me rechazas?
¿Por qué escondes tu rostro de mí?
15 Desde mi juventud, estoy enfermo y al borde de la muerte.
Me encuentro indefenso y desesperado ante tus terrores.
16 Tu ira feroz me ha abrumado;
tus terrores me paralizaron.
17 Todo el día se arremolinan como las aguas de una inundación
y me han cercado por completo.
18 Me has quitado a mis compañeros y a mis seres queridos;
la oscuridad es mi mejor amiga.

6. En la columna a la derecha, junto al Salmo, personaliza cada párrafo para que refleje tu oración y tu confesión a Dios.

Peldaños en el camino

Cuando sentimos sobre nosotros el peso de nuestro quebranto, puede ser muy difícil acudir a Dios. La energía que se necesita para levantar nuestras cabezas hacia el cielo nos parece inmensa. En medio de ese quebranto, nuestra fe en Dios debe sostenerse en que cumplirá sus promesas. Arriba, el salmista confiesa su perpetua angustia a medida que clama por la ayuda divina. En su tormento, le pide ayuda todos los días, aun en las profundidades de la desesperación.

7.Aunque el salmo termina en lamento, ¿cómo muestra la fe en Dios?

Dos

Corderos inútiles y ovejas negras

Un Pastor que va tras las víctimas y los villanos

Piezas rotas

En el caso de la oveja en la granja de Sharon, una oveja no puede producir suficiente leche para alimentar a múltiples crías, así que decide alimentar a unas e ignorar a otras. Estos corderos abandonados y rechazados se conocen como «corderos inútiles».

Luego tenemos a las ovejas negras, aquellas que escogen alejarse del buen Pastor. Tal vez recientemente has decidido seguir tu propio rumbo; ya te cansaste de esperar en Dios. La rebelión se ha apoderado de tu corazón, y no pareces encontrar el camino de vuelta porque no estás seguro si mereces su gracia.

1. ¿Te identificas más con el cordero inútil o con la oveja negra?

   «Me sacó a lugar espacioso; me libró, porque se agradó de mí» (Salmo 18.19).

2. Escribe los beneficios de ser un cordero inútil que se muestran en el capítulo.

   En el sentido espiritual, todos somos «corderos inútiles»: perdidos en pecado, quebrantados en espíritu, con heridas en el corazón y en la mente... y a veces en el cuerpo. Muchos de nosotros nos hemos sentido como corderos inútiles en nuestras familias de origen o hasta (es triste admitirlo) en la familia de Dios. Sabemos lo que es sentirse no deseado, no amado, empujado fuera del camino, abandonado, rechazado, abusado o descuidado.

   p. 14

Vasijas restauradas

Revisa el capítulo dos y escribe la definición del término hebreo *chavash*:

3. A la luz de esta palabra, llena el espacio en blanco. Mi Pastor, Jesús ha __________ mis heridas.

Lee Juan 10.1–21.

Este pasaje se parece a Mateo 18.12–14 y Lucas 15.3–7, pero el relato de Juan usa la alegoría del pastor con un significado más amplio. El enfoque está en lo que el pastor hace por su oveja para así crear una imagen de nuestra relación como Cristo, el Pastor, y su pueblo, la oveja.

En los versículos 1–2, Jesús usa la imagen de un redil de ovejas. En el tiempo de su ministerio terrenal, usualmente esta era una estructura construida de piedras rugosas y ladrillos de barro, y solo tenía un techo parcial. A veces se usaba alguna cueva en las montañas. El redil tenía una puerta, que el pastor custodiaba para que no entraran ladrones ni animales salvajes. Los ladrones intentaban acceder el redil por otros medios. Jesús contrasta esto enfatizando que el buen pastor usa la puerta correcta. Los falsos mesías violaron la entrada legítima, tratando así de hacerle daño al pueblo de Dios.

4. Menciona algunos de los roles del pastor indicados en el texto.
5. Juan 10.4 dice que el pastor va delante de sus ovejas y ellas lo siguen porque conocen su voz. Toma algunos minutos para reflexionar en un momento en el que claramente Dios te estaba dirigiendo en cada paso, caminando delante de ti. Recuerda su fidelidad, cómo te reveló su amor y su carácter. Recuerda también cómo estabas tú. ¿Cómo interactuabas con la gente y tomabas decisiones? ¿Cómo interactuabas con Dios?

Jesús usó la metáfora del pastor porque esta era una ocupación muy común en Palestina. A lo largo de todo el Antiguo Testamento vemos referencias figuradas y alegóricas a la ocupación de pastor. Abel es el primer pastor que se menciona en la Biblia (Génesis 4.2). Jesús vincula su naturaleza divina a la ocupación más común conocida en el mundo bíblico. Pero el pasaje termina con unos oyentes que no entienden el punto de vista de Jesús debido a su arrogancia espiritual. Estaban confiando en que eran parte del linaje de Abraham, no en Jesús como Mesías.

6. ¿Por qué es esencial para los corderos inútiles y las ovejas negras confiar en el buen Pastor?
7. Menciona algunas obstrucciones tangibles en tu mente, corazón e historia personal que impiden que confíes en que Jesús puede llevarte a pastos seguros.

Si estudias los relatos de los evangelios, encontrarás también la historia de la oveja en Lucas, aunque con una diferencia interesante. En la versión de Mateo, la oveja representa al creyente. En el relato de Lucas, la oveja perdida representa a una persona que conoce la fe por primera vez. Y Jesús dice: «De la misma manera, ¡hay más alegría en el cielo por un pecador perdido que se arrepiente y regresa a Dios que por noventa y nueve justos que no se extraviaron!» (Lucas 15.7, NTV). Ambas versiones de la historia nos enseñan que el buen Pastor ama entrañablemente a *todas* sus ovejas, ya sea que recién hayan conocido la fe o que estén regresando a Él luego de estar extraviadas por mucho tiempo.

Podemos recibir consuelo en la certeza de que Jesús irá en busca de la oveja perdida (Lucas 15.3–7) y dejará a las noventa y nueve. Esto demuestra su profunda compasión por nosotros, aun cuando nosotros elegimos apartarnos de su voluntad. A veces nuestros deseos invalidan nuestra obediencia a Él.

8. ¿Qué mentiras o tentaciones has permitido en tu vida que te han alejado de las verdades de Dios?

La mayor preocupación de Jesús era la salvación de sus ovejas, el acceso a la vida abundante.

Peldaños en el camino

El buen Pastor su vida da por las ovejas, ya sea una oveja negra o un cordero inútil. Mientras más tiempo pasamos con nuestro buen Pastor, más le escucharemos decir: «Te amo tal como eres, tú me perteneces».

En Juan 10.7, Jesús les dijo otra vez: «De cierto, de cierto os digo: Yo soy la puerta de las ovejas». Cuando las ovejas entran nuevamente al redil, luego de haber pastado, el pastor se para en la puerta y las examina para verificar que no estén heridas. También se asegura de que nada dañino haya entrado en el redil. Después que se asegura que todas las ovejas están allí, cierra la puerta.

9. Imagina que Jesús te está mirando. ¿Qué heridas ve en ti? Enumera las heridas que te duelen justo en este momento en tu vida.

Una oración para cerrar

Señor, confiamos a ti nuestras heridas y nuestro voluntarioso corazón. Tú nos conoces íntimamente (Juan 10.3–5). Sabemos que moriste por nosotros y que diste tu vida por nosotros. Ayúdanos, Señor, a no resistir tu mano sanadora. Ayúdanos a seguirte en cada detalle de nuestras vidas. Sabemos, Jesús, que tú nos diriges a pastos seguros. Amén.

TRES

LAS HERIDAS DEL PASADO TIENEN BUENA MEMORIA

Cómo encontrar una salida de la oscuridad

Piezas rotas

El capítulo tres comienza con una confesión: «Por más ridículo que parezca, creía en lo profundo de mi corazón que esta tormenta era *mi* culpa, que los cielos se habían confabulado contra mí. En gran parte, aquella creencia equivocada nacía de mi falta de comprensión sobre la verdadera naturaleza de Dios y su intenso amor por mí».

Es fácil echarnos la culpa cuando la vida nos desilusiona. Hacemos comentarios como:

¿Se habría quedado mi esposo si yo fuera más bonita?
¿Murió mamá porque no le di el mejor doctor?
¿Qué hubiera podido hacer? ¿Qué hice?
No puedo tener hijos. Dios debe estar castigándome.
Tiene que haber sido mi culpa.

1. Es importante conocernos lo suficientemente bien para saber si la vergüenza nos está alejando de Dios. Ora para que Dios te revele si existe algún tipo de vergüenza que te está alejando de su amor. Escribe lo que venga a tu mente.

> La diferencia entre la culpa y la vergüenza es muy clara... en teoría. Nos sentimos culpables por lo que hacemos. Nos sentimos avergonzado por lo que somos.
>
> —Lewis Smedes

Cuando tomamos el tiempo para pedir perdón, Dios puede revelar cosas que no podemos ver en nosotros en otros momentos. El arrepentimiento con frecuencia llega en nuestros clósets privados de oración, cuando nos humillamos ante Él.

2. Ahora, en oración, examina si hay algo con lo que Dios te está cargando para reconciliar una situación. Completa esta corta oración de confesión:

   «Señor, has puesto en mí la carga de que todavía tengo que ______________. Dame la fuerza y la sabiduría para que __________, y pueda así recibir todo el perdón que tienes para mí».

Vasijas restauradas

Vemos el primer encuentro de la humanidad con la vergüenza en el huerto del Edén. La palabra *vergüenza* aparece por primera vez en Génesis 2.25: «Y estaban ambos desnudos, Adán y su mujer, y no se avergonzaban». La palabra hebrea usada aquí es *bosh*, que significa sentirse insignificante ante alguien.

Lee Génesis 3.

Antes de la Caída, Adán y Eva no tenían el concepto de vergüenza. Su pecado provocó que perdieran su estado de inocencia. A través del engaño de la serpiente, tanto Adán como Eva cedieron a la tentación y desobedecieron a Dios. Así perdieron el paraíso, pues Dios les había advertido que no comieran de la fruta prohibida. La consecuencia inmediata fue la muerte y la pérdida de su comunión con Dios.

3. Compara Génesis 2.25 y Génesis 3.10. Después de la Caída, ¿qué había cambiado? ¿Cuál fue su reacción ante la vergüenza?
4. En Génesis 3.11, Dios le pregunta a Adán si había comido del árbol. ¿Cuál fue la respuesta de Adán ante su obvia vergüenza ante Dios?
5. Repasa el relato de la Caída. ¿Qué bendiciones tenían Adán y Eva antes de que conocieran la vergüenza?
6. ¿A quién maldijo Dios primero? ¿Qué otras maldiciones siguieron?

Pero Dios el *Señor* llamó al hombre y le dijo:
—¿Dónde estás?

El hombre contestó:

—Escuché que andabas por el jardín, y tuve miedo porque estoy desnudo. Por eso me escondí. (Génesis 3.9–10, NVI)

El juicio de Adán y Eva: Aquí somos confrontados con la santidad de Dios. Antes de que Dios pronuncie su juicio sobre Adán y Eva, les hace una serie de preguntas. La palabra *desnudo* aparece repetidamente para comunicar la vergüenza que sintieron, que fue mucho más que la que sintieron delante del uno y el otro. Dios no los dejó avergonzados y desnudos, sino que les hizo ropa de piel de animales para vestirles. Dios sacrificó la vida y la sangre de los animales para cubrirlos. Aun aquí vemos la provisión que Dios por sus hijos para cubrir sus pecados, una predicción de la sangre que Él derramaría en la cruz.

7. Lee los siguientes versículos. ¿Qué dicen sobre lo que ha hecho Dios con nuestra vergüenza?

   Salmo 25.2–3
   Romanos 9.33
   Romanos 10.11
   1 Pedro 2.6

Parece que en un mundo mortalmente herido por la desobediencia, y fatalmente infectado con la enfermedad del pecado, la vergüenza tiene un papel que jugar en los propósitos redentores de Dios. El Señor se propone usar aun la vergüenza para acercarnos a Él, donde podemos vivir para siempre libres de ella.

—Sheila, p. 28

Peldaños en el camino

- Para encontrar el tipo de vergüenza santificadora que Dios propone para nuestro bien, considera lo siguiente:

1. Cuando converses contigo mismo, habla las cosas correctas.
2. Llena tu mente con la verdad de la Palabra de Dios.
3. Rodéate de personas afectuosa, que amen a Dios.

- Llena los espacios en blanco que aparecen a continuación con tus propios pasos hacia una perspectiva equilibrada sobre el quebranto.

1. Hoy me diré a mí mismo la verdad y es que:
2. Meditaré en la siguiente porción bíblica:
3. Voy a buscar a _________ esta semana porque sé que esta persona me alienta en mi fe.

Cuatro
Preguntas implacables
Su presencia y su paz en tus noches más oscuras y en tus interminables batallas

Piezas rotas

En muchas ocasiones, Dios se rehúsa a contestar nuestras preguntas *por qué*. Las más difíciles son las que se relacionan al sufrimiento humano:

¿Por qué el hijo de ella se sanó y el mío murió?
¿Fue mi culpa?
¿Debí haber tenido más fe?
¿Por qué no salvaste mi matrimonio?
¿Qué más pude haber hecho?
¿Por qué no impediste que siguiera haciéndome la tonta?

1. Escribe un por qué que le hayas estado haciendo a Dios: ______________________________
2. ¿Crees que a veces Dios retiene respuestas completas? Lee Isaías 55.8–9.

Vasijas restauradas

Algunas de nuestras luchas contra los por qué pueden resumirse en la palabra *teodicea*, que deriva de las palabras *theos*, «Dios», y *dike*, «justicia». Este término se usa para referirse a los intentos por entender las maneras de Dios de tratar con la humanidad. Parte de la discusión se resuelve cuando apelamos al hecho de que Dios es todopoderoso, todo amor y justicia, a pesar de la realidad de la maldad en el mundo. El preguntar por qué plagó al pueblo de Dios a lo largo del Antiguo y del Nuevo

Testamento. Job. David. Jonás. Pablo. María y Marta. Hasta el mismo Jesús le preguntó a su Padre: «¿Por qué me has desamparado?» Sin embargo, cuando encontramos nuestro lugar bajo el gobierno de Dios, no podemos ignorar quién dice que Él es: Todopoderoso. Omnisciente. Amoroso. Compasivo. Misericordioso. Soberano.

3. Medita por unos momentos en el sufrimiento por el que has pasado. ¿Acaso este sufrimiento te acercó a Dios o te alejó más?

Lee Mateo 8.5–13, Jesús sana al siervo de un centurión.

La historia del siervo del centurión: En tiempos del Nuevo Testamento, los romanos tenían un ejército muy elaborado y detallado. Un centurión era un oficial no comisionado que tenía a cien hombres bajo su cargo. Ellos eran la espina dorsal del ejército, eran los que ejecutaban las órdenes. Sus órdenes se comparaban en autoridad a las del emperador porque eran tan buenas como las que venían del emperador mismo. Estos soldados no tenían puestos en Palestina, pero eran auxiliares bajo Herodes Antipas. El centurión era un gentil de las afueras de Galilea. Tradicionalmente, los judíos odiaban a los soldados romanos porque los oprimían.

4. ¿Qué barreras podían haber impedido que el soldado romano se acercara a Jesús para pedirle ayuda?
5. Jesús les advierte a los judíos que su falta de fe en Dios podría impedirles entrar en el reino. No debemos sobreestimar la fe —pensar que, de alguna manera, la fe en sí misma es la fuente de la bondad de Dios— pero sí debemos reconocer que la fe es esencialmente una creencia fundamental en Dios y en lo que Él puede hacer. ¿Por qué crees que Dios aborrece nuestra incredulidad?
6. Lee el versículo 13. Según el texto, ¿por qué fue sanado el siervo del centurión?
7. ¿Qué le dijo el centurión a Jesús que ilustra que él entendía cuán poderosa era realmente la autoridad de Jesús?

¿Cómo responderías a las siguientes preguntas, que se presentan en el capítulo cuatro?

¿Cómo alcanzó a tener una fe como esa?
¿Qué sabe él que yo desconozco?
¿Cómo puedo yo asombrar a Dios?

Cuando nuestras oraciones no reciben las respuestas que deseamos, Dios nos ordena que, aun así, tengamos fe en Él. Los judíos no querían escuchar que ese romano gentil era bienvenido en la mesa de banquete de Dios, aunque había sido profetizado en Isaías 25.6–9. La fe del centurión demostró que él tenía una revelación de la naturaleza y autoridad de Jesús, dada a Él por Dios, que iba más allá de la que tenía la audiencia judía.

Lee Juan 11.1–44.

La historia de Lázaro es uno de los relatos más asombrosos que tenemos y Juan es el único evangelio que lo registra. Esta historia nos muestra la angustia y el dolor de dos hermanas que amaban entrañablemente a su hermano, Lázaro, y que también amaban entrañablemente a Jesús. Ellas sabían que este era el único que podía ayudar a su hermano enfermo. Pero cuando Jesús se presentó cuatro días demasiado tarde —de acuerdo a la perspectiva terrenal—, los por qué comenzaron a consumirlas. Ellas sabían que Él pudo haber llegado más rápido, que pudo haberlo sanado antes que muriera. Jesús también mostró su compasión, pues el versículo 35 dice: «Jesús lloró».

8. Según los versículos 4 y 40, ¿por qué esperó Jesús?

La fe de Jesús en la capacidad de su Padre para resucitar a Lázaro era tan fuerte, que simplemente agradeció a Dios, como si ya estuviera hecho. Jesús pidió que rodaran la piedra. Para todos los que fueron testigos de eso, sería demasiado difícil dudar de la autoridad que Jesús había recibido cuando vieron a Lázaro salir de la tumba, vivo otra vez.

Peldaños en el camino

En el caso de María y Marta, el por qué queda claro, de alguna manera, para el final de la historia. Dios permitió que Lázaro muriera para que pudiera traerle más gloria a Él. La muerte requería un Dios más grande, un milagro más grande. Y, como en el caso de María y Marta, la pérdida puede evitar que comprendamos el poder de Dios y lo que puede hacer para redimir una situación.

Romanos 8.38–39 dice:

> Y estoy convencido de que nada podrá jamás separarnos del amor de Dios. Ni la muerte ni la vida, ni ángeles ni demonios, ni nuestros temores de hoy ni nuestras preocupaciones de mañana. Ni siquiera los poderes del infierno pueden separarnos del amor de Dios. Ningún poder en las alturas ni en las profundidades, de hecho, nada en toda la creación podrá jamás separarnos del amor de Dios, que está revelado en Cristo Jesús nuestro Señor. (NTV)

Tal vez estás en medio de un sufrimiento profundo y el por qué amenaza con impedir que levantes tu escudo de fe para testificar: «No existe otro Dios más poderoso que el mío. Confío en Él».

> *Mi corazón y mi mente humanos no pueden entender las maneras de Dios, pero yo confío en su corazón. Y he tenido que pelear una difícil y sangrienta batalla para llegar a este lugar de descanso.*
>
> —Sheila, p. 55

9. Mientras esperas en Dios para recibir una respuesta, anticipa cómo esa espera puede traerle más gloria a Él. Expresa con palabras tus pensamientos.

Cinco

Sobre esconderse, pretender y otros escapes fallidos

Cómo evitar una vieja estrategia que nunca funciona

Piezas rotas

De una u otra manera, todos usamos máscaras. Es nuestra forma de amoldarnos, de encajar. Mientras más rotos nos sentimos en el interior, más nos vemos obligados a ocultar nuestro quebranto de los demás, de manera que no se rían de nosotros ni nos rechacen. Por los pasados dieciséis años he hablado a más de cuatro millones de mujeres desde la plataforma de Women of Faith. Y escucho lo mismo, una y otra vez:

> «No me gusta mi apariencia».
> «No me gusta cómo me siento».
> «Detesto la imagen que veo en el espejo».
> «Si la gente conociera quién soy realmente, nadie querría conocerme».

1. Piensa en los distintos lugares en los que pasas la mayor parte de tu tiempo. Circula abajo los sitios en los que sientes que puedes ser tú mismo y en los que no tienes que ponerte ningún tipo de máscara. Añade cualquier otro lugar que no aparezca en esta lista.

   Trabajo — Casa — Iglesia — Vecindario
   Grupo de estudio bíblico — Asociación de padres y maestros
   Eventos sociales comunitarios

2. Si circulaste alguno o añadiste algún otro, explica por qué sientes que en este lugar te sientes menos propenso a usar una máscara.

Vasijas restauradas

Parte del reto de nuestra condición como seres humanos rotos es entrenar nuestros corazones para que escuchen el amor de Dios por encima del alboroto de nuestra vergüenza.

—Sheila, p. 64

En el capítulo tres, le echamos un vistazo a la Caída y a la vergüenza que esta trajo a Adán y a Eva. Con frecuencia, la vergüenza provoca que nos escondamos y que deseemos cubrirnos.

3. Lee Génesis 3.9–10. ¿Qué le confiesa Adán a Dios?

Como cristianos que vivimos de este lado de la cruz, todavía tenemos el instinto de escondernos de Dios. ¿Qué pecado has estado intentando cargar por ti mismo, pensando que es demasiado grande para Dios?

Debido a la obra salvadora de Cristo, no tenemos que escondernos *de* Dios, sino que podemos escondernos *en* Dios. Cuando buscamos la presencia del Señor, estamos seguros. Creer que tu pecado es demasiado grande para que Dios pueda reconciliarlo es rechazar el poder de la cruz.

Lee Hebreos 4.14–16.

Sumo sacerdote: un jefe sacerdotal del pueblo hebreo que se remonta al tiempo de Aarón. Era distinguido por encima de los otros sacerdotes y visto como la cabeza espiritual del pueblo de Dios. Israel venía a él para conocer la voluntad de Dios (Deuteronomio 28.3).

4. ¿Con quién se compara a Jesús en el versículo 14?
5. El versículo 16 nos dice que nos acerquemos __________ al trono de la gracia. Y allí recibimos *misericordia* y *gracia*.
6. Este pasaje nos enseña que Jesús fue tentado en todos los aspectos en los que nosotros también somos tentados. No debemos inferir que la vida fue fácil para Él. Aunque sin pecado, ¿cómo hace esta experiencia humana que sea más fácil que nos acerquemos a Él?
7. Lee Hebreos 5.5. ¿Cómo revela este versículo la humildad de Jesús como el sumo sacerdote escogido de Dios?
8. ¿Qué nos dice Hebreos 7.24–25 sobre el sacerdocio de Jesús?

Bajo el sistema antiguo, el sumo sacerdote iba delante de Dios en nombre de su pueblo. Bajo el nuevo pacto podemos acercarnos a Dios directamente y sin temor. Ya no es necesaria la mediación. Se nos asegura que podemos quitarnos las máscaras con las que nos escondemos y buscar la presencia de Dios. Jesús estaba con Dios cuando el universo fue creado y desde el poder de su Palabra gobierna los cielos. Sin embargo, también puede simpatizar con nosotros porque dejó voluntariamente el trono de su Padre para hacerse carne. Jesús conquistó el pecado, demostrando así que era completamente Dios y completamente hombre.

Peldaños en el camino

Una cosa que nos mantiene cerca de Dios es la confesión. No tenemos que esconder nuestros pecados de Él; de todos modos, los conoce. Cuando buscamos su perdón y le damos las gracias por él, es más fácil recibir su gracia.

9. Escribe un pecado que has intentado mantener oculto, quizás hasta de ti mismo. Luego de escribirlo, lee otra vez Hebreos 4.14–16. Toma tiempo para adorar y dar gracias a Dios por la misericordia y la gracia que hoy da abundantemente.

> *¡Ya no tienes que esconderte! Eres amado tal cual eres. No necesitas ponerte una máscara, Dios te ve tal cual eres. No tienes que fingir estar bien. Cristo es nuestra justicia, y después de todo, sí podemos ser seres humanos, reales, amados y libres. No tienes que negar la verdad; el Señor lo sabe todo y te ofrece a Cristo.*
>
> —Sheila, p. 67

Seis

¿De qué puedo tener certeza?

Tres verdades irrefutables para mantenerte de pie sin importar lo que pase

Piezas rotas

¿De qué puedo tener certeza?, tal vez esta es la pregunta más importante que te estás haciendo en tu vida en este momento. Quizás estás cuestionando el amor de Dios por ti o luchando contra algún aspecto de tu fe. Es posible que estés esperando por la respuesta final de Dios a una oración. Tal vez acabas de recibir una noticia que te ha dejado tambaleándote.

- Medita en todo esto y completa cada oración con un corto párrafo.

  Tengo que confiar en Dios en este momento porque no estoy seguro de...

  ____

  ____

  Aunque no estoy seguro de mis circunstancias, estoy seguro de que esto es cierto sobre Dios...

  ____

  ____

Vasijas restauradas

En el capítulo cinco, leíste sobre la tensión entre la vergüenza y un Dios amoroso. El estudio de este capítulo se enfocará en la soberanía de Dios. Mientras vivimos y maniobramos en un mundo que con frecuencia olvida la verdad de Dios, podemos estar seguros de *quién* es Dios cuando todo lo demás está cambiando delante de nuestros ojos. Aunque este mundo puede tener la apariencia de que cualquiera, menos Dios, lo está gobernando, simplemente no es cierto. La Biblia promete que Él es el Gobernante supremo de este mundo. Aun Satanás y sus ángeles caídos solo pueden hacer lo que Él les permite por algún tiempo. Sí, hasta el mismo Satanás está sujeto a Dios. El enemigo ni siquiera puede comenzar a compararse con el poder de Dios.

Soberanía: el poder ilimitado de Dios; el control de Dios sobre los asuntos de la naturaleza y la historia; gobernante supremo.

Las Escrituras declaran que Dios está trabajando en su plan de redención soberano y que la conclusión es definitiva: Dios gana. Aunque nos hemos quedado cortos y hemos pecado contra Dios, su plan para nosotros cancela nuestro quebranto. Su soberanía es caracterizada por su justicia y su santidad.

Lee los siguientes pasajes bíblicos sobre la soberanía de Dios.

1. En tus propias palabras, explica lo que cada pasaje significa para ti:
   Génesis 14.18–20
   Éxodo 6.2
   Lucas 2.29
   Hechos 4.24
   Apocalipsis 6.10

No ocurre nada en este mundo que Dios no conozca, así que podemos estar seguros de que aunque sea sorpresa para nosotros, no lo es para Él. Dios está preparado para todas las situaciones y nada desafía su control. Según vamos desglosando lo que significa para Dios ser soberano sobre el bien y el mal, miremos tres de sus atributos divinos, también conocidos como los tres «omni» atributos. *Omni* es el término en latín para «todo».

Lee sobre sus atributos soberanos:

2. Dios es omnipotente (todopoderoso)
   Marcos 14.36
   Lucas 1.37
   Porque mi Dios es todopoderoso, puedo tener la certeza de que
   ____
   ____
   ____

La característica más distintiva de la omnipotencia de Dios es que nuestra imaginación se pierde cuando pensamos en ella.

—Blaise Pascal

3. Dios es omnisciente (todo lo sabe)
   1 Juan 3.20
   Juan 21.17
   Isaías 44.7–8
   Porque mi Dios conoce todas las cosas, puedo tener la certeza de que ________________________.

El conocimiento de Dios está vinculado a su soberanía: Él conoce cada cosa, tanto en sí misma como en relación con todas las demás, porque la creó, la sustenta y ahora hace que funcione cada momento de acuerdo a su plan para ella.

—J. I. Packer

4. Dios es omnipresente (en todos sitios, todo el momento)
   Salmo 139.7–12
   Jeremías 23.23–24

Si Dios está presente en cada punto del espacio, si no podemos ir a ninguna parte donde Él no esté, si ni siquiera podemos concebir un lugar donde no esté, ¿entonces por qué esa Presencia no se ha convertido en el hecho más universalmente celebrado del mundo entero?

—A. W. Tozer

5. ¿Cuál de los tres «omnis» tiene un mayor significado para ti en este momento?

Acordaos de las cosas pasadas desde los tiempos antiguos; porque yo soy Dios, y no hay otro Dios, y nada hay semejante a mí, que anuncio lo por venir desde el principio, y desde la antigüedad lo que aún no era hecho; que digo: Mi consejo permanecerá, y haré todo lo que quiero. (Isaías 46.9–10)

Peldaños en el camino

Mientras forcejeas con lo desconocido de este momento y del futuro, recuerda esto: Él conoce tu vida, tu historia y también tu futuro; hasta el más pequeño detalle. Dios sabe lo que está por venir en *tu* vida, y te declara que su propósito para ti va a prevalecer. En *tu* vida Él hará todo lo que le plazca.

Filipenses 4.6–7 nos puede fortalecer a medida que avanzamos hacia resultados imprevistos: «No se preocupen por nada. Más bien, oren y pídanle a Dios todo lo que necesiten, y sean agradecidos. Así Dios les dará su paz, esa paz que la gente de este mundo no alcanza a comprender, pero que protege el corazón y el entendimiento de los que ya son de Cristo» (TLA).

Personaliza este pasaje y llena los espacios en blanco:

No me preocuparé por ________________, más bien, oraré por todo y le daré gracias a Dios y le diré ________________. Luego, hago mía la promesa de que su paz, esa paz que no alcanzo a comprender, protegerá mi corazón y mi entendimiento en Cristo Jesús.

Siete

La historia de dos Teresas

Sabiduría sometida a prueba para lidiar con el dolor persistente

Piezas rotas

Quizás conozcas —o tal vez no— los escritos de la Madre Teresa, pero casi todo el mundo la recuerda como una monja abnegada que amó profundamente a Dios y los demás. Relee su carta a Jesús:

> Señor, mi Dios, ¿quién soy para que me hayas abandonado? La hija de tu amor, y ahora me he convertido en la más odiada; esa a la que Tú has tirado a un lado, indeseada, no amada. Llamo, me aferro, anhelo... y no hay uno que responda. Nadie a quien pueda aferrarme, no, Nadie. Sola... ¿Dónde está mi fe? Ni siquiera en lo más profundo hay nada, solo vacío y oscuridad. Mi Dios, ¡cuán doloroso es este dolor desconocido! No tengo fe. No me atrevo siquiera a pronunciar las palabras y los pensamientos que abarrotan mi corazón, y me hacen sufrir una agonía indecible.
>
> Tantas preguntas sin respuesta viven dentro de mí, con miedo a revelarse, debido a la blasfemia. Si existe un Dios, por favor, perdóname. Cuando trato de alzar mis pensamientos al cielo, siento un vacío tan acusatorio que esos mismos pensamientos regresan como cuchillos y me lastiman hasta el centro de mi alma. Me dicen que Dios me ama y, sin embargo, la realidad de esa oscuridad, frialdad y vacío es tan enorme que nada toca mi alma.

1. ¿Has sentido alguna vez que la oscuridad que te rodea es tan densa que parece más poderosa que Dios? Explica.

Oro para que tu «noche oscura» no se extienda por tanto tiempo. Oro para que el amanecer llegue pronto... que el más mínimo indicio de gris en el horizonte se convierta en un hermoso amanecer en tu vida.

—Sheila, p. 86

Vasijas restauradas

Juan el Bautista fue el precursor de Jesús que trajo las buenas nuevas sobre el Mesías que venía. Tanto Juan como Jesús fueron mencionados por Gabriel, aun antes de que nacieran; no se conoce mucho sobre la niñez de Juan, ni tampoco de la de Jesús; Juan y Jesús nacieron con solo unos meses de diferencia y eran primos; los cuatro evangelios hablan de que Juan vivía «en el desierto»; Juan entendió su ministerio era uno de reforma y de preparación para que la gente recibiera a Jesús como el Mesías (Mateo 3).

Lee Mateo 11.1–6.

1. Aun los seguidores más cercanos a Jesús se desanimaron y dudaron del plan de Dios. ¿Cuál es la pregunta que hace Juan el Bautista mientras está en la cárcel (véase también Mateo 3.11)?
2. Lee Mateo 3.1–6. A la luz de Mateo 11.1–6, y conociendo cuál era el llamado de Juan el Bautista, ¿crees que sus dudas eran razonables?
3. ¿Cómo responde Jesús a la pregunta de Juan?
4. Según Hechos 2.22, ¿cómo endosó Dios públicamente a Jesús?

En este capítulo, las dos Teresas lucharon contra sus sentimientos y decidieron vivir más allá de ellos. No permitieron que el dolor ni la oscuridad las separara de Dios. Cuando pensamos en la Madre Teresa, nos viene a la mente una vida sacrificada para ayudar a los desamparados, ofreciéndoles su sonrisa y amor, aunque en realidad, en su propia alma, ella se sentía desamparada. Y es como si Dios hubiera levantado a una mujer como Teresa de Ávila para escribir sobre la oración, justo lo que ella profesaba aborrecer.

En medio de nuestro quebranto, sin importar cómo nos sintamos, debemos hacer el esfuerzo de estar en comunión con Dios. Es posible que sintamos coraje, decepción, desilusión o estemos agotados. Pero, a pesar de esto, debemos continuar ejercitando nuestra fe, pues esta no está arraigada en nuestros sentimientos sino en la fiel confianza del Padre.

Lee esta sincera oración de David:

Dios mío, Dios mío, ¿por qué me has desamparado?
¿Por qué estás tan lejos de mi salvación, y de las palabras de mi clamor?
Dios mío, clamo de día, y no respondes;
Y de noche, y no hay para mí reposo.
Pero tú eres santo,
Tú que habitas entre las alabanzas de Israel.
En ti esperaron nuestros padres;
Esperaron, y tú los libraste.
Clamaron a ti, y fueron librados;
Confiaron en ti, y no fueron avergonzados.
Mas yo soy gusano, y no hombre;
Oprobio de los hombres, y despreciado del pueblo.
Todos los que me ven me escarnecen;
Estiran la boca, menean la cabeza, diciendo:
Se encomendó a Jehová; líbrele él;
Sálvele, puesto que en él se complacía.
Pero tú eres el que me sacó del vientre;
El que me hizo estar confiado desde que estaba a los pechos de mi madre.
Sobre ti fui echado desde antes de nacer;
Desde el vientre de mi madre, tú eres mi Dios.
No te alejes de mí, porque la angustia está cerca;
Porque no hay quien ayude.

(SALMO 22.1–11)

Este salmo trata sobre la angustia y el abandono. Pero también trata acerca del gozo y el reinado de Dios. El rey David ganó innumerables batallas con Dios de su lado. David, el poderoso guerrero, fue testigo de victorias que iban en contra de todas las probabilidades militares, debido al poder y a la fidelidad de Dios hacia su pueblo. Los milagros señalan hacia la autoridad de Dios y, algunas veces, nos hacen recordar que Dios nos ayuda a fortalecer nuestra fe, pues así recordamos su provisión y tenemos la confianza de que nos ayudará, otra vez, a superar otra prueba más.

David se sintió abandonado. Juan el Bautista se sintió abandonado. Según los pasajes estudiados, ¿cómo lidiaron ellos con esos sentimientos reales y legítimos?

¿Cuál es tu primera reacción cuando sientes que Dios te ha abandonado?

Peldaños en el camino

Reflexiona en las dos Teresas mencionadas en este capítulo. Ambas entendieron cómo se sentía el sufrimiento y anhelaron más de la presencia de Dios en sus vidas. En nuestra humanidad, podemos convencernos a nosotros mismos de que nuestras oraciones no marcarán ninguna diferencia; sin embargo, la Biblia nos dice claramente que nuestras oraciones son poderosas y eficaces (Santiago 5.16).

La mayoría de nosotros nos hemos sentido como estas dos Teresas o como Noemí, cuando estamos seguros de que Dios ha levantado su puño contra nosotros (Rut 1.13).

Circula la expresión que mejor describe tus pensamientos en esos momentos que sientes que Dios te ha abandonado:

«No importa si oro o no. Dios hará de todas maneras lo que le plazca».

«No tengo la energía para orar, ¿y para qué hacerlo si mi corazón no está en ello?»

«La Biblia dice que ore sin cesar y, debido a mi convicción de que la Palabra de Dios es verdadera, lo hago, aun cuando me embarga el desánimo».

Como cristianos, debemos recordar que Dios no le teme a nuestros sentimientos. Él les da la bienvenida y quiere que lo mantengamos al tanto de todo. Termina este estudio escribiendo sobre algo que te desanima en este momento. Luego, cierra con unas palabras de adoración a Dios, y proclama tu confianza en Él, aun en la oscuridad.

Ocho

Amor tenaz y gracia de Noche de Brujas

Por qué el obstinado compromiso de Dios contigo viene con sorpresas

Piezas rotas

El amor de Dios es un tema que jamás podrá agotarse. A medida que continuamos nuestro caminar con Él, descubriremos más y más lo inmenso y ferviente que es su amor por nosotros. Y todos experimentamos su amor de distintas maneras porque, como personas rotas, todos necesitamos un toque diferente.

1. Describe la manera en que entiendes el amor de Dios por ti. Trata de usar palabras que comuniquen tu experiencia personal y no solamente lo que conoces de las Escrituras.
2. ¿Qué imágenes vienen a tu mente cuando piensas en la frase «amor incondicional» usada para describir el amor de Dios por nosotros?

> *Me preocupa que por usar constantemente la frase —y rara vez explicando lo que queremos decir al usarla— le hemos quitado su fuerza original. Hoy la gente la escucha y tiende a pensar que cuando pecan contra el Señor, Él responderá: «¡Ah, está bien! No te preocupes. Yo te amaré de todas maneras», cuando creo que en realidad responde algo más parecido a: «Te amaré por siempre y por eso es que no está bien».*
>
> —Sheila, p. 98

Vasijas restauradas

El amor de Dios jamás podrá ser comprendido en su totalidad. Su amor nos deja, a veces, algo confundidos. Uno de los pasajes más difíciles de entender, tanto para los creyentes como para los no creyentes, es la historia de Abraham e Isaac.

Lee Génesis 22.1–14.

3. Según vas reflexionando en este pasaje, te das cuenta que Abraham también ignoraba lo que iba a ocurrir a medida que seguía a Dios hacia la tierra de Moriah. ¿De qué manera te confunde este pasaje?
4. Esta historia contiene tres imperativos muy fuertes de parte de Dios: «Toma», «vete» y «ofrécelo en holocausto». ¿En qué maneras estas palabras le exigen a Abraham mucho más de lo que él piensa que puede soportar? ¿Le explica Dios el porqué?
5. ¿Qué descubre Abraham sobre el amor de Dios a través de su confianza en Dios?
6. En el versículo 7, ¿quién hace la pregunta «¿dónde está el cordero?»?

En los momentos más oscuros de la vida de Abraham, él es capaz de decir «Dios proveerá» en una forma que jamás había conocido. No pronunció estas palabras para tranquilizar a su hijo; al contrario, él sabía que podía depender de Dios en los momentos dramáticos finales. Después de viajar cincuenta millas, sin saber cómo reconciliar todo lo que estaba ocurriendo, Abraham exhibió *su* ferviente amor por Dios. Abraham sabía que Dios se oponía a los sacrificios humanos que practicaban los paganos (Levítico 20.1–5), así que nada de eso tenía ningún sentido para él. Sin embargo, no había ningún cordero a la vista.

7. Abraham llamó a aquel lugar *Jehová-jireh*. ¿Qué significa esto (véase el v. 14)?
8. Haz referencia a los beneficios del sufrimiento en las páginas 108 y 109. Por medio del sufrimiento Dios nos restaurará, sostendrá, fortalecerá y afirmará. Explica cómo Dios hizo esto por Abraham a través de esta prueba.

Restaurar
kartarizein
Sostener
sterixein

Fortalecer
sthenoun
Afirmar
themelioun

Luego vino a él palabra de Jehová, diciendo: No te heredará éste, sino un hijo tuyo será el que te heredará. Y lo llevó fuera, y le dijo: Mira ahora los cielos, y cuenta las estrellas, si las puedes contar. Y le dijo: Así será tu descendencia. Y creyó a Jehová, y le fue contado por justicia.

—Génesis 15.4–6

Peldaños en el camino

En la Biblia tenemos muchos ejemplos de personas rotas que soportaron un profundo sufrimiento. En Hebreos 11 encontramos una lista de esas personas. Según vas leyendo, te vas dando cuenta de las asombrosas «metidas de pata» y los defectos en el carácter de estos individuos. Sin embargo, Dios los usó en formas poderosas para revelar su bondad. El amor de Dios nos lleva a lugares a lo que no pedimos ir con Él; no obstante, cuando obedecemos, su amor se hace más grande y más vivo de lo que jamás antes creímos posible. La Biblia dice que Abraham fue llamado «amigo de Dios» debido a su fe, y gran parte de Hebreos 11 se dedica a este patriarca. Si Abraham no hubiera confiado en Dios, jamás habría conocido su amor de una manera tan íntima y profunda.

9. Dibuja un «camino» por el que Dios te llevó en el que lo único que podías hacer era confiar. Tal vez el tuyo ha sido más que una travesía de tres días, como la de Abraham. Quizás has transitado durante varios años por este camino desconocido. Marca la ruta con símbolos que demuestren que «el Señor proveyó» en formas que no esperabas. ¿Cómo llamarías al destino final?

Hay algo doblemente precioso en una fe que ha salido victoriosa luego de pasar por el dolor, la tristeza y la desilusión. El viento extinguirá una llama débil, pero avivará una llama intensa hasta convertirla en una llamarada más ardiente. Lo mismo ocurre con la fe.

—William Barclay, p. 109

NUEVE

NADA QUE PROTEGER, NADA QUE PERDER

Tres decisiones para cuando el sufrimiento te lleva del balcón al escenario

Piezas rotas

La capacidad de tomar decisiones es algo que Dios nos da, y a veces decidimos por nuestra propia cuenta, pensando que así nos evitaremos el sufrimiento. Sin embargo, esto por lo general quiere decir que nos perdemos alguna bendición que Dios tiene para nosotros.

1. Piensa en algún momento en el que voluntariamente decidiste seguir tu propio camino y más tarde viste la bendición que perdiste. ¿Qué impacto tuvo esto en tu relación con Dios?

Lee los versículos que aparecen a continuación, que nos piden que tomemos alguna decisión, a la manera de Dios. Circula el que has decidido seguir hoy, aunque pueda ser difícil.

- «No nos cansemos, pues, de hacer bien; porque a su tiempo segaremos, si no desmayamos» (Gálatas 6.9).
- «Que gobierne en sus corazones la paz de Cristo, a la cual fueron llamados en un solo cuerpo. Y sean agradecidos» (Colosenses 3.15, NVI).
- «Así que acerquémonos con toda confianza al trono de la gracia de nuestro Dios. Allí recibiremos su misericordia y encontraremos la gracia que nos ayudará cuando más la necesitemos» (Hebreos 4.16, NTV).
- «Mantengámonos firmes sin titubear en la esperanza que afirmamos, porque se puede confiar en que Dios cumplirá su promesa» (Hebreos 10.23, NTV).
- «Así que, ofrezcamos siempre a Dios, por medio de él, sacrificio de alabanza, es decir, fruto de labios que confiesan su nombre» (Hebreos 12.15).

Vasijas restauradas

Job es el santo del sufrimiento de Dios. El libro de Job es, en su mayoría, una poesía y es también considerado como uno de los libros sapienciales o didácticos del Antiguo Testamento. Este es el relato de la lucha de un hombre fiel contra el sufrimiento. Job es un modelo de integridad espiritual, aunque también estaba roto. Él se arraigó a su fe sin entender la razón para su sufrimiento. A fin de cuentas, luego de sufrir grandes pérdidas y aflicciones, y de escuchar el consejo malo de sus amigos, finalmente Job ve con claridad el poder de Dios, y aprende a confiar en maneras que ni siquiera su mente puede llegar a entender.

Es muy difícil explicar el propósito del libro de Job en una sola oración porque es un libro multifacético. En él, podemos echarle un vistazo a una realidad que se parece mucho más a nuestro mundo: personas rotas respondiendo al sufrimiento; un hombre honesto tratando de someterse a la voluntad de Dios; y cómo la humanidad puede chocar con los propósitos de Dios. Job también ilustra que, aunque con frecuencia pecamos y somos débiles e ignorantes, es posible mantenernos rectos y dedicados a Dios en medio de nuestros encuentros con la adversidad.

Lee Job 1.

1. ¿Qué descubres sobre la vida de Job en los versículos 1–5?
2. ¿Cómo el versículo 6 nos dice que Dios gobierna sobre todo el mal?
3. ¿Cómo le describe Dios a Job a Satanás? (v. 8)
4. ¿Qué pérdidas experimenta Job por medio de la mano de Satanás?
5. ¿Cómo responde Job a sus problemas, según el versículo 20?
6. Cuando experimentamos un sufrimiento profundo, nuestra tendencia natural es encontrar a alguien a quien echarle la culpa. Por lo general, ¿culpas a otros, a ti mismo o a Dios?

A pesar de todo, Job no pecó porque no culpó a Dios. (Job 1.22, NTV)

Lee 2 Corintios 1.3–7.

7. ¿Cuál es el encargo de Pablo a nosotros cuando enfrentamos problemas?
8. Según Pablo, ¿cuáles son los beneficios del sufrimiento?

Peldaños en el camino

Mi oración es que ahora sea más fácil para ti aceptar la realidad del quebranto en tu propia vida. No tenemos que temer al sufrimiento porque Dios lo está usando para acercarnos más a Él. En resumen:

- Las personas rotas no tienen nada que proteger ni nada que perder.
- Las personas rotas no tienen que temer al sufrimiento porque han decidido usarlo para que los acerque más a los brazos amorosos de Dios.
- Las personas rotas no temen a los hombres porque saben que el que vive en ellos es mayor que quienquiera que pueda pararse frente a ellos.
- Las personas rotas no temen a la muerte porque saben quién y qué espera por ellos al otro lado.

¿Cómo está usando Dios tu quebranto para hacerte libre?

Dios usa las cosas rotas. Se necesita romper el terreno para poder cosechar, nubes rotas para tener lluvia, granos rotos para hacer pan, un pan roto para producir fuerza. Es del cofre roto de alabastro que sale el perfume. Es Pedro, llorando amargamente, quien regresa a un poder mucho mayor que el anterior.

—*Manantiales en el desierto*, p. 120

D I E Z

LLAMADO PARA ALGO MÁS GRANDE

Permite que Dios use tu dolor para los impresionantes propósitos del cielo

Piezas rotas

Nuestro caminar con Dios está lleno de paradojas. El peor de los días puede terminar siendo el mejor. A veces la oscuridad nos ayuda a ver mejor la luz de Dios. Y en ocasiones, hasta usa los lugares más oscuros y horribles para revelar su verdad y su belleza.

1. Piensa en alguna experiencia difícil o en un lugar oscuro en tu vida. ¿Cómo se hizo Dios inesperadamente evidente para ti? ¿Pudiste discernir de inmediato que Él estaba ahí o lo hiciste después que pasó?

Dios se deleita en hombres y mujeres que van más allá de sí mismos para hacer «grandes» cosas por otros. Él llama a la gente rota no solo a poner su fe en Él, a pesar de la oscuridad, sino también a atreverse a ir más allá de ellos mismos, por medio de la fe, para traer la sanidad y el toque amoroso de Cristo a otros hombres y mujeres que también sufren.

—Sheila, p. 130

Vasijas restauradas

Al comienzo de nuestro estudio, examinamos la gran fe del centurión. Jesús también dijo que la mujer cananea —una marginada— exhibió una gran fe. Estas dos historias trataban de gentiles que fueron elogiados por su enorme fe en Cristo. En Mateo 15, Jesús ahora entra en territorio pagano. El autor, Mateo, se empeña en mencionar la ascendencia de la mujer, que la vinculaba con los enemigos de Israel —los cananeos—, un pueblo que estaba contra el Dios de Israel y que adoraba a muchos dioses paganos.

Una vez más, Jesús muestra el poder de Dios para reconciliar con el Mesías a las personas menos probables. Nadie está fuera del alcance de Dios.

Lee Mateo 15.21–28.

2. Al principio, ¿cómo responde Jesús a su petición? ¿Cómo responden los discípulos?
3. A pesar de que Jesús estaba en territorio gentil y que sanó a otros gentiles, ¿por qué se toma el tiempo para decirle que Él había venido a las ovejas perdidas de Israel?
4. Según el versículo 25, ¿cuál fue la reacción de esta mujer cananea ante la respuesta de Jesús?
5. A veces comparamos nuestro nivel de quebranto con el de otras personas y nos convencemos de que *Bueno, no puedo hacer nada por él o ella, pues simplemente está demasiado lejos como para poder ayudar.* Jesús prueba a lo largo de toda la Biblia que no existe oscuridad que Él no pueda disipar. Ninguna situación ni lugar carece de su presencia. ¿Cómo la mujer cananea comprende claramente la oscuridad de su ascendencia?

Cuando Jesús habla en el versículo 28, lo hace con gran convicción y emoción: «Oh mujer, grande es tu fe». El texto dice que su hija fue sanada justo en ese momento. Luego de esto, Mateo revela más y más milagros que Jesús hizo a gentiles. Las bendiciones comienzan claramente a fluir tanto para los judíos como para los gentiles. Igual que los judíos, a veces nosotros también creemos que solo ciertos círculos de personas merecen recibir el amor de Dios. Pero la verdad es que ninguno de nosotros merece la gracia de Dios. Todos estamos en el mismo bote: ciertamente todos somos individuos rotos. La respuesta para todos nosotros es depender de Él para que compense por todo lo que nos falta, lo cual comienza a fluir en nuestras vidas cuando pasamos tiempo con Él. Igual que la mujer cananea, necesitamos postrarnos ante Jesús y adorarle.

Proponte hacer lo siguiente:

6. Ora y lee. Lee Efesios 3.3–4 y escribe lo que significa en tus propias palabras.

___

7. Ora y estudia. Lee 2 Timoteo 2.15 y escribe lo que significa en tus propias palabras.

___

8. Ora y rebusca. Lee Proverbios 2.3–5 y escribe lo que significa en tus propias palabras.

---

9. Ora y piensa. Lee 2 Timoteo 2.7 y escribe lo que significa en tus propias palabras.

Peldaños en el camino

Cuando realmente aceptamos la oscuridad que nos rodea, nuestro propio quebranto no tiene que ser algo a lo que tememos. Dios se puede hacer cargo de eso, y hay libertad cuando dejamos de hacer el intento de compensar por lo que carecemos. Necesitamos ejercer nuestra fe en Él, no en nosotros. Escribe sobre algo en tu vida que sabes que te agobia.

10. Termina este estudio escribiendo tu oración de fe. Consuélate en el hecho de que puedes comenzar con: «¡Sí, creo, pero ayúdame a superar mi incredulidad!» (Marcos 9.24, NTV). Termina con palabras que afirmen tu certeza de que Él te está liberando.

Crecer en Cristo significa deshacernos de nuestra necesidad de entender y controlarlo todo, y también deshacernos de nuestra necesidad de aprobación. Mientras más nos acercamos al corazón de Cristo, menos se trata nuestra fe de nosotros, y de lo que nos hace sentir bien a nosotros, y más comienza a tratarse de los demás.

—Sheila, p. 132

Once

Solo el herido puede servir

¿Qué tal si tus heridas te capacitan para su servicio?

Piezas rotas

Es posible que a través de este estudio hayas logrado ser más sincero contigo mismo y con Dios con respecto a tus heridas, ya sea que hayan sido provocadas por tus propios errores o que sean el resultado de vivir en un mundo caído. La realidad es que nuestras heridas pueden ser bendiciones disfrazadas.

- Piensa en una herida que cargas y llena los espacios en blanco:

Si no hubiera sufrido ____________, no hubiera descubierto que Dios puede ______________________________.

Si bien es cierto que no le deseo a nadie mi sufrimiento, estoy agradecido porque puedo ayudar a otras personas que ____________ ______________________________.

En servicio del amor solo los soldados heridos pueden servir.

—Thornton Wilder

Vasijas restauradas

Nacido como un ciudadano romano, Pablo tenía una herencia judía que significaba más para él que ninguna otra cosa. Como estudiante de Gamaliel, un reconocido rabí de la época, Pablo había sido educado muy bien en la ortodoxia judía.

A medida que se esparcía el evangelio, Pablo se propuso perseguir a los cristianos y quería matarlos. Pablo se asoció con los asesinos de Esteban (el primer mártir registrado en la Biblia) y luego inició su misión de asesinar a los seguidores de Cristo. Con una gran confianza en la ley, entonces fue confrontado con la persona de Jesús. Hay tres relatos de la conversión de Pablo en Hechos: capítulos 9, 22 y 26.

Se le acredita a Pablo el haber escrito cerca de dos terceras partes del Nuevo Testamento. Su historia habla de lo que Dios puede hacer con el menos probable de los hombres. Hasta Pablo se llamó a sí mismo «el más pequeño de los apóstoles» (1 Corintios 15.9); sin embargo, probablemente ningún otro cristiano haya tenido la influencia de Pablo. De este lado del cielo, jamás sabremos cuántas personas han venido a la fe luego de haber leído alguna de las cartas de Pablo. Todavía hoy sus escritos siguen trayendo personas a los pies de Cristo.

Lee Hechos 9.1–19.

1. ¿Cómo comienza la historia en los versículos 1–2? ¿Qué estaba haciendo Saulo (más adelante llamado Pablo)?
2. Es evidente que Saulo estaba seguro de su fe ancestral. No se daba cuenta de su necesidad personal de un Salvador y estaba espiritualmente ciego a la condición de su alma. Piensa en un tiempo en tu vida en que no eras consciente de tu perversión espiritual. ¿Cómo te lo expuso Dios?
3. Repasa los versículos 4–7. Luego de que la luz del cielo rodeara a Saulo, ¿qué le dijo Jesús? ¿Qué respondió Saulo?
4. Repasa los versículos 10–19. Dios había provisto los cristianos adecuados para estar cerca de Pablo en su tiempo de necesidad. ¿Cuál fue la primera reacción de Ananías al recibir instrucciones de ir donde Pablo?
5. Dios usa a otros creyentes para ayudarnos a ver nuestro quebranto. Todos necesitamos un lugar seguro para sanar y ser vulnerables. ¿Cuándo te ha provisto Dios al amigo correcto en el momento correcto para ayudarte a «ver» mejor?

Damasco: un centro de comercio grande y próspero, cerca de una cadena de montañas. La ciudad tenía una población judía grande y había sido parte de la provincia romana de Siria desde el 64 a.C.

6. La historia de la conversión de Pablo ilustra nuestra absoluta dependencia de Dios. A pesar de que Pablo fue engañado, Dios mostró su misericordia y se encontró con él en el camino a Damasco,

haciendo añicos su ceguera espiritual. Pablo no se merecía ese milagro, pero Jesús se acercó a él de todas maneras. Piensa en una persona en tu vida que sabes que ni siquiera es consciente de que está rota, que necesita a Jesús. ¿Cómo podrías ser Ananías para él o ella?

Luego de la conversión de Pablo, él salió a evangelizar tanto a gentiles como a judíos, pero principalmente a los gentiles. Y esto implicaba que iba a sufrir (Hechos 9.16). A lo largo de todas sus cartas, Pablo describe sus sufrimientos y pérdidas, pero las cuenta como nada en comparación con su salvación en Cristo.

Lee a continuación sobre las aflicciones que Pablo padeció:

> Yo he trabajado más que ellos, he estado preso más veces, me han azotado con látigos más que a ellos, y he estado más veces que ellos en peligro de muerte. Cinco veces las autoridades judías me han dado treinta y nueve azotes con un látigo. Tres veces las autoridades romanas me han golpeado con varas. Una vez me tiraron piedras. En tres ocasiones se hundió el barco en que yo viajaba. Una vez pasé una noche y un día en alta mar, hasta que me rescataron. He viajado mucho. He cruzado ríos arriesgando mi vida, he estado a punto de ser asaltado, me he visto en peligro entre la gente de mi pueblo y entre los extranjeros, en la ciudad y en el campo, en el mar y entre falsos hermanos de la iglesia. He trabajado mucho, y he tenido dificultades. Muchas noches las he pasado sin dormir. He sufrido hambre y sed, y por falta de ropa he pasado frío.
>
> Por si esto fuera poco, nunca dejo de preocuparme por todas las iglesias... Cuando estuve en Damasco, el gobernador nombrado por el rey Aretas puso guardias en la ciudad para arrestarme. Pero pude escapar porque unos amigos me pusieron en un canasto, y me bajaron por una ventana de la muralla de la ciudad. (2 Corintios 11.23–28; 32–33, TLA)

7. Haz una lista de las aflicciones que soportó.
8. La vida de Pablo es asombrosa, él sabía que ese sufrimiento era temporal y que los frutos llegarían. ¿Qué fruto puedes ver a raíz del sufrimiento de Pablo? ¿Y a raíz del tuyo?

Peldaños en el camino

Gálatas 6.2 dice: «Ayúdense unos a otros a llevar sus cargas, y así cumplirán la ley de Cristo» (NVI). Hay temporadas en nuestras vidas en las que Dios nos lleva a lugares de descanso y sanidad. Pero, usualmente, es solo una temporada. Se supone que nos ayudemos los unos a los otros porque Dios también conoce los beneficios del cuerpo de Cristo.

Hemos llegado bastante lejos en nuestra franca discusión sobre el quebranto, sobre estar rotos. Mi oración es que Dios te esté moviendo a ayudar a otras personas que tienen una herida similar a la tuya. Pablo también sabía que cuando hemos sufrido podemos mostrar compasión de una manera en la que no seríamos capaces sin haber experimentado el sufrimiento de primera mano.

9. Piensa en alguien que conoces que está sufriendo. Pídele a Dios que te dé la fortaleza para acercarte a él o a ella. Es posible que te sientas incapaz, pero mantén tus ojos fijos en Aquel que es más que capaz. Escribe lo que te gustaría que ellos supieran sobre ti que puede llevarles a alcanzar su toque sanador.

Ustedes viven siempre angustiados y preocupados. Vengan a mí, y yo los haré descansar. Obedezcan mis mandamientos y aprendan de mí, pues yo soy paciente y humilde de verdad. Conmigo podrán descansar. Lo que yo les impongo no es difícil de cumplir, ni es pesada la carga que les hago llevar.

—Mateo 11.28–30

Doce

El dolor sagrado

Cómo transforma Dios tu dolor en algo sagrado

Piezas rotas

No existe nada bueno en el dolor mismo. El dolor que no encomendamos a Dios sigue siendo solo eso: dolor. Y como existen en la vida demasiados factores que no podemos controlar, no podemos evitarlo. A veces no es fácil discernir cuál es la fuente de nuestro dolor, ya sean decisiones equivocadas, las consecuencias de vivir en un mundo caído, o disciplina de Dios. Es fácil querer ignorarlo y pretender que no está ahí, pero Dios quiere que seamos sinceros con Él.

1. Dedica unos momentos a escuchar tu corazón. ¿Sientes un dolor sordo o tal vez uno intenso? Completa la siguiente oración:

   La fuente de mi dolor es ______________________________.
   Estoy confiando en que Dios ______________________________.

2. En tus propias palabras, describe lo que piensas que significa un *dolor sagrado*.

   El dolor es solo dolor. Pero cuando decidimos tomar ese dolor y presentarlo a Dios para su uso soberano, entonces ese dolor se convierte en sagrado. Sí, todos tenemos que lidiar con el dolor en el transcurso de nuestras vidas; dolor físico, emocional y espiritual. Pero si permitimos que Dios tenga acceso a este dolor, pidiéndole que lo transforme en algo que Él pueda usar... algo ocurre. Algo sobrenatural.

   —Sheila, p. 153

Vasijas restauradas

La Biblia nos regala 150 salmos repletos de oraciones, alabanza, revelación y verdad. La palabra griega *psalmos* significa «canciones cantadas con acompañamiento». Encontramos respuestas a Dios de parte de su pueblo, y las respuestas de Dios para su pueblo. Por medio de los salmos, se nos invita a experimentar a Dios por nosotros mismos y a caminar con Él a través de todos los altibajos que enfrentamos aquí en la tierra. Escuchamos a Dios hablando a su pueblo, así como al pueblo de Dios hablándole a Él. Rápidamente vemos que había libertad para expresar frustración, impaciencia, heridas, coraje y dolor. El libro de los Salmos nos muestra que Dios ve tanto al individuo como a la comunidad.

Lee el Salmo 6.

1. David es el escritor del Salmo 6. ¿Cómo muestra él su sinceridad en el salmo?
2. David ora para que el Señor no lo discipline solo con justicia, sino también con misericordia. ¿Qué pregunta le hace a Dios en el versículo 3?
3. A veces el dolor nos llega debido a la angustia de la espera, de lo desconocido. Describe un momento en tu vida en el que sentiste que no saber fue peor que escuchar las malas noticias.
4. En el versículo 5, David le recuerda a Dios que los muertos no pueden acordarse de Él. Para David, recordar incluía alabar a Dios por lo que había hecho. En su dolor, David no niega que Dios es digno de alabanza. Escribe algunas de tus razones para estar agradecido, aun en medio del dolor.
5. David menciona que su angustia es más intensa porque siente que a nadie le importa su dolor. En el momento de su sufrimiento, él se lo entrega a Dios. ¿En qué línea del salmo crees que David torna su dolor en un *dolor sagrado*?
6. Aun en medio del dolor, ¿qué reconoce David en los versículos 8–9?

Peldaños en el camino

Podemos sentir un gran consuelo en la seguridad de que Dios está completamente al tanto de cada lágrima que hemos llorado. Piensa en Jerry llorando durante cuarenta días sin parar luego de su pérdida, esas son muchísimas lágrimas. Pero la Biblia dice que Dios guarda nuestras lágrimas. Él redime todas las cosas. Nada se desperdicia. Dios promete llevar la cuenta de todas nuestras angustias.

> *Tú llevas la cuenta de todas mis angustias*
> *y has juntado todas mis lágrimas en tu frasco;*
> *has registrado cada una de ellas en tu libro.*
>
> (Salmo 56.8, NTV)

Ninguna mente humana puede concebir la capacidad de Dios para llevar cuentas. Podemos alabarle por su compasión por nosotros. Jesús es siempre fiel para cumplir su plan redentor. Pronto llegará el día en que el Paraíso será retomado y volveremos a ser personas completas, intactas, a medida que miramos hacia nuestra esperanza y hogar futuro con Cristo (Apocalipsis 21.4). Dios promete redimir todo aquello que el enemigo ha intentado arrebatarnos. La buena noticia es que nuestro sufrimiento actual es temporero. A la luz de la eternidad, no es sino un parpadeo de oscuridad.

El dolor puede alejarnos de Dios, si se lo permitimos. Revisa lo que escribiste que era tu fuente de dolor al principio del estudio de este capítulo. Usa la palabra o frase para llenar el espacio en blanco que aparece a continuación. Y como Él ha prometido cambiar la fuente de nuestro dolor en gozo, llena la versión redimida de tu dolor, sea que ya la hayas recibido o que todavía estés esperando por ella.

- Él ha cambiado mi

  ______________________ en ______________________

  (fuente de dolor) (fuente de gozo).

TRECE

EL CRISTO PARTIDO

El Salvador que escogió el sufrimiento... por ti

Piezas rotas

Algunas iglesias celebran la Comunión todos los domingos, otras quincenalmente y otras mensualmente. Algunas tradiciones, como la católica, la ortodoxa occidental y la luterana, usan el término *Eucaristía*, que es un vocablo griego que significa «acción de gracias». Otras usan la palabra *Comunión*, que quiere decir «compañía, compartir». Antes de la Reforma, la cena del Señor era una parte central del servicio de adoración, no el sermón. Cada domingo era el momento para celebrar su poder sobre la cruz. Cristo era el foco central de adoración a través de la cena del Señor.

Es muy fácil tomar la Comunión sin entrar en este milagro. En la noche de la traición de Jesús, antes de partir el pan, Él dio gracias al Padre (Mateo 26.26). Aquí vemos el inmenso amor de Jesús por su Padre, a la vez que está dando gracias por su sufrimiento, porque su cuerpo está a punto de ser partido.

1. Escribe sobre una experiencia de la Comunión que fue particularmente significativa para ti. ¿Qué te estaba diciendo Dios durante ese momento de adoración?

> «Esto es mi cuerpo, que por vosotros es dado». (Lucas 22.19)

Él nació en pobreza y murió en desgracia, y pensó que bien valía la pena.

—Dorothy Sayers

Vasijas restauradas

Lo único que Satanás sabe es que Jesús triunfó sobre el pecado y la muerte por medio del poder de su sangre y la resurrección. Y esto es algo que él no quiere que nosotros recordemos. Por esto Jesús dice: «Haced esto en memoria de mí». Él no quiere que jamás olvidemos el poder de la cruz y que Él tiene la respuesta para nuestro quebranto. Él no quiere que jamás olvidemos que tiene toda la ayuda que necesitamos. Realmente hemos vencido el pecado, la muerte y el quebranto gracias a su sacrificio por nosotros. Sin embargo, es muy fácil olvidar esta verdad, darla por sentado, y no usar el poder que encierra en nuestras vidas diarias. Mientras más «recordamos» lo que Él hizo por nosotros, más creeremos en su poder para resucitar nuestras vidas diarias.

Lee Juan 19.28–37.

2. ¿Cuáles fueron las últimas palabras de Jesús, antes de inclinar su cabeza?
3. ¿Qué significan para ti, personalmente, las últimas palabras de Jesús?
4. Usualmente, a los hombres crucificados les rompían las piernas para acelerar la muerte. Si les rompían las piernas, estos no podían levantar sus cuerpos para tratar de respirar profundamente. ¿Por qué los verdugos de Jesús decidieron no romperle las piernas?
5. Lee el Salmo 34.20. Explica cómo se cumplió esta profecía.

Muchos de nosotros hemos visto cómo la mentira ha destruido nuestros hogares y cómo las promesas incumplidas hacen trizas nuestras vidas. Sin embargo, esta garantía, aparentemente sin importancia, de que Dios no permitiría que nadie quebrara los huesos del Mesías me grita que puedo confiar en Él en todo, sin importar si es algo grande o pequeño. Y, por lo tanto, me glorío en las palabras de Pablo: «Porque todas las promesas de Dios son en él Sí» (2 Corintios 1.20).

—Sheila, pp. 173

6. Lee Isaías 53.4–5 en la Nueva Traducción Viviente:

> *Sin embargo, fueron nuestras debilidades las que él cargó;*
> *fueron nuestros dolores los que lo agobiaron.*
> *Y pensamos que sus dificultades eran un castigo de Dios;*
> *¡un castigo por sus propios pecados!*
> *Pero él fue traspasado por nuestras rebeliones*
> *y aplastado por nuestros pecados.*
> *Fue golpeado para que nosotros estuviéramos en paz,*
> *fue azotado para que pudiéramos ser sanados.*

7. Es en la cruz donde el poder de Dios claramente conquista. ¿Cómo cambia esto tu perspectiva con respecto a la manera en que ves tu quebranto?

Isaías llama a Jesús el Siervo Sufriente. Su sufrimiento fue profundo, y con mucha frecuencia queremos pasar por alto el Viernes Santo para llegar al Domingo de Resurrección. Pero, perdemos el poder de su quebranto por nosotros cuando le damos la espalda al dolor de Jesús. Aunque sin pecado, Él conoció el peso del pecado, allí colgado en la cruz, llevándolo por nosotros. Su Padre en los cielos sabía que Él triunfaría para que así nosotros pudiéramos tener vida eterna y el poder de la resurrección en nosotros. Él sabía que su Hijo cumpliría su misión.

8. Busca 1 Pedro 4.12–13. Según Pedro, ¿cuáles son las dos bendiciones que vienen por medio del sufrimiento?

   Tengo ____________ con Cristo, y debo ____________.

9. Busca Hechos 14.22.

   Entramos en el ____________________ a través del sufrimiento.

Peldaños en el camino

Tal vez comenzaste este estudio sintiendo vergüenza y culpa por ser una persona rota. Quizás estabas en negación, pero ahora entiendes que Jesús comprende, y sabes que te llevará en brazos y recogerá las piezas rotas de tu vida y las presentará ante Dios. A todos nos llega algún tipo de sufrimiento, Dios nuestro Hacedor sabe cuánto vamos a poder soportar, según nuestro diseño. Él conoce nuestra constitución, Él conoce nuestras debilidades; Él sabe adónde iremos y a quién afectaremos. ¿Qué tipo de quebranto te ha llamado a llevar de manera que puedas restaurar a un hermano o a una hermana que necesita sanidad? Jamás olvides que Dios no desperdicia nada y que quiere usarte como una vasija para traer sanidad a otros.

10. En oración, escribe qué te está llamado Él a hacer con tu quebranto de manera que puedas ayudar a otros. Piensa en un pasaje bíblico que refuerce esto, ya sea que lo tomes de los capítulos anteriores o sea uno que refleje cómo le vas a servir a Él en los días por venir.

Oración de cierre

Padre, te doy gracias por haber enviado a tu Hijo, Jesús, para sanar nuestras heridas y hacernos libres. Te doy gracias porque nuestra historia no termina en quebranto, sino que somos vencedores por medio de Jesucristo. Tu cuerpo partido fue y sigue siendo la respuesta para nuestras vidas rotas. Y por eso, Señor, te ofrecemos todas nuestras piezas rotas y te seguimos en absoluta confianza. Nos has hecho personas completas. En el nombre de Jesús. Amén.

Notas

1. John Piper, *Sed de Dios* (Barcelona: Andamio, 2001), p. 20.
2. Clive James, *As of This Writing* (Nueva York: W. W. Norton & Company, 2003), p. 127.
3. Edward J. Young, *The Book of Isaiah, Volume 3* (Grand Rapids, MI: William B. Eerdmans Publishing Company, 1972), p. 41.
4. Beth Moore, *Breaking Free* (Nashville: Broadman &Holman, 2000), p. 113 [*Sea libre* (Nashville: Lifeway Christian Resources, 2000)].
5. "Dog Finds His Way Home After Alabama Tornado", http://abcnews.go.com/US/hero-dog-crawls-home-broken-legs-tornado-rubble/story?id=13703041.
6. C. S. Lewis, [*Los cuatro amores* (Madrid: Ediciones Rialp, S.A., 1991), p. 135].
7. Moore, *Breaking Free*, pp. 113–14.
8. Lewis Smedes, *Shame and Grace* (Nueva York: HarperOne, 1994), p. 28.
9. "Shame" en *The International Standard Bible Encyclopedia*, vol. 4 (Grand Rapids, MI: William B. Eerdmans Publishing Company, 1988), p. 447.
10. Luis Palau, *Where Is God When Bad Things Happen*? (Nueva York: Doubleday, 1999), pp. 183–84 [*¿Dónde está Dios cuando sucede algo malo?* (Miami: Vida Publishers, 2005)].
11. Adaptación tomada del website del Dallas Seminary.
12. Richard Foster, *Prayer: Finding the Heart's True Home* (Nueva York: Harper Collins, 1992), p. 242 [*Oración: Verdadero refugio del alma* (Eugene, OR: Wipf and Stock Publishers, 2005)].
13. W. McDonald y A. Farstad, *Believer's Bible Commentary: Old and New Testaments* (Mateo 27.46) (Nashville: Thomas Nelson, 1997).
14. Derek Kidner, Genesis, *Tyndale Old Testament Commentaries* (Downer's Grove, IL: IVP, 1967), p. 74.
15. David Van Biema, "Mother Teresa's Crisis of Faith", *Time*, 23 agosto 2007. Todas las citas en este capítulo fueron tomadas del artículo de Van Biema.
16. Clayton L. Berg Jr., tomado de la introducción de *A Life of Prayer by St. Teresa of Avila* (Portland, OR: Multnomah Press, 1983), pp. xix–xxxiv. Todas las citas en esta sección son de Berg.
17. Teresa de Ávila, *Castillo interior* [también, *Las moradas*] (Biblioteca Pública de la Dignidad Arzopispal, 1882), pp. 5–6.
18. Brennan Manning, *The Ragamuffin Gospel* (Sisters, OR: Multnomah Publishers, 2005), pp. 39–40 [*El evangelio de los andrajosos* (Lake Mary, FL: Casa Creación, 2004)].
19. C. S. Lewis, *The Lion, the Witch and the Wardrobe* (Nueva York: Collier Books, 1950), pp. 75–76 [*El león, la bruja y el ropero* (Nueva York: Rayo, 2005)].
20. Ibíd., p. 180.
21. Richard Vincent, www.theocentric.com.
22. Steve Brown, *A Scandalous Freedom* (West Monroe, LA: Howard Publishing, 2004), p. 216.
23. Véanse Génesis 32.22–32; Salmo 119.71; Mateo 14.15–21; 2 Corintios 12.7–9.
24. William Barclay, *The Letters of James and Peter*, ed. rev. (Westminster John Knox Press, 2003), pp. 273–74.
25. Ibíd., p. 274.
26. L. B. Cowman, *Streams in the Desert*, 25 octubre de 1925 [*Manantiales en el desierto*].

27. Véanse 1 Samuel 13.14; Hechos 13.22.
28. Doctor Henry Cloud, *Changes That Heal* (Grand Rapids, MI: Zondervan, 1990), p. 317 [*Cambios que sanan* (Miami: Vida, 2003)].
29. *Expositor's Bible Commentary*, vol. 12, Hebreos 2.10 (Grand Rapids, MI: Zondervan, 1992).
30. "Snow Stories: Sheep Have Forgotten How to Cope with Snow", *The Telegraph*, 14 julio 2011.
31. John Piper, *A Godward Life, Book Two* (Sisters, OR: Multnomah Books, 1999), pp. 182–84.
32. Amy Carmichael, citada en Joni Eareckson Tada, *Heaven: Your Real Home* (Grand Rapids, MI: Zondervan, 1995), p. 187.
33. Thornton Wilder, *The Collected Short Plays of Thornton Wilder*, vol. 2 (Nueva York: Theatre Communications Group, 1998), p. 74.
34. Ibíd., p. 75.
35. Véanse Éxodo 3.11.
36. Jerry Sittser, *A Grace Disguised*, exp ed. (Grand Rapids, MI: Zondervan, 2004), p. 27 [*Recibir la gracia escondida: Cómo mantenernos en pie en el dolor y la pérdida* (Miami: Vida, 2006)].
37. Ibíd., pp. 17–18.
38. Brown, *A Scandalous Freedom*, p. 197.
39. Sittser, *A Grace Disguised*, p. 18.
40. Ibíd., p. 193.
41. Ibíd., p. 199.
42. Ibíd.
43. Leigh McLeroy, *The Beautiful Ache: Finding the God Who Satisfies When Life Does Not* (Grand Rapids, MI: Fleming H. Revell, 2007), pp. 13–14.
44. Ibíd.
45. Kari Lundberg en *Protraits in Courage*, por Dave y Jan Dravecky (Grand Rapids, MI: Zondervan, 1998), p. 125.
46. Ibíd., p. 126.
47. Ibíd., p. 128.
48. Ibíd.
49. Sittser, *A Grace Disguised*, p. 205.
50. Ibíd., p. 209.
51. Ibíd., p. 212.
52. Adaptado del sermón «Mary», por Tim Keller, predicado el 23 diciembre de 2001, en Redeemer Presbyterian Church, Nueva York, Nueva York.
53. Dorothy Sayers, *Christian Letters to a Post-Christian World* (Grand Rapids, MI: Eerdmans, 1969), p. 14.
54. «La cruz excelsa al contemplar», trad. W. T. T. Millham del himno "When I Survey the Wondrous Cross" por Isaac Watts, dominio público, cortesía de Cyber Hymnal, http://www.cyberhymnal.org.

Acerca de la autora

Sheila Walsh, oradora de éxito, es autora de la galardonada serie *Gigi, God's Little Princess*, *The Heartache No One Sees*, *Get off Your Knees & Pray* y *Déjalo en las manos de Dios*. Sheila vive en Frisco, Texas, con su esposo, Barry, y su hijo, Christian.

Printed in the USA
CPSIA information can be obtained
at www.ICGtesting.com
LVHW051532210724
785408LV00008B/80

9 781602 557505